BIBLIOTHÈQUE NOUVELLE
à 1 franc le volume
(HORS DE FRANCE : 1 FRANC 25 CENT. LE VOLUME)

FRÉDÉRIC SOULIÉ

(OEUVRES COMPLÈTES)

LE
MAGNÉTISEUR

PARIS
LIBRAIRIE NOUVELLE
BOULEVARD DES ITALIENS, 15, EN FACE DE LA MAISON DORÉE

1857

LE MAGNÉTISEUR

Paris.— IMP. DE LA LIBRAIRIE NOUVELLE.—A. Delcambre, 15, rue Breda.

FRÉDÉRIC SOULIÉ

(OEUVRES COMPLÈTES)

LE
MAGNÉTISEUR

PARIS
LIBRAIRIE NOUVELLE
BOULEVARD DES ITALIENS, 15, EN FACE DE LA MAISON DORÉE

La traduction et la reproduction sont réservées

1857

LE MAGNÉTISEUR

I

LA DUCHESSE D'AVARENNE

1787

— Quelle heure est-il ?
— Midi, madame.
— C'est odieux !

Tout aussitôt la duchesse d'Avarenne se leva de son vaste fauteuil, fit un tour dans l'énorme chambre où elle se trouvait, s'arrêta devant un lit à estrade qui en occupait le fond, le considéra quelques instants, haussa les épaules avec un air d'humeur et se détourna vivement. Elle continua sa promenade, prit en passant devant un canapé un manchon qu'on y avait posé, le tourna, le retourna, en lissa la noire fourrure avec sa blanche main, puis le jeta sur un autre meuble. Elle s'approcha d'une console, dérangea trois ou quatre tasses, ouvrit et referma un livre qu'elle rencontra sous ses yeux, et alla s'asseoir devant une toilette couverte en basin blanc. Là, elle se mit à se regarder dans la glace en la touchant presque du visage ; alors, du bout de son doigt, elle écarta ses lèvres et examina ses dents étincelantes de blancheur avec une attention minutieuse, puis elle se recula un peu, ferma les yeux à moitié, se donna quelques airs de tête, jeta un œil de poudre sur deux boucles qui laissaient percer le noir de jais de ses cheveux, enleva avec la lame d'or d'un couteau de toilette le blanc que la houppe avait déposé sur son front, unit avec le coin d'un mouchoir le rouge qui cachait ses jeunes couleurs, et reprit : — Que fait-on là-bas ?

— Monsieur le marquis reçoit les gens du bailliage qui viennent lui présenter leur hommage.

— Qui ça ?

— Il y a, je crois, madame, le juge et les avocats de la juridiction de monsieur le marquis, le maire et les consuls du bourg, le curé et les chanoines de l'abbaye de Saint-Severin.

— Comment sont-ils faits ?

— Qui, madame ? les chanoines ?

— Tous ?

— Mais, madame, ils sont faits... ils sont faits comme tout le monde.

— Ah !

Et la duchesse d'Avarenne continua son manége devant sa glace, mirant ses mains, sa taille, sa gorge, se minaudant, se faisant la révérence, se disant un petit bonjour de la main, puis elle ajouta :

— Ah ! ils sont faits comme tout le monde.

— D'ailleurs madame la duchesse peut les voir, car j'entends que la réception est finie, et les voilà qui sortent du grand salon.

— Voyons...

La belle duchesse alla vers la croisée qu'Honorine venait d'ouvrir, se pencha sur le balcon avec un long bâillement et se mit à regarder dans l'immense cour d'honneur qui précédait le château de Lagarde. Une douzaine de personnes descendaient le perron qui menait au rez-de-chaussée.

— Quel est cet homme en velours noir, auquel parle mon père ?

— Madame, c'est le docteur Lussay.

— Ça, un docteur ? il n'a pas trente ans !

— On dit pourtant que c'est un très-savant médecin; et puis un homme terrible, madame.

— Bon ! c'est un avorton. S'il m'appartenait, j'en ferais

un nain. Est-ce que ces chanoines ne sentent pas mauvais ?

— Madame, ce sont tous des prêtres très-respectables.

— Ils ne sont pas très-gras. Qu'est-ce que c'est que tous ces gens là-bas, près des écuries?

— Ce sont des fermiers qui attendent leur tour pour présenter leur hommage à monsieur le marquis.

— Est-ce que les fermiers portent de la poudre en Auvergne?

— Non, madame, jamais.

— Qu'est-ce que c'est donc que ce paysan qui cause avec ces deux filles?

— C'est Jean, madame.

La duchesse se retourna au soupir qui s'échappa de la bouche d'Honorine lorsque la jeune fille lui fit cette dernière réponse, puis elle ajouta :

— Ce garçon est ton amoureux?

Honorine devint rouge et triste, et répondit en secouant la tête avec un sourire mélancolique :

— Hélas! non, madame, ce n'est pas mon amoureux!

— Eh bien, pourquoi n'est-il pas ton amoureux?

— Oh! madame, Jean ne fait pas attention à une pauvre fille comme moi : c'est un meunier qui est riche, et il y a plus d'un bourgeois de la ville qui lui donnerait sa fille...

— En mariage? à un paysan !

— A coup sûr, madame.

— Ces bourgeois-là se vendraient pour un écu. Ils ont pourtant une sorte de rang entre eux.

— Ah! madame, il y a des bourgeoises de la ville, des plus huppées et des plus jolies, qui ne disent pas comme vous; et si le maire et le premier échevin sont brouillés et ont failli se battre, il y a quelques mois, c'est que leurs femmes en voulaient toutes deux.

— Pour leurs filles ?

— Oh! non, madame, pour elles.

— C'est bien différent. Ah ! ce garçon a des maîtresses parmi vos bourgeoises?

— Et parmi les dames aussi.

— Comment ça?

— Dame ! on dit que la femme du seigneur du Berbis lui donnait des rendez-vous la nuit dans le petit bois de l'Étang.

— Dans un bois ! elle est donc folle, cette femme ? ça n'a donc pas une chambre ?

— Oh ! madame, c'est qu'on ne fait pas faire tout ce qu'on veut à Jean, et on le prend comme on peut.

— Mais c'est donc un héros que ce garçon ? qu'est-ce qu'il a donc de si séduisant ?

— Dame ! madame, c'est qu'il est très-beau, voyez-vous ; une si belle figure ! et tourné comme un seigneur !

— Ah ! il est beau ? c'est l'Apollon de l'Auvergne !

— Et puis, madame, il y a autre chose, c'est qu'il ne pense qu'à ça.

— A quoi ?

— On dit, madame, on dit que c'est un enragé après les femmes.

A ce singulier propos, la duchesse regarda Honorine ; mais il y avait tant de bonne foi dans le visage de la jeune fille, que madame d'Avarenne vit bien qu'elle n'attachait pas un sens exact à un mot qu'elle avait sans doute entendu et qu'elle redisait tout naïvement ; aussi la duchesse se mit-elle à rire en répétant deux ou trois fois :

— Ah ! c'est un enragé après les femmes. Voyons un peu ce superbe. Donne-moi ma lunette.

Honorine rentra dans la chambre, et la duchesse, demeurée sur le balcon, promena autour d'elle un regard ennuyé qui s'arrêta subitement sur la grande avenue qui, du bourg de l'Étang, montait jusqu'au château. Elle prit vivement la lunette que lui présenta la jeune fille ; mais, au lieu de la diriger sur le beau meunier, comme celle-ci s'y attendait, elle regarda attentivement dans l'avenue. Enfin elle murmura avec un dépit marqué :

— Oui, c'est le carrosse de mon oncle, c'est lui... Oh ! c'est trop violent... ce n'est pas assez de l'exil, on veut encore m'infliger le sermon. Oh ! qu'il reste à prêcher ses ouailles de Clermont, monsieur l'évêque auvergnat ! C'est juste, mon père a appelé un auxiliaire. J'écrirai au prince, il faut que tout ceci finisse ; je suis lasse d'être persécutée.

Aussitôt elle quitta le balcon avec humeur, jeta sa lunette sur une table et s'assit dans son grand fauteuil, où elle demeura plongée dans ses réflexions jusqu'à ce que le bruit des roues vînt l'avertir que le carrosse entrait dans la cour. Aussitôt elle se leva violemment ; et, prenant un parasol, elle s'apprêta à sortir en disant à Honorine :

— Je suis malade pour toute la journée ; je ne puis sortir de ma chambre ni recevoir personne, entends-tu ? tu diras cela à mon père, s'il me fait demander ou s'il veut m'amener mon oncle.

— Oui, madame.

— S'il arrivait un courrier, fais sonner un retour par Dubois, sans lui dire pourquoi ; je saurai ce que cela signifie.

— Oui, madame.

La duchesse gagna, par un long corridor, un escalier qui descendait à l'une des extrémités des bâtiments, en sortit furtivement et s'enfonça rapidement dans un bois qui était tout proche. Pendant quelques moments, elle marcha avec rapidité, écoutant avec anxiété si elle n'était pas poursuivie ; puis, lorsqu'elle fut assez avant dans le taillis pour qu'aucun regard ne vînt l'atteindre, elle s'arrêta, s'assit et se mit à réfléchir à son aise.

C'était un singulier esprit que celui de mademoiselle Charlotte-Diane de l'Étang, devenue, par mariage, duchesse d'Avarenne. La morgue nobiliaire la plus insolente, le philosophisme le plus silencieux, se confondaient en elle, et même s'y fondaient de manière à composer un caractère déjà bien rare à l'époque où elle en faisait scandale, et qui, pour nous, doit prendre date dans le romanesque des temps passés. Madame d'Avarenne avait deux prétentions qu'elle seule ne trouvait pas contradictoires : la première était d'être d'une maison qui ne s'était jamais salie par une mésalliance ; la seconde, celle de ne pas avoir de préjugés. L'une de ces prétentions est assez facile à comprendre, l'autre demande quelques explications. La première était cet orgueil de pur sang, si facile à l'homme, qu'il menace d'envahir tout cordonnier dont le père et le grand-père ont été honorablement cordonniers ; c'était cette vanité de bonne descendance qui accolait la probité comme blason aux noms de certaines familles bourgeoises, et qui, parmi la noblesse, n'avait d'autre tort que de pouvoir se passer de mérite. Cette prétention était un héritage antique recueilli en naissant, idée prise au berceau, grandie avec le temps, entrée dans la nature de la duchesse ; la seconde était le mauvais fruit d'une fausse éducation, ou plutôt d'une éducation mal déduite. Si nous voulions régenter, nous pourrions faire ici la guerre à l'esprit d'erreur qui a égaré le besoin d'affranchissement du dix-huitième siècle.

La société gémissait alors, entravée par les mille liens de patronage que la féodalité avait légués à la gentillâtrerie et par la suprématie que le clergé s'était arrogée sur toute pensée. Chacune de ces tyrannies avait ses ennemis directs et particuliers ; ceux de l'aristocratie furent d'abord les bourgeois de la Cité, dont la vanité s'irritait qu'il y eût encore une ligne de démarcation entre eux et une noblesse qu'ils touchaient de si près par la fortune et l'instruction. Richelieu et Louis XIV, en descendant la noblesse à ce degré de n'avoir plus qu'un parchemin pour rempart, furent les véritables destructeurs de la féodalité. Le jour où un Montmorency put dépouiller tous ses priviléges en déchirant à la tribune de la Constituante deux feuilles de papier, ce jour-là il n'y avait déjà plus de véritable aristocratie. Le noble baron eût sans doute mis plus de temps à rendre ses bons châteaux du Languedoc et à enclouer ses canons, s'il les avait possédés encore. Les autres ennemis de la noblesse étaient les paysans, les seuls qui souffrissent véritablement d'un reste de féodalité terrienne qui les atteignit par la redevance, l'impôt, la dîme et ce qu'on appelait la basse justice : misères presque toujours aggravées par l'interoffice des intendants et juges bourgeois qui faisaient à leur profit de l'exaction et de la tyrannie seigneuriale. La lutte de la noblesse contre la bourgeoisie et le peuple a eu son histoire si terriblement écrite en pages de sang, d'incendie et de destruction depuis 1790, qu'il est inutile d'en parler. Mais la lutte qui précéda et prépara celle-ci fut celle de l'indépendance de la pensée contre la puissance théologale. A part les droits seigneuriaux qui appartenaient au clergé comme à la noblesse, et qui leur donnaient des adversaires communs, l'Église avait de plus ceux que son autorité spéciale heurtait à part et gênait dans leur marche ; je veux dire les écrivains, les philosophes, les savants. Ceux-ci, gens du monde, élégants, spirituels, à belles manières, fêtés et caressés par les grands, n'eurent point de haine contre eux; ils ne pensèrent point à les combattre en masse. Voltaire faisait *la Henriade* pour chanter les grands noms de France, et, s'il oubliait Sully dans l'histoire de Henri IV, ce n'était point en haine de sa caste, mais parce que l'arrière-petit-fils de ce ministre avait fait une impertinence au poëte. Il ajoutait plus tard à cette œuvre, *Zaïre* pour les Lusignan ; *Adélaïde du Guesclin* pour nommer Vendôme, et mille petites balivernes pour cajoler Richelieu. Monsieur de Montesquieu tenait pour la noblesse de robe; d'Alembert criait à toute force qu'il était bâtard d'une grande dame ; le baron d'Holbach était baron comme un Allemand qu'il était, et Rousseau ne lui reprochait de le paraître que parce qu'il était fils d'un parvenu; Marmontel arrangeait comme un laquais des intrigues de ruelles, pour chasser madame de Châteauroux du lit de Louis XV ; Diderot louait monsieur Malesherbes pour avoir caché dans son hôtel les manuscrits de l'Encyclopédie, qu'il avait ordre de faire saisir comme magistrat, et allait en Russie pour remercier Catherine II de la pension de mille livres dont elle lui avait fait payer cinquante années d'avance. Mais tous, sans exception, frappaient au cœur le clergé, le clergé qui jugeait, condamnait et brûlait les livres. N'osant cependant l'attaquer dans son pouvoir terrestre, ils l'assiégèrent dans son pouvoir spirituel; ils nièrent son origine, contestèrent le principe pour abolir les conséquences, et voulurent tuer Dieu pour ôter la dîme aux prêtres et la censure à la Sorbonne.

De là naquit cette grande émotion morale qui donna à chacun besoin et droit de discussion contre tout pouvoir qui existait à son détriment, et qui persuada au tiers état et à la campagne de se débarrasser du seigneur terrien qui l'opprimait, *ad exemplar* du philosophe qui honnissait le Christ au nom duquel on supprimait ses œuvres : 89 fut le résultat de toutes ces puissances destructives, l'aphorisme vivant de toutes ces discussions écrites. Mais cela posé, montrer comment toute puissance essayée pour la première fois va toujours au delà du but qui lui est marqué, comment le premier ballon se perdit dans l'espace, comment éclata la première machine à feu, et comment la liberté poussa la théorie jusqu'à décréter en pratique la permanence de la guillotine, ce serait redire une triviale vérité que de réduire nos observations à ces vulgaires propositions. D'une autre part, ce serait une histoire de l'esprit humain, au-dessus de nos forces et au delà des prétentions de ce livre, que d'analyser et de suivre ce mouvement prodigieux dans son ensemble et ses détails, jusqu'au moment où il creva la société par toutes ses faces. Tout le monde voit la foudre quand elle éclaire ; il faut être Franklin pour découvrir l'électricité. Nous laisserons donc ces grandes questions à de plus savants ; et, de cette mine féconde d'où la philosophie peut faire sortir tant de systèmes, nous tirerons un tout petit filon imperceptible et ténu comme la sécrétion du ver à soie, et nous le suivrons pour nous guider dans le caractère inextricable de la duchesse d'Avarenne.

Diane était une femme née ardente d'esprit et de corps; froide de cœur, peu vaniteuse de sa personne, mais fière à l'extrême de sa race ; heureuse d'être belle parce qu'elle était femme, mais n'en tirant point profit comme femme. Elle avait désiré l'union qu'elle avait contractée parce que son mari était un grand seigneur, et que le nom de l'Étang s'alliait bien à celui d'Avarenne; mais elle ne demandait aucune reconnaissance pour s'être livrée, belle et blanche, à un bossu noir et sale. Lorsque son esprit hardi et subtil voulait s'exercer et tenter une conquête, elle cherchait quelque esprit à vaincre et était flattée de la louange du plus bas faquin qui passait pour homme de talent. Elle avait disputé les amours d'un prince à une courtisane sortie d'un mauvais lieu ; mais elle n'avait été charmée de l'emporter que parce que le prince lui avait dit qu'elle était plus belle et plus amusante que la courtisane. Elle eût rougit d'elle-même, si la considération de son rang fût entrée pour quelque chose dans cette victoire. Lorsque la jeunesse de son corps inquiétait ses nuits solitaires, elle ne rêvait ni empereur ni roi, mais force et beauté. Elle trouvait juste que tout fût traité d'égal à égal ; mademoiselle Diane de l'Étang contre le duc d'Avarenne ; le nom contre le nom ; le but du combat, le mariage ; la coquette belle et spirituelle Diane, contre la coquette, belle et spirituelle courtisane ; la séduction contre la séduction, le but était l'hommage d'un prince connaisseur. La femme belle, passionnée, infatigable, délirante, fougueuse et nue, au plus beau, au plus infatigable des hommes. Elle avait sa trinité qu'elle distribuait ainsi : la fille noble au noble mari ; Aspasie à Alcibiade ; Messaline au portefaix du coin. Elle ouvrait son salon aux plus puissants noms de France, son boudoir aux plus experts en galanterie, son lit aux plus jeunes et aux plus beaux.

Ce caractère, dont les mémoires de l'époque nous ont légué plus d'un modèle, semble incompréhensible à la raison de notre époque, et il nous est difficile de nous expliquer l'existence d'une vanité sincèrement aristocratique, avec un si brutal abandon de sa dignité personnelle. C'est ici le cas de faire application de nos observations sur la marche philosophique du dix-huitième siècle. La philosophie de ce siècle, comme nous l'avons dit, parla bien de liberté naturelle, mais point de liberté politique. Jamais, à aucune époque de notre histoire, il ne fut moins question du droit de régler les dépenses de l'État, droit que possédaient le quinzième et le seizième siècle ; mais jamais on ne s'occupa davantage du droit de nier Dieu, la religion et les prêtres. La noblesse, et ce fut une grande faute, la noblesse, qui ne s'apercevait pas qu'elle finirait par être de la partie, non vis-à-vis des philosophes, mais vis-à-vis du peuple, laissa faire et alla même jusqu'à approuver une morale qui s'accommodait si fort à ses goûts de libertinage et qui n'attaquait pas ses prérogatives. Quelques questions d'égalité furent bien soulevées parmi toutes ces discussions auxquelles la noblesse prenait part; mais c'étaient des questions d'égalité humaine et non point politique. On voulut bien reconnaître qu'un manant était l'égal d'un noble, en tant que le manant avait les jambes et le visage aussi bien faits que le noble; mais cela dans le simple rapport d'homme à homme, la question du bourgeois et du gentilhomme demeurant intacte. De là cette distinction subtile qui fit de tant de grands seigneurs et de grandes dames des êtres doubles qui consentaient à l'état de nature pour les jouissances de leur corps, mais qui conservaient très-entière la supériorité de leur position sociale. En conséquence, la duchesse d'Avarenne et beaucoup d'autres usaient naturellement et philosophiquement de leurs laquais; tirant ainsi des principes d'une philosophie vraie dans sa généralité, mais appliquée faussement à des exceptions, les conséquences qui allaient à leurs passions. Ce ne fut que plus tard que le peuple y puisa celles qui allaient à ses intérêts. Cherchez dans tous les écrivains du dix-septième siècle, jusqu'au règne de Louis XVI, où les embarras matériels des finances ramenaient l'esprit public à une application matérielle des principes de liberté; cherchez un écrivain qui ait osé tirer des principes de l'égalité humaine, si radicalement posés, les conséquences de la destruction des priviléges et de la participation de tous au gouvernement; vous ne le trouverez point. On écrivait, à la vérité, en vers mal rimés :

> Les hommes sont égaux; ce n'est point la naissance,
> C'est la seule vertu qui fait la différence...

mais personne ne pensait à dire qu'à ces hommes égaux il fallait des droits égaux.

Soit que le besoin d'égalité naturelle, soit que la protection qu'une grande partie de la noblesse avait accordée aux philosophes trompassent ceux-ci sur l'anomalie de l'existence de l'aristocratie avec leurs principes, soit qu'ils n'en eussent pas calculé toute la portée, il est certain que l'aristocratie se crut longtemps à l'abri du mouvement qui renversa la religion et le clergé, et qu'elle laissa faire, sans s'apercevoir que tous les priviléges de l'ancienne monarchie s'étayaient l'un l'autre, et qu'un tombé, tous les autres crouleraient.

Voilà bien des réflexions à propos d'un caprice de femme qu'un autre eût rapporté tout naïvement, et qui se fût expliqué tant bien que mal à l'esprit du lecteur; d'autant que ce caprice n'est point encore consommé, comme dirait Beaumarchais, et que nous nous sommes arrêté au milieu de notre récit, pour divaguer sur un caractère au lieu de le faire agir, ce qui est bien plus dans les données des romans actuels. Reprenons donc.

La duchesse d'Avarenne était dans le taillis, assise sur un banc de gazon, pensant à sa situation présente. Comme elle suivait volontiers le cours de son histoire dans le passé pour en mieux calculer les chances dans l'avenir, nous allons nous mettre à la piste de ses réflexions et les noter chemin faisant.

— Me voici donc, se disait-elle, confinée dans le château de mon père, au moment où je me croyais au sommet de la fortune et de la puissance. Il n'y a dans toute la cour de Louis XVI qu'un prince qui vaille la peine qu'une femme en fasse son amant, et ce prince était mon esclave. Déjà, grâce à son crédit, mon mari, exilé dans une ambassade, ne mettait plus d'obstacle à nos plaisirs, à mes triomphes, au luxe de ma maison, à mes fêtes qui faisaient envie aux privilégiés du Petit-Trianon; je commençais à être heureuse ce que je valais, lorsque voilà une femme qui se jette à la traverse de mon avenir: dans le but de s'emparer de celui qui m'appartient, elle me fait un crime d'une liaison qu'elle ambitionne pour elle, et parce qu'elle ne sera que la maîtresse de demain, elle a l'art de faire entrer dans ses intérêts l'épouse imbécile de ce prince, et de faire renvoyer la maîtresse d'aujourd'hui. On mêle à tout cela la pruderie de la reine, l'austère vertu du roi, la dévotion de Mesdames. On menace mon père ; on parle de rappeler mon mari, on me fait entendre que la terre de l'Étang a besoin de la présence de mon père, et mon père de la présence de sa fille ; et pour que tout cela arrive sans que je puisse y rien opposer, on envoie le prince dans sa province sous prétexte d'une assemblée des notables qui n'a été convoquée que pour ça ; et je suis forcée de partir dans les vingt-quatre heures, et me voilà reléguée dans un désert épouvantable où je meurs d'ennui depuis ce jour et demi que j'y suis. En vérité, tout cela s'est succédé si vite, que je n'ai pas eu le temps d'y réfléchir. Il faut pourtant prendre un parti. Irai-je retrouver M. d'Avarenne ? ce serait abandonner la partie sans la défendre. Retournerai-je à Versailles dès que le prince y sera arrivé ? ce serait m'exposer peut-être à un nouvel ordre d'exil que cette fois ma désobéissance rendrait irrévocable. Faut-il attendre ici que tout soit apaisé là-bas ? mais le prince a un cœur tout au plus vaniteux, qui m'aimait parce qu'il y avait mode à m'avoir, danger de me perdre, et qu'il était en rivalité avec les hommes les plus charmants. Il me laissera mourir ici : dans quinze jours je serai remplacée par une autre ; qui sait même si déjà il ne m'a pas oubliée ? Car enfin j'ai bien calculé : il eût pu m'envoyer un courrier pour me dire ce qui se passe ; nous avons voyagé assez lentement pour cela. Ce misérable courrier ! je n'en tendais pas galoper un cheval derrière ma voiture, qu'i ne me semblât que ce dût être une livrée verte à galon d'or qui me poursuivait pour me remettre un ordre de re tourner sur-le-champ ; mais le cheval passait, et c'étai quelque bourgeois qui galopait. Peste soit du bourgeois qu galope ! Voilà comment j'ai fait mon voyage jusqu'ici ; tou jours attendant et toujours trompée. Je suis arrivée depui avant-hier et je n'ai rien reçu... c'est inconcevable ! c'es monstrueux ! Ce prince est si crédule quelquefois ! on lu aurait fait peur du diable, et puis, si libertin ! il se vautr dans quelque orgie ; et d'une incurie ! il passe tout so temps à des sottises. Décidément je suis abandonnée, perdue ; je suis...[1]

Elle en était là, lorsqu'elle entendit marcher dans le bois. Celui qui venait semblait s'arrêter de temps en temps, comme quelqu'un qui examine les endroits par où il passe, pour y découvrir une personne ou un objet. La première pensée de la duchesse fut que c'était elle qu'on cherchait, et son premier mouvement fut de s'éloigner ; le second fut d'attendre et d'accueillir l'importun, fût-ce son père ou son oncle, de manière à se débarrasser de leur morale pour quelque temps. Déjà elle avait préparé deux ou trois phrases à emportement, de ces phrases avec lesquelles les femmes ont presque toujours raison : parce que, si c'était un homme qui vous les adressât, il faudrait y répondre par un soufflet, et que ce moyen n'étant pas de mise avec le *sexe* et à une certaine hauteur sociale, il faut se taire et boire les impertinences. On parle beaucoup de la tyrannie de la force ; la tyrannie de la faiblesse est bien autrement cruelle et abusive. Il y a aussi la tyrannie de l'infamie, celle qui s'établit si bien dans le vice, s'y pavane si fièrement, s'y graisse si complétement de boue, qu'il ne reste plus un endroit où puisse arriver une vengeance. Nous avons tous connu un malheureux qui est mort, et qui se délectait à écrire dans son journal quelque calomnie sur le premier honnête homme dont la pensée lui venait en s'éveillant ; l'injure écrite s'imprimait, l'honnête homme la lisait ; il se mettait en fureur, prenait un ami, des pistolets et une épée, et allait trouver le libelliste. Il lui de-

---

1. A Dieu ne plaise que nous donnions comme expression de nos sentiments sur un homme devenu malheureux les paroles que nous prêtons ici à une maîtresse irritée. Une femme qui se croit abandonnée pense quelquefois tout le mal possible de celui qui l'oublie, surtout quand elle est capable de faire ce qu'elle redoute. La jeunesse d'un prince n'est pas plus exempte de folies que celle du plus humble bourgeois ; mais ce n'est pas à nous de lui en faire une accusation ; et si nous avons choisi, sans le nommer et sans le mettre en scène, un personnage devenu au moins respectable par son âge et son exil, c'est qu'il nous fallait une position telle, qu'elle pût se prêter aux événements que nous avons voulu présenter. (1834.)

mandait raison, celui-ci lui riait au nez; il l'insultait alors celui-ci riait plus fort; il l'appelait lâche, le lâche haussait les épaules; il le souffletait, le souffleté criait à l'assassin. Satisfait de sa vengeance, l'honnête homme sortait, se croyant en repos dans sa bonne renommée, par la correction qu'il avait infligée. Le lendemain amenait une autre feuille et une autre injure, partant autre fureur, autre visite, autre ricanement, autre insulte; ce jour-là il crachait au visage du calomniateur et pensait tout fini. Le calomniateur attendait que la porte de la rue fût fermée, et une plus mortelle, plus infâme injure se levait avec l'aurore et la feuille du lendemain. A cette hideuse obstination, j'ai vu de paisibles honnêtes gens rugir et demander comment il fallait faire taire ce misérable. Ils se calmaient, car il leur naissait une idée de vengeance. Le soir même, ils attendaient l'homme au coin d'une rue, le prenaient au collet, le bâtonnaient jusqu'à la poignée de la canne et le renvoyaient avec le bras droit cassé. Le gueux savait écrire de la main gauche, et l'insulte quotidienne se réveillait encore le lendemain; colportée dans Paris à quelques centaines d'abonnés, expédiée par la poste à un millier de lecteurs. Que faire alors? se taire, ou composer, ou devenir assassin. L'honnête homme était le plus faible, il restait honnête homme, et l'infâme riait et se pavanait dans sa victoire. Voilà ce que nous appelons la tyrannie de l'infamie; elle a mille autres moyens de procéder, mais nous nous contenterons de cet exemple. Nous aurions encore à développer les divers systèmes de la tyrannie du malheur: depuis le proscrit qui s'amuse à enfreindre les lois du pays qui le recueille, et qui traite la plus simple réprimande d'outrage au malheur[1]; jusqu'à l'enfant trouvé reçu dans une famille et qui crie à la plus légère correction: — C'est parce que je suis seul et misérable qu'on

---

1. Ceci est, du reste, un exemple de théorie générale dont nous ne voudrions pas qu'on fît d'application, surtout sous le rapport politique. Entre les sublimes Polonais et les petits ministres de France, la tyrannie est bien dûment toute restée à ces derniers.

m'opprime : l'un et l'autre gagnant quelquefois l'impunité par la peur où ils mettent d'honnêtes gens de manquer au respect qu'on doit à l'infortune.

Madame d'Avarenne avait à sa disposition ces trois genres de tyrannie. Supposons que ce qu'elle craignait fût arrivé, que c'eût été quelque sermonneur qui fût venu lui porter au bois une réprimande bien méritée ; supposons un frère qui parle :

— Ma sœur, votre intrigue avec le prince a scandalisé la cour et déshonoré votre nom !

— Mon frère, vous n'avez eu rien à dire contre cette intrigue, lorsqu'elle vous a fait nommer colonel, puis brigadier des armées du roi.

— Si j'avais su le moyen...

— Laissez donc, vous le saviez, et si votre femme n'était pas un petit monstre imbécile, vous l'auriez conduite, l'épée au côté, dans l'alcôve du prince.

— Ma sœur, vous êtes bien heureuse de n'être qu'une femme !

Et le frère serait parti en grinçant des dents.

Supposez l'oncle maintenant :

— Ma nièce, votre conduite scandalise les honnêtes gens et brave le ciel.

— Je me soucie peu du ciel et des honnêtes gens.

— Ce qu'on dit de vous passe toute croyance.

— Quoi ! on dit que j'ai un amant ? deux ? trois ? dix ? eh bien, c'est vrai ! ça m'amuse ; ça ne vous regarde pas ; et si on me dit quelque chose, j'en aurai cent.

— Ah ! ma nièce, voilà donc ce que vous ont appris les philosophes !

— Les philosophes sont des gens d'esprit, les dévots des imbéciles ; il n'y a plus que les brutes qui jeûnent, fassent carême et se passent de quelque chose.

— Mais savez-vous quels noms vous méritent vos façons d'agir ?

— Quoi ! on m'appellera athée ? c'est à la mode ; catin ? ne l'est pas qui veut ; d'ailleurs il y a longtemps qu'on m'a dit tout cela.

— Et cela ne vous a pas fait honte ?

— Honte ! je n'ai pas le temps.

— Ah ! ma nièce, je me retire ; vous êtes descendue plus bas que je ne pensais.

— Bonjour, mon oncle ; mes respects à vos ouailles.

Puis le saint évêque, le cœur navré, s'en va épouvanté, abasourdi, sans avoir pu trouver un joint où percer cette cuirasse d'impudence et arriver au cœur.

Voici pour le père :

— Eh bien ! ma fille, voilà le fruit de vos imprudences : l'exil, la perte de tout avenir, de toute fortune.

— Grand merci, mon père ; je n'ai pas assez de mon malheur, il faut que vous m'accabliez de vos doléances.

— Mais ce malheur, c'est vous qui l'avez voulu.

— Est-ce une raison pour venir me le reprocher ? Qu'est-ce que je vous demande ? c'est de me laisser seule souffrir dans un coin.

— Cependant...

— Est-ce que je me plains, moi ? je suis forte, j'ai du courage ; mais s'il faut que j'aie encore à supporter votre humeur, j'avoue que j'y succomberai... la vie à ce prix est insupportable...

— Mais cependant...

— Oui, monsieur, j'aime mieux mourir ! Dieu ! mon Dieu ! que je suis malheureuse ! Et vous aussi qui dites m'aimer, vous vous joignez à mes ennemis... Eh bien ! soit ; tout ceci finira. La vie dans ce château... est-ce le bonheur, est-ce la fortune, est-ce le plaisir, pour y tenir beaucoup ?

— Allons, allons, Diane, vous devenez folle.

— Folle ! ah ! non, monsieur ; je sais ce que je dis. Tenez, monsieur, je suis au désespoir ; laissez-moi, laissez-moi, je ne réponds plus de ce que je puis faire.

— Mais écoutez-moi.

— Ah ! mon Dieu ! mon Dieu ! quelle tyrannie !

Et sur ce, la belle désespérée se serait pressé le front avec rage, elle eût dérangé trois boucles de sa belle frisure, avec mine d'enfoncer ses ongles dans ses beaux yeux, et le père craintif, attendri, se serait retiré prudemment pour ne pas exaspérer ce cœur ulcéré.

Voilà ce qui n'arriva pas, mais ce qui serait infailliblement arrivé, si c'eussent été frère, oncle ou père qui se fussent présentés dans le bois devant la belle duchesse d'Avarenne; mais ce n'était personne qui eût droit à remontrance, car c'était tout simplement Jean d'Aspert, le beau meunier, qui, dès qu'il aperçut la duchesse, marcha rapidement vers elle, le chapeau à la main, l'air profondément respectueux et embarrassé. Dès qu'il fut près d'elle, il tira un paquet de sa poche et le présenta à la duchesse.

— Qu'est cela?

— Des lettres qu'un homme qui rôdait autour du château voulait faire remettre secrètement à madame la duchesse.

— Quel homme?

— Une sorte de postillon en vert, galonné d'or.

— Ah! très-bien! Pourquoi ne l'avez-vous pas introduit.

— Parce qu'il m'a dit qu'il ne fallait pas qu'on soupçonnât son arrivée ici. Si madame la duchesse eût été dans son appartement, j'aurais pu y conduire secrètement cet étranger; mais j'avais vu madame entrer dans ce parc et se diriger vers ce bois; j'ai pensé que la livrée de cet homme pourrait le faire remarquer, et j'ai cru que c'était mieux le servir de me charger moi-même de ses lettres et de venir vous les apporter, car je suis connu ici de tout le monde, et l'on ne fera pas attention à moi.

— Et qu'est devenu cet homme?

— Il attend au bourg la réponse que je me suis chargé de lui reporter.

— C'est bien, dit la duchesse, attendez; et d'un geste de la main elle congédia le beau meunier, qui se retira.

Elle ouvrit alors le papier, et, sous une enveloppe qui promettait une lettre bien longue, bien explicative, elle trouva un petit billet plié en deux, avec ces quatre lignes:

« Mes belles amours, vous avez fait bien des imprudences, à ce qu'il me paraît; le roi est très-irrité; je n'ai pas encore osé lui parler de vous. Prenez patience; je prévois que d'ici à quelque temps on aura besoin de moi ; je négocierai alors votre retour. Je suis toujours très-épris de vous et très-reconnaissant de l'amour que vous me portez. Vous êtes dans un si horrible pays, que je ne vous demande pas la fidélité comme une preuve d'amour, et je me garde ce mérite ; à défaut de celui-là, ayez celui de penser beaucoup à moi et de me l'écrire souvent. Mille baisers sur vos beaux yeux. Si l'on vous envoie le quatrain suivant, n'y croyez pas :

> En revenant de Courbevoie,
> L'estomac fus m'embarrasser
> D'un très-lourd gâteau de Savoie ;
> J'ai pris Duthé (du thé) pour le faire passer. »

L'immobilité qui suivit la lecture de cet étrange billet attestait une rare confusion dans les pensées de la duchesse ; elle avait cru calculer et prévoir tous les malheurs de sa position, et elle voyait dépassé d'un coup et du premier abord tout ce qu'elle avait prévu et calculé. En effet, rien n'était plus froid, plus sec que ce billet ; pas un mot ou de consolation, d'espérance prochaine, de dévouement, ou d'effort en sa faveur : une négociation éloignée, très-éventuelle dans son succès, une excuse d'infidélité qui avait l'air d'une vanterie. Il y avait de quoi en perdre la tête. Mais la duchesse avait sans doute devers elle quelques moyens d'exiger du prince ce qu'elle eût préféré devoir à son empressement, car elle froissa le billet avec colère et dit tout haut en se levant :

— Ah ! nous nous reverrons...

Aussitôt elle sortit du bois et rentra dans son appartement pour faire la réponse qu'attendait le courrier. Cette réponse, toute de colère et d'humeur, fut bientôt prête. La duchesse y menaçait son amant d'un éclat assez habile pour le compromettre, et lui disait très-hautainement qu'elle saurait bien le placer entre la nécessité de résister pour elle aux ordres de la cour et de l'y maintenir d'autorité, et la honte de l'abandonner lâchement ; et qu'alors elle n'aurait plus de ménagements à garder sur la publicité d'un secret dont elle avait en main des preuves irrécusables. Elle donnait au prince le temps de lui renvoyer une réponse; mais ce délai passé, si la réponse n'arrivait pas ou si elle n'était pas satisfaisante, elle partait et retournait à Versailles, et qu'alors il fallait qu'il se décidât.

La réponse prête, il fallut avoir le messager intermédiaire pour la remettre au courrier, et la duchesse donna ordre à Honorine de lui amener Jean d'Aspert, qui sans doute attendait quelque part dans le bois. Honorine répondit que le meunier lui avait parlé, et que, ayant affaire dans le château voisin, il l'avait avertie qu'il reviendrait le soir après la nuit tombée pour prendre les ordres de la duchesse et les transmettre au courrier, qui ne devait partir que le lendemain, ayant destiné tout ce jour à se reposer, après une longue route faite à franc étrier.

Ce retard contraria vivement madame d'Avarenne. Il y a de ces moments de colère où il faut entièrement accomplir la résolution qu'on y puise pour ne pas craindre d'en changer. Cette lettre écrite et qui n'était pas partie lui pesait, non point parce qu'elle arriverait un jour plus tard, mais parce qu'elle n'était pas en route pour sa destination. Le courrier se fût arrêté huit jours à trente lieues du village de l'Étang, qu'elle n'en eût éprouvé que peu d'impatience, sûre que son message irait où il était adressé, porterait coup, et, une fois entre les mains du prince, la forcerait par vanité à faire ce qu'elle avait annoncé. Mais, par un vague instinct de caprice, elle craignait qu'entre deux heures qui venaient de sonner et dix heures qu'il fallait attendre, il n'arrivât quelque événement, quelque réflexion, quelque débat entre elle et son père, qui lui fissent retenir la lettre qu'elle venait d'écrire. Cette contrariété occupa la duchesse un quart d'heure, puis elle se remit à s'ennuyer.

Si l'oisiveté est la mère de tous les vices, l'ennui peut bien adopter comme ses enfants la meilleure part de tous les excès où se porte une imagination habituée à s'user à mille petits soins qui ne sont pas un travail, mais une occupation. Ainsi, quand, à trois heures, l'heure du dîner arriva et qu'on vint avertir la duchesse que son père l'attendait, il prit fantaisie à Diane de ne pas dîner, et elle demanda qu'on la laissât tranquille; elle se fit malade, joua la malade, se mit au lit et se fit faire de la tisane. Le lit est fort ennuyeux et la tisane insipide; à la seconde tasse, elle la jeta au milieu de la chambre, se leva et se mit à se promener en chemise dans son appartement. Le froid la prit, elle se fit faire du feu, et par le plus beau soleil de juin, on entassa des moitiés d'arbre dans la vaste cheminée de sa chambre. Elle s'amusa à regarder la flamme gagner toutes les bûches l'une après l'autre, et, quand tout ce monceau de bois fut enflammé, elle eut la petite espérance de voir prendre le feu à la cheminée. Il n'en arriva rien et elle se dégoûta de se chauffer. Elle appela Honorine; la nuit était venue. La jeune fille, après avoir allumé une bougie, l'approcha de sa maîtresse, qui était enveloppée dans une robe de chambre de damas, et qui avait mis ses pieds nus dans des mules de velours noir. Elle demanda à sa maîtresse si elle désirait quelque chose.

— Qu'est-ce qu'il y a de curieux dans ce pays? lui dit brusquement la duchesse.

— Rien, madame.

Il n'y a rien de curieux dans les choses les plus merveilleuses au milieu desquelles on vit. Notre-Dame de Paris n'a rien de curieux pour l'habitant de la Cité, qui passe tous les jours devant son magnifique portail. Le plus agreste paysage, la plus sublime ruine, n'ont rien de curieux pour le paysan qui déchire à la houe le flanc de la colline la plus pittoresque, ou qui s'abrite de la pluie sous quelque vieil arceau d'une abbaye du douzième siècle; donc Honorine ne trouva rien de curieux à proposer à une dame qui avait vu Paris et Versailles.

— Est-ce qu'il n'y a pas de revenant quelque part? dit la duchesse.

Honorine ne répondit pas : elle était devenue pâle et tremblait de tout son corps.

— Ah! dit la duchesse, il y a des revenants; à la bonne heure, conte-moi ça.

— Ah! non, madame, il n'y a pas de revenants; mais il y a des choses bien extraordinaires.

— Qu'est-ce donc?

— Hélas! madame, il y a des sorciers.

— Un vieux berger qui jette des sorts? il y en a partout! c'est très-sale et très-puant.

— Oh! madame, reprit Honorine avec un sourire où perçait, à travers beaucoup de frayeur, un brin de vanité pour les sorciers de son pays, ce ne sont pas de vieux bergers. C'est bien plus épouvantable : c'est le docteur Lussay qui fait entrer des démons dans le corps de qui il veut, et qui les en fait sortir à volonté.

— Ah! ce petit monsieur qui fait ici le charlatan? c'est bon à savoir; et qu'est-ce que cela lui rapporte?

— Oh! madame, le docteur ne prend rien pour ça; au contraire, il paye ceux qui se laissent faire.

— Qu'est-ce qu'il leur fait donc?

— Dame, madame, c'est bien difficile à vous expliquer. J'ai vu ça une fois; mais j'ai eu si grand'peur, que je n'ai pas osé y retourner.

— Tu te rappelles pourtant ce que tu as vu; était-ce le diable en personne avec des cornes et le pied fourchu?

— Non, madame. Imaginez-vous que c'était un soir, et le temps s'était couvert tout à coup, comme il menace de se couvrir en ce moment. Il faisait un terrible orage, et j'étais restée toute tremblante dans la grande chambre de notre maison, lorsque voilà Jean qui entre tout à coup, mouillé, sale, couvert de boue, et qui demande où était mon père; mon père était à la ville et ne devait rentrer que le lendemain.

— C'est fort adroit à monsieur Jean d'être venu le chercher précisément ce jour-là, dit la duchesse avec un petit ricanement.

— Mais non, madame, puisque je ne pus pas lui donner ce qu'il demandait.

— Tu n'as pas pu lui donner ce qu'il te demandait? reprit la duchesse en considérant Honorine d'un regard tout étonné de ce qu'une belle fille comme Honorine n'avait pas pu donner ce que demandait un beau garçon comme Jean. Elle ajouta donc avec un air de grande surprise : — Qu'est-ce qu'il te demandait donc de si extraordinaire ?

— Il me demandait, madame, la clef du grand caveau qui mène dans les souterrains du château.

— C'est donc un ivrogne ?

Honorine fit un geste d'impatience et presque d'indignation. Madame d'Avarenne, qui s'en aperçut, continua :

— Eh bien ! que voulait-il faire de cette clef ?

— Il voulait aller jusqu'à la maison du docteur, qui est une ancienne dépendance du château, et dont les caves communiquent avec celles de cette maison; et ça pour surprendre les nécromancies que faisait le docteur ?

— Et pourquoi ?

— C'est, voyez-vous, que, dans ce temps-là, Jean faisait la cour à Louise ; Louise avait été un peu malade, et on avait venir monsieur Lussay : mais au lieu de la soigner avec des drogues, il l'avait guérie en lui touchant la tête avec les mains, en lui parlant, en lui traçant de grands cercles sur le front avec une baguette en acier, et en employant toutes sortes de simagrées ; si bien que Louise était comme l'âme damnée du docteur, lui obéissant au moindre geste et tremblant comme une feuille devant lui. Il y en avait d'autres dans le pays qui avaient été guéris comme Louise, et tous étaient de même que Louise ; de grands garçons de labour, de gros charretiers. Une fois que le docteur les approchait, il semblait qu'ils n'eussent plus ni courage, ni force ; c'est vrai ça, madame. On s'en aperçut dans le pays, et ça commença à donner des soupçons ; mais comme le docteur faisait du bien à tout le monde, on ne dit trop rien. Voilà pourtant qu'on finit par remarquer que presque tous les soirs, ceux qui avaient été guéris par monsieur Lussay s'en allaient de chez eux à la même heure, se rendaient chez le docteur et n'en sortaient que deux ou trois heures après, presque toujours la figure renversée. Il y en a qui se mirent aux aguets pour écouter ce qui s'y passait ; mais, comme la maison de monsieur Lussay est au milieu du jardin, on n'entendait rien de ce qui se faisait dedans. Pourtant tous ces pauvres gens, après avoir été guéris, dépérissaient à vue d'œil ; ils n'avaient pas de maladie, mais ils étaient pâles, maigres, chétifs ; le moindre bruit les faisait tressaillir ; et surtout la pauvre Louise, qui avait été si jolie ; elle était quasi comme une recluse. Son père lui avait défendu de retourner chez le docteur, et Jean l'en avait bien souvent priée : elle avait promis d'obéir ; mais lorsque l'heure du sabbat arrivait, elle parvenait toujours à s'échapper. C'était comme ça vers sept heures du soir. Une fois, son père l'enferma dans sa chambre ; mais la pauvre fille était si bien possédée, qu'elle sauta par la fenêtre, qui heureusement n'était pas haute, et qu'elle courut tout de suite chez monsieur Lussay. Quand le vieux Jacques rentra, Jacques c'est le père à Louise, il fut d'abord furieux de ce que sa fille s'était échappée, puis le pauvre bonhomme se mit à pleurer de ce qu'elle était possédée du démon. Ça fit du scandale, et le père Jacques voulut aller se plaindre au curé et demander qu'il exorcisât sa fille ; mais monsieur Lussay lui donna de l'argent, et le sabbat continua de plus belle. Jean, que tout ça ennuyait, et qui voyait Louise se pâlir et se fondre au point d'être comme un squelette, Jean voulait éreinter le docteur ; et, dame ! il n'y avait pas d'argent à lui donner, à lui, pour l'empêcher de taper. Mais Louise, à qui il s'était vanté de son envie, l'avait tant prié, en lui disant que c'était son bonheur à elle, et peut-être sa vie qu'il exposerait en touchant au docteur, qu'il laissa faire aussi ; et pourtant il devenait plus inquiet de jour en jour, car la tête de la pauvre fille se dérangeait ; elle parlait toute seule ; elle disait des choses incompréhensibles ; elle racontait que le docteur la menait en paradis, où il y avait des meubles superbes et des musiques qui la faisaient danser toute seule. Une fois elle voulait m'emmener en me disant :

— Viens, viens, et tu goûteras les joies du ciel, et tu sentiras le plaisir te pénétrer jusqu'à la moelle des os.

Et en parlant ainsi, elle avait les yeux qui lui sortaient de la tête et qui flamboyaient comme des chandelles. Ça me fit peur.

La duchesse, qui avait attentivement écouté jusque-là, se prit à rire.

— Jean me paraît de tournure à donner de ces joies-là d'une meilleure façon que le docteur. Mais enfin, que voulait-il, le soir qu'il était chez toi ?

— Voici : il avait voulu empêcher Louise d'aller au sabbat comme à l'ordinaire, et pour ça, il avait obtenu de son père de l'emmener à deux lieues d'ici ; ils causaient tranquillement dans une auberge du bourg voisin, lorsque voilà tout à coup sept heures qui sonnent. A peine Louise a-t-elle entendu l'horloge, qu'elle devient tout inquiète, en disant à Jean qu'il faut qu'elle parte, que l'heure est venue, qu'elle entend le docteur qui l'appelle ; puis elle ajoute, comme si elle parlait à quelqu'un : — J'y vais, j'y vais. Jean veut l'empêcher de sortir, il la supplie de rester ; mais Louise ne l'entendait plus, et paraissait causer avec un esprit qui la tourmentait. Elle se lève, Jean l'arrête de force ; elle se débat quelques instants, et, comme il la retenait toujours, la voilà qui tombe dans des crises affreuses : la pauvre fille se roulait par terre, se cognant la tête sur le coin des meubles, en écumant comme une enragée et en poussant de grands cris. Alors Jean la prend, la met sur un lit et reste à côté d'elle. Il n'y avait pas une minute qu'elle y était, que la voilà qui s'endort, mais d'un sommeil si lourd, si lourd, qu'elle paraissait morte. Jean commençait à se désespérer de l'avoir mise dans cet état, quand il la vit se lever sur son séant. Elle se frotta les yeux comme si elle se réveillait, et pourtant ses yeux restèrent fermés ; elle se leva tout à fait, et, quoiqu'elle fût habillée, la voilà qui fait comme si elle mettait ses bas, ses souliers et ses jupes. Jean, qui l'avait vue se meurtrir le visage et se frapper contre les meubles, quand il l'avait voulu arrêter, Jean la laissa faire. Aussitôt que Louise fut prête, je veux dire aussitôt qu'elle eut fait semblant d'être prête, car elle s'était regardée devant un miroir comme pour arranger son fichu et son bonnet, la voilà qui va tout droit à la porte de l'auberge, qui l'ouvre, qui sort dans la rue, et tout ça toujours les yeux fermés ; Jean la suit, n'osant la toucher, tant il était surpris. L'orage était venu, la pluie battait à verse, il ventait et tonnait, c'était un temps horrible. Louise n'eut pas l'air de s'en apercevoir, et tout aussitôt qu'elle fut dans la rue, elle tourna du côté du bourg, toujours les yeux fermés. Elle marchait d'une telle vitesse, elle si faible et si maigre, que Jean avait de la peine à la suivre. Quelquefois, il s'approchait d'elle et l'appelait, mais elle ne répondait pas. La nuit était tout à fait tombée et les petits sentiers qui coupent à travers les champs étaient tout inondés et presque disparus. Ça n'arrêta pas Louise; elle les reconnaissait dans la nuit et y marchait comme en plein jour, et par une belle sécheresse. Plusieurs fois Jean voulut lui prendre la main, mais alors elle se mettait à crier et à trembler comme une convulsionnaire; il la laissait donc aller comme elle voulait, la suivant toujours, et ne sachant plus où elle allait, tant la nuit était noire. Ça dura bien une demi-heure. Tout à coup Louise s'arrête à un mur qui lui barrait le passage, ouvre une petite porte basse que Jean ne voyait pas, entre et ferme la porte après elle; Jean voulut l'enfoncer, mais il ne put y réussir. Enfin il tourne autour de la maison et reconnaît que c'est celle du docteur. Ils avaient fait presque deux lieues en trois quarts d'heure. Jean eut beau crier et frapper, personne ne lui répondit; alors, ne sachant que faire, il escalada le mur et entra dans le jardin. Il s'approcha de la maison et entendit un bruit singulier; c'était une douzaine de voix d'hommes et de femmes : les uns riaient et d'autres chantaient; il y en avait qui poussaient de grands cris, d'autres qui gémissaient, tout cela mêlé d'une sorte de bourdonnement comme une voix qui prie. Il prit fantaisie à Jean de casser les fenêtres ou d'enfoncer une porte; mais les volets étaient garnis de barreaux et les portes cadenassées. Ce fut alors qu'il pensa au caveau qui mène à la maison du docteur, et qu'il résolut de venir chez nous; car, à force de tourner, il vit que les cris sortaient d'une cave, et, en appliquant son oreille au soupirail, il entendit plus distinctement le bruit qu'on y faisait, et reconnut Louise, qui disait sans cesse, avec une voix si forte que

Jean eut peine à la reconnaître : — Encore ! encore ! encore !

A ce mot, la duchesse se prit à rire. Par un hasard singulier, un coup léger fut frappé à la porte de sa chambre. Honorine, que son propre récit avait épouvantée, se jeta vers madame d'Avarenne en poussant un cri et en tombant à genoux. Elle était pâle et portait autour d'elle des regards effarés : la pluie fouettait à torrents les vitres des grandes fenêtres ; le vent gémissait en longs hurlements dans les corridors du château ; la lueur de la bougie se perdait dans l'immensité de la chambre. A ces bruits, à cet aspect, la duchesse devint froide et pâle à son tour. Elle écoutait, lorsqu'un second coup, plus fortement frappé, la fit tressaillir ; mais soit courage, soit que le mot accoutumé qu'elle prononça lui échappât involontairement, elle dit d'une voix altérée :

— Entrez !...

Un homme parut, couvert d'un long manteau qui dégouttait de pluie, portant un large chapeau qu'il ôta en entrant dans la chambre : c'était Jean d'Aspert.

— Je viens, dit-il, chercher les ordres de madame la duchesse.

La terreur de madame d'Avarenne et celle d'Honorine avaient été si grandes, qu'elles ne s'en remirent ni l'une ni l'autre, même après avoir reconnu le meunier, et qu'elles ne répondirent pas tout de suite. L'apparition du héros de la singulière histoire de Louise, à ce moment, lui prêta quelque chose de romanesque et d'aventureux qui fit que la duchesse le considéra avec une attention curieuse. C'était véritablement l'un des plus beaux hommes qu'elle eût vus. Il avait quitté sa poudre, et ses cheveux noirs et bouclés roulaient en larges anneaux sur son front élevé ; il portait une culotte et des guêtres de daim, et une ceinture de cuir, où pendait une paire de pistolets, serrait sa taille forte et cambrée. La duchesse, sans le quitter des yeux, lui dit d'une voix qui avait perdu cette liberté insolente dont elle usait vis-à-vis de gens si loin placés d'elle :

— Nous parlions de vous, monsieur.

— Vous m'attendiez, madame ; pardon si j'ai tant tardé ; mais le courrier m'attendra jusqu'à onze heures, et il n'en est que dix.

— Ah! tant mieux, dit la duchesse, oubliant complétement le but de la visite de Jean ; vous me direz la fin de votre histoire.

— De mon histoire ? reprit le meunier étonné.

— L'histoire de Louise, dit Honorine ; j'étais en train de la conter à madame la duchesse quand vous êtes entré.

— Hélas! madame, reprit Jean, c'est une bien triste histoire.

— Jusqu'à présent elle ne laisse pas d'être curieuse, répondit la duchesse ; mais la soirée est devenue froide, ranime un peu ce feu, Honorine ; allume-nous quelques bougies, nous sommes ici comme dans une tombe. Va à l'office et fais monter quelque chose pour moi. Depuis que je ne t'écoute plus, je me sens besoin de souper.

Honorine sortit, et Jean demeura debout devant la duchesse. Elle avait tourné son grand fauteuil du côté du feu, avait tiré ses jolis pieds blancs de ses mules noires, et les avait posés sur un coussin devant la flamme du foyer pour les réchauffer. Jean se taisait, et madame d'Avarenne, tout étonnée de ce silence, se retourna et vit Jean immobile, les yeux fixés sur ses pieds délicats, qu'il avait l'air de contempler avec envie. Jean, surpris dans son adoration, baissa subitement les yeux et devint rouge ; la duchesse le regarda en clignant les yeux, et un imperceptible sourire glissa sur ses lèvres, sourire que nous pourrions traduire ainsi : — Mais, oui-dà, ils sont blancs et jolis, et vos paysannes ne sont pas beaucoup riches en beautés de cette espèce. Puis, après le monologue de ce petit sourire, la duchesse se prit à rire tout de bon, d'un rire étouffé, à la vérité, mais qui voulait dire assurément : — Ce serait drôle de faire perdre la tête à ce garçon. Elle se retourna vers lui et vit les regards de Jean qui entraient audacieusement sous le col mal serré de sa robe de chambre, et qui s'appuyaient comme un baiser des yeux sur le satin de ses belles épaules. La duchesse rougit à son tour ; elle ramena ses pieds nus dans ses mules de velours, et regarda Jean, qui cette fois ne baissa les yeux qu'après avoir croisé son regard avec celui de madame d'Avarenne. Tous deux gardèrent le silence ; madame d'Avarenne le trouva tout au moins très-osé. Une mauvaise pensée lui vint, celle de s'amuser aux dépens du beau meunier, et de lui faire dire quelque grosse balourdise. Alors, s'adressant à Jean avec son grand air de duchesse, elle lui dit en le toisant par-dessus l'épaule :

— Il paraît que vous faites des vôtres dans ce pays ?

— Eh ! madame, reprit Jean, on fait ce qu'on peut.

— Mais il y a autre chose à faire que de courir après toutes les jolies filles du pays pour les séduire et les abandonner, ajouta sèchement la duchesse.

Jean prit le reproche au sérieux ; il répondit sérieusement :

— J'ai aimé bien des filles, et je n'en ai séduit aucune. Je n'ai jamais été ni le premier amant ni le dernier de celles que j'ai eues ; à ce compte-là, on ne peut pas dire que je les aie séduites ni abandonnées.

La duchesse fut toute surprise du bien dit et du bien répondu de Jean ; elle s'attendait à quelque gros et niais sourire, avec des paroles entrecoupées et un chapeau gauchement tourné dans la main, comme faisaient les Guillots du théâtre de Monsieur. Elle n'en continua pas moins son rôle d'inquisition morale, et reprit d'un air sévère et en regardant le meunier au visage :

— Ce n'est pas tout : on dit que vous vous élevez jusqu'à des bourgeoises ?

Jean fronça le sourcil, et, avec un certain dédain où perçait presque de l'humeur, il répondit :

— Je ne sais, madame la duchesse, si je m'élève jusqu'aux bourgeoises, ou si les bourgeoises descendent jusqu'à moi ; mais il me semble qu'on n'entre guère dans le lit d'une femme que sur le pied d'égalité.

— Et vous appliqueriez le principe à une femme de qualité si elle s'abaissait jusqu'à vous ? reprit vivement madame d'Avarenne.

Jean devint pâle, et un éclair de colère brilla dans ses yeux ; il se mordit les lèvres, comme pour barrer passage à la réponse qu'il allait faire, et reprit d'une voix dont il ne put pas déguiser complétement l'altération, mais où il affectait de mettre le respect le plus révérencieux :

— Je me permettrai de rappeler à madame la duchesse que son courrier attend ses ordres.

Madame d'Avarenne regretta l'impertinence que Jean avait été sur le point de répondre, ne fût-ce que pour en rire plus tard ; mais elle demeura stupéfaite du langage et de la retenue du meunier ; et, pour s'éclairer tout à fait sur ce qu'était ce garçon, elle passa sans préambule à un autre genre de questions, renfermant, pour ainsi dire, toute la série de ses réflexions dans l'ellipse de la demande.

— Où avez-vous étudié ?

— Chez les jésuites de Toulouse, madame.

— Vous y avez connu mon beau-frère, l'abbé d'Avarenne ?

— Je l'y ai vu, madame.

— Il fait aussi des siennes, n'est-ce pas ?

— D'une autre façon, madame, dit Jean d'un ton sec.

— Oui, reprit la duchesse avec hauteur, de la façon d'un gentilhomme et non pas d'un manant.

En disant ces mots, la duchesse toisa le meunier d'un air de mépris. Jean baissa les yeux et reprit avec un ton marqué d'impatience mal contrainte :

— J'attends vos ordres, madame.

— Mais, reprit madame d'Avarenne, vous ne les attendez guère, car vous les demandez à toute minute.

Elle se tut et s'agita comme une femme qui voit qu'elle ne va pas au but qu'elle voulait atteindre. Dans la brusquerie de ses mouvements, sa robe se dérangea tout à fait et découvrit la naissance d'une jambe fine, délicate et suavement arrondie. Madame d'Avarenne réfléchissait en ce moment. Au bout d'une minute, elle s'aperçut de la nudité de ses jambes ; elle prit le pan de sa robe pour les voiler ; mais elle s'arrêta soudainement, resta dans cette position, et, glissant son regard de côté, elle chercha celui de Jean.

Le regard de Jean était baissé, son visage sérieux : ou il n'avait pas vu cette nouvelle grâce, ou il n'y avait pas pris garde, ou il la dédaignait. La duchesse le trouva beaucoup plus impertinent que la première fois qu'il l'avait regardée. Elle se sentit de l'humeur ; pourquoi ? contre qui ? à quel propos ? elle n'en savait rien. Elle se décida à renvoyer Jean, se leva, prit le billet du prince et la lettre qu'elle avait répondue ; elle se remit au coin du feu pour voir si sa réponse était suffisante ; et pour en mieux juger, elle relut le billet du prince : il ne fit qu'accroître l'humeur où était la duchesse ; et quand elle arriva à cette phrase : « Vous êtes dans un si horrible pays, que je ne vous demande pas la fidélité comme une preuve d'amour, » elle ne put retenir une exclamation de colère et de mépris ; elle haussa les épaules, chiffonna le billet dans ses doigts et se mit encore à réfléchir en silence. Nouvelle humeur, nouvelle agitation, nouveau dérangement de robe de chambre : elle s'était ouverte du haut, et la soie du vêtement, glissant doucement sur la soie des épaules jusqu'à la naissance des bras, découvrit cette ligne pure, flexible, infinie, qui, partie de la tête, descendait, par un cou svelte et gracieux et par des épaules pures, blanches et fluides, jusque sous les plis de la robe, où elle se perdait si doucement, si vaguement, qu'il semblait que l'œil pût l'y poursuivre et l'y compléter. Les réflexions de la duchesse furent assez longues pour que Jean relevât les yeux et vît ce buste blanc et parfait ; assez longues aussi pour qu'après avoir détourné ses regards de cet enivrant aspect, il les y reportât malgré lui, puis les y tînt attachés ; puis enfin, oubliant qu'on pouvait surprendre ses regards, il se laissât aller à une admiration qui fit rougir son front et trembler son corps. Au bruit de sa respiration haletante, la duchesse se retourna ; mais le regard de Jean ne se baissa plus devant le sien, il y pénétra au contraire, y plongea de tout son feu, et ce fut celui de madame d'Avarenne qui, cette fois, se couvrit de ses paupières. Elle n'avait plus envie de gronder, et à ce moment où elle eût pu devenir sérieuse, elle eut le tort de vouloir rire, et elle dit gracieusement à Jean :

— Donc, mon garçon, vous avez eu de bien jolies filles ?

— Jolies d'une autre façon, madame.

— Voilà un mot qui vous sert de réponse à tout. Je vous ai dit que l'abbé d'Avarenne faisait des siennes, vous m'avez répondu : D'une autre façon ! J'ai compris, et je me suis fâchée, quoique vous ayez raison ; l'abbé est un personnage très-commun et très-grossier. Mais voilà que je vous demande si vos maîtresses sont jolies, et vous me répondez encore : D'une autre façon... J'avoue que je n'entends plus.

— Cela voulait cependant dire la même chose que pour monsieur l'abbé.

— C'est-à-dire que ces jolies filles sont communes et grossières ?

— Oui, madame, dit Jean en laissant échapper un soupir et en relevant sur la duchesse un regard timide, mais tellement empreint de douce caresse que la duchesse sourit en elle-même ; mais non plus en femme qui se moque en triomphant, mais en femme qui éprouve du plaisir à triompher. Cependant elle ramena sa robe sur son cou, mais tout lentement, comme si elle ne le faisait qu'à regret ; et le regard de Jean, dispersé sur ses belles épaules et sur ce sein d'ivoire, se resserrant peu à peu avec le cercle de damas qui vint se nouer au cou, ce regard se concentra sur le visage de la duchesse, puis sur ses yeux ; et lui, dominé par une admiration qui le brûlait, elle par un triomphe qui la flattait à son insu, tous deux se regardèrent longtemps ; et les rayons de leurs yeux, en glissant l'un à travers l'autre, comme ceux de la lumière, se confondaient comme eux, s'échauffaient et s'animaient jusqu'à les brûler, lorsque Honorine entra étourdiment en disant :

— N'est-ce pas, madame, que c'est une bien horrible histoire ?

Jean eut un mouvement de colère, la duchesse un geste d'impatience.

— Mais il a oublié de me la conter tout à fait.

Honorine les regarda avec surprise l'un après l'autre, et,

si elle eût osé, elle eût dit à la duchesse le texte dont ce regard n'était que le commentaire :

— Que faites-vous donc là ensemble depuis une demi-heure ?

Le meunier revint à sa phrase, qui déjà deux fois lui avait servi à essayer de s'arracher à sa position. Il lui dit donc, mais en tremblant :

— Madame la duchesse, l'heure avance, et je suis à vos ordres.

Diane se serait fâchée peut-être, si l'émotion de cette voix ne lui eût dit plus haut que toutes les paroles possibles : — Oh ! madame, renvoyez-moi, je deviens fou, renvoyez-moi ! La duchesse, sans lui répondre, lui fit un signe négatif. Que voulait dire ce signe ? sans doute il n'y avait pas dans ce refus d'éloigner Jean la volonté ou la prévision de tout ce qui arriva ; mais la duchesse avait encore quelque chose à entendre de Jean. Elle était demeurée sur une sensation inachevée. Si Honorine n'était pas entrée, peut-être le beau meunier, fasciné par ce regard qui le dévorait tout à l'heure, eût dit un mot auquel se serait éveillé tout l'orgueil de la duchesse ; elle l'eût chassé et il n'en eût plus été question ; peut-être aussi, malgré son agitation, eût-il gardé le silence, baissé les yeux, laissé son délire s'éteindre, et la duchesse eût ri longtemps de l'extase amoureuse du meunier ; mais le hasard leur avait sauvé à l'un et à l'autre ces deux issues maladroites de leur position en l'interrompant tout à coup et en laissant au cœur de chacun d'eux le charme d'une émotion sentie, mais incomplète, comme dans la bouche la saveur d'un fruit goûté.

Jean ne comprit pas le signe de la duchesse autrement que comme un retard ; mais il en fut bien aise. Cependant Honorine plaçait une petite table contre la duchesse et y déposait un souper de femme : une aile de volaille, un biscuit, quelques confitures. La duchesse ne disait rien ; Jean se taisait de même. Honorine avait oublié quelque chose ; elle sortit de nouveau ; la duchesse la regarda fermer la porte, et dès qu'ils furent seuls elle dit :

— Qui vous a fait apercevoir que ces filles jolies étaient jolies d'une façon grossière et commune?

Pourquoi attendit-elle qu'ils fussent seuls pour cette question très-simple et qu'Honorine pouvait assurément entendre? c'est que la réponse qu'elle espérait ou qu'elle avait devinée ne pouvait être dite devant cette chambrière, et que sans doute Diane ne voulait pas qu'il y eût un prétexte à ne pas la lui faire; peut-être elle la souhaitait; mais Jean était dans une position indicible d'embarras. Ce n'était pas assurément un garçon timide; lorsque l'allure de la conversation avec une femme si haut placée que madame d'Avarenne lui donnait presque droit de marcher côte à côte avec elle, son esprit, son cœur, ses sens, s'exaltaient assez vite pour qu'il regagnât la distance où ils étaient l'un de l'autre; mais qu'un accident vînt à rompre le charme qui l'emmenait, il lui fallait redevenir Jean comme devant, le meunier vis-à-vis de la grande dame. Aussi, quand il entendit la question de madame d'Avarenne, question à laquelle il eût répondu un instant avant avec passion et reconnaissance, il fut tout surpris, n'osa dire sa pensée, chercha à mentir, ne put pas, et finit par répondre une bêtise :

— C'est qu'on me l'a dit.

— Ah! fit la duchesse avec dépit, je croyais que vous l'aviez vu...

Jean s'aperçut de la sottise et frappa du pied avec humeur. Tous deux ne savaient plus que dire; tous deux, retenus à leur place, ne savaient plus comment se remettre de niveau; mais si le regret de leur position perdue était entré dans leur cœur, Jean, redevenu meunier, trouvait la duchesse belle à l'adorer ou à la violer; mais il désespérait. La duchesse, redevenue duchesse, ne sentait plus ce regard d'homme brûler ses sens de femme; mais la grande dame avait envie du beau meunier. Ils gardaient le silence. Honorine reparut encore, et encore elle laissa percer dans son regard son étonnement de les trouver dans leur position immobile et silencieuse.

— Mais contez donc votre histoire à madame, dit-elle

en poussant Jean du coude, comme pour l'avertir qu'il avait l'air d'un imbécile, mais assurément sans se douter pourquoi il avait l'air d'un imbécile.

— Oui, dit la duchesse négligemment ; et, prenant ce moyen de donner un prétexte à ce que Jean demeurât encore : Oui, vraiment, contez-moi cela.

— Il faut qu'il se dépêche, dit Honorine, car voilà onze heures sonnées, et Jean n'aura pas le temps d'être demain matin au marché de Clermont.

— Ah ! dit la duchesse, vous allez au marché de Clermont ?

— Vous voyez bien, madame, qu'il a sa ceinture avec ses pistolets.

— Ah ! il y a donc quelque chose à craindre sur les routes ?

— Non, dit Jean ; mais, comme je suis obligé d'emporter d'assez fortes sommes d'argent avec moi, je prends quelques précautions.

— Inutiles sans doute, dit la duchesse.

— Comment, inutiles ! s'écria Honorine ; Jean a été attaqué deux fois, et s'il n'avait pas tué un des quatre voleurs qui sont tombés sur lui, il y serait resté.

— Vous êtes brave, dit madame d'Avarenne en regardant Jean.

— Mais, madame, je me défendais, voilà tout, dit Jean avec un embarras qui avait toute la bonne grâce d'une noble modestie.

Ce n'était rien que Jean fût brave ou ne le fût pas, ce n'était rien quelques minutes avant ; mais cette nouvelle qualité, qui un moment avant eût passé inaperçue, se révéla à point pour intéresser la duchesse et lui faire considérer Jean comme un garçon à part. Elle se tut un moment, puis elle ajouta comme avec regret :

— Eh bien ! partez, puisque vos affaires vous appellent.

— Je croyais, dit Jean, que madame la duchesse désirait savoir ce qui arriva à Louise.

Madame d'Avarenne comprit qu'il voulait rester, elle en fut ravie ; et comme toute vanité de femme devient plus exigeante à mesure qu'on lui donne aliment, elle voulut que le sacrifice de Jean fût aussi complet qu'il pouvait l'être, et elle lui en fit sentir toute la portée.

— Mais je ne désire pas vous faire manquer le marché de Clermont; c'est l'époque, ce me semble, où vous autres meuniers minotiers [1] vous faites vos achats.

— Oh! non, madame, dit Jean, ce n'est que dans quelques mois, et ce marché fût-il plus important qu'il n'est, je n'irais pas si...

— Eh bien! restez, vous me conterez votre aventure, dit la duchesse en l'interrompant tout à coup, car elle avait surpris sur le visage d'Honorine un étonnement auquel elle supposait plus d'intelligence qu'il n'en avait assurément. Puis elle ajouta : — Débarrassez-vous de ce manteau; bon Dieu! il a l'air trempé. Approchez-vous du feu... asseyez-vous, monsieur... je vous écouterai.

Jean obéit; mais il ne commença pas son récit. La duchesse ne l'avertit pas de le commencer; elle se tourna vers la table, se coupa un morceau de poulet, le mit sur son assiette, se versa à boire... mais elle ne but ni ne mangea. Honorine dit à Jean, qui regardait flamber le feu sans penser à l'objet pour lequel il était là :

— J'en étais restée au moment où vous vîntes à la maison me demander la clef du caveau... J'ai dit à madame tout ce qui était arrivé jusque-là.

— Mon Dieu! vous perdez la tête ce soir, dit la duchesse avec humeur; il n'y a rien sur la table, vous avez oublié le vin.

— Madame n'en boit jamais, dit Honorine.

La duchesse se mordit les lèvres et reprit :

— Sans doute; mais voilà monsieur Jean qui a été percé par la pluie, il a peut-être besoin...

— Mais, madame, dit Jean, piqué de ce qu'on lui offrait un verre de vin comme à un manouvrier, je n'ai pas l'habitude...

---

1. On entendait par meuniers minotiers ceux qui faisaient, outre la mouture, le commerce de farine.

— N'importe, dit la duchesse avec impatience, allez me chercher du vin.

Honorine sortit.

— Ce n'est pas pour vous ni pour moi, ajouta tout de suite la duchesse; mais cette fille est insupportable; elle a bonne intention, mais elle est d'une indiscrétion !... elle est toujours là.

Madame d'Avarenne allait vite. D'abord elle avait attendu d'être seule avec Jean pour reprendre sa conversation avec lui, maintenant elle renvoyait Honorine pour être encore seule. C'était bien le cas d'apprendre ce qu'était devenue cette pauvre Louise. Il était bien difficile de ne pas parler d'elle, mais il y avait manière d'en parler; voici comment cela arriva :

— Cette Louise, dit la duchesse en faisant semblant d'être occupée à souper, cette Louise était-elle aussi une fille commune et grossière ?

— Oh! non, madame, dit Jean; Louise était une jeune fille gracieuse; elle avait des mains petites et effilées... mais, ajouta-t-il en regardant celles de la duchesse, elles étaient rouges et dures, car elle travaillait comme font les filles de campagne.

— Elle avait de jolis petits pieds peut-être aussi ?

— Oui, madame, petits, mais brisés par les sabots et déformés par la fatigue.

— Elle était blanche ?

— Le soleil lui avait brûlé et noirci la peau du visage et du cou, et je n'ai jamais vu plus loin.

La duchesse regarda Jean en souriant, puis elle s'examina. Elle était parfaitement enveloppée; il n'y avait qu'y faire, c'était un fâcheux hasard. Elle continua :

— Vous aimiez Louise, à ce que je vois, pour ce qu'elle avait de plus distingué que les autres filles. C'était d'assez bon goût, et vous devez être heureux d'avoir rencontré dans une paysanne ce qui ne se trouve guère que dans les femmes d'un monde plus relevé.

— Et ce qui s'y trouve bien plus charmant !

— Ah! fit la duchesse en posant son couteau et en s'ac-

coudant sur la table ; avez-vous eu occasion de le remarquer?
Et elle envoya à Jean un regard et un sourire où il y avait
toute l'indulgence possible pour la réponse qu'il oserait
lui faire. Jean était tremblant, il était ému; il avait un
vague instinct qui lui disait d'avancer, mais il sentait
aussi une crainte impérieuse d'aller plus loin qu'il ne devait. Il évita encore de répondre directement à la question
de la duchesse, et il détourna la tête en disant d'une voix
étouffée :

— Oui, madame, pour mon malheur...

— Pour votre malheur! dit madame d'Avarenne en re-
jetant en arrière le collet de sa robe, qui laissa voir ses
blanches épaules.

Jean, qui n'osait plus la regarder, ne vit pas ce mouvement.

— Pour votre malheur! redit la duchesse avec une voix
frémissante de coquetterie.

— Oui, madame, répliqua Jean, car c'est un malheur d'a-
voir vu involontairement ce qu'on n'oserait plus regarder.

Il releva lentement la tête et fixa sur la duchesse un œil
désespéré; il la vit ainsi dévoilée, ainsi ravissante; il se recula et jeta sur Diane un regard où il y avait de la crainte
et de la prière; mais il ne put détourner ses yeux d'elle. La
duchesse baissa les siens pour se laisser voir, et lorsqu'elle
les releva sur lui, ils étaient si languissants, si voilés, si
imprégnés d'un doux sentiment de satisfaction indulgente,
que Jean, hors de lui, s'écria :

— O madame! que vous êtes belle!

Le coup était porté et la réponse difficile. Une nouvelle
interruption en sauva l'embarras à madame d'Avarenne.
Honorine rentra. Jean crut tout perdu, la duchesse sauva
tout.

— Vraiment, dit-elle, cette histoire est inouïe, et puisque vous êtes décidé à ne pas aller à Clermont, j'en en-
tendrai la fin avec plaisir,

— Est-ce qu'il n'a pas fini? dit Honorine.

— Pas encore, dit Jean, qui par ce mot se mit audacieusement de complicité dans le mensonge de la duchesse.

— C'est dommage, dit Honorine, car voilà qu'on ferme les portes de la grille, et on va remettre les clefs à monsieur le marquis, comme cela se fait d'ordinaire lorsqu'il est au château.

— Est-ce qu'on ne peut sortir que par la grille? demanda madame d'Avarenne.

— Oh! madame, il y a bien la petite porte; mais on va lâcher les chiens, et la porte ouvre sur le grand bois, qui n'est pas plus sûr qu'il ne faut.

— Bon! dit madame d'Avarenne, Jean est armé comme un chevalier qui court les aventures, et tu n'as qu'à dire à ton père de ne pas lâcher les chiens.

— Mais, reprit Honorine avec embarras, c'est qu'il faut traverser tout le parc pour aller chez mon père, et la nuit, toute seule...

— N'y rentres-tu pas tous les soirs?

— Ce n'est pas pour rentrer, parce que Pierre, notre garçon, m'attend à l'office et qu'il me reconduira; mais c'est pour revenir déshabiller madame et la coucher.

— Oh! mon Dieu! dit la duchesse, je n'en ai nul besoin. Va dormir, mon enfant; tu dois être très-fatiguée.

— Mais, madame, je crains... ce n'est pas que Jean ne connaisse très-bien le château et le parc; mais je ne voudrais pas abuser de la bonté de madame et manquer mon service auprès d'elle.

— Puisque je te le permets. Tiens, emporte ce vin pour ton père, cela lui fera du bien, à ce brave homme.

— Oh! dit Honorine, que madame est bonne! Merci, madame... Bonsoir, madame, bonsoir...

— Bonsoir, Honorine.

La jeune fille sortit. Jean et la duchesse demeurèrent seuls.

Comme la duchesse n'apprit pas ce soir-là la fin de l'histoire de Louise, nos lecteurs seront obligés de faire comme elle, et d'attendre à une autre époque. Nous pouvons également assurer que la lettre pour le prince ne partit pas le lendemain, et que celle qui partit ne fut pas la première qui avait été écrite.

II

LES ÉMIGRÉS A ROME

1798

Je n'ai jamais vu Rome, mais j'irai voir Rome. Je veux savoir par moi-même ce qu'il y a de senti et de dominant dans cet enthousiasme que toutes les âmes rapportent de cette ville. Il me prend des peurs affreuses que toute cette exaltation romaine, qui prend aux uns pour une demi-douzaine de vieilles ruines, aux autres pour les majestés entières des monuments chrétiens, à quelques-uns pour les guenilles drapées des mendiants de Saint-Pierre, ne soit une marchandise qu'on se croit obligé de rapporter de Rome, comme on n'oserait quitter Strasbourg sans un pâté, Mayence sans un jambon, Périgueux sans truffes, et Tours sans pruneaux. Les méditateurs (qu'on me pardonne le mot) qui ont restauré la ville (style d'architecte) en imagination, assis sur un fût de colonne pendant que le vent mugit sous les arcades du Colisée, et qui, par une belle nuit d'été, ce qui est très-malsain en Italie, ont vu Rome entière se lever devant eux, ont entendu Antoine et Cicéron aux rostres, à qui Spartacus s'est montré au cirque, Clodius aux étuves, Messaline au lupanar; qui, à tous ces palpitants souvenirs vivants sur cette ville morte, ont senti bouillonner leur âme et dérober leur enthousiasme; ces mêmes méditateurs qui, chez eux, au coin de leur cheminée parisienne, n'ont jamais pensé à lire une page de Mirabeau, qui se sentiraient lever le cœur s'ils entraient à la barrière du Combat, qui se baignent dans une cuvette, et ne trouvent pas la police suffisante contre les filles; ces messieurs me font horreur. Plagiaires de sensations nobles, ils les ont dégradées jusqu'à ce point, qu'en partant ils prennent commande d'émotions à tant la feuille, car l'émotion se vend encore. Ces autres faquins qui ont marchandé une messe à la mémoire de leur père, et à qui l'immensité de Saint-Pierre, la pompe rouge des cardinaux, les vieilles voix d'enfant des castrats, ont révélé, disent-ils, la puissance de la religion chrétienne, me paraissent encore plus odieux. Ces autres, que notre épais feuillage des Tuileries n'abrite pas assez de notre maigre soleil d'août, et qui ont largement aspiré, sous les arbres grillés du Corso, les chaudes douches des brûlants rayons du ciel italique, ces autres me font pitié et mépris. Tous me donnent envie de voir Rome, non pour gagner les fièvres par une belle nuit d'été, non pour me convertir à la messe du pape, non pour me brûler la peau comme un portefaix, mais pour leur dire qu'ils en ont presque tous menti.

Je ne connais qu'un homme qui ait fait, à mon avis, le voyage de Rome d'une manière neuve et profitable. C'était un mien ami, fils de régicide, assez mal venu sous la restauration, lequel rapporta de Rome pour dix-sept ou dix-huit francs d'os de saint Pierre, dont il fit présent au curé de son bourg, ce qui lui valut d'être marié sans confession et de dîner chez le sous-préfet. Passé cela, il n'a jamais ouvert la bouche de son voyage à Rome. Je n'ai pas besoin d'ajouter que cet homme est parfaitement spirituel et distingué. Or, maintenant, voici pourquoi toutes ces réflexions. S'il est reconnu qu'il est de très-bon goût de ne pas parler de Rome quand on l'a vue, il doit en résulter, par le système des contraires, qu'il est logique et élégant d'en parler quand on ne l'a pas vue. Or je ne l'ai pas vue, or il est élégant, or il est juste, or il est nécessaire que j'en parle; or il n'y a que moi qui aie le droit d'en parler pertinemment, or j'en parlerai. Voilà, ce me semble, ce qui s'appelle raisonner. Mon droit, mon privilége, mon monopole, se trouvant incontestablement établis d'après cette victorieuse logique, j'en use.

Tout le monde connaît assez d'histoire pour savoir qu'en 1798, la bonne révolution qu'on appelle 89, et la Terreur qu'on appelle 93, étaient chose finie; et, pour que ceci n'ait pas l'air d'une bêtise, j'ajoute que la plupart ne le savent que parce qu'on a donné pour nom aux événements de ces deux époques la date de leurs années. Car si je demande tout droit à celui qui me lit : Que faisait-on en Europe au mois de mai 1798 ? il y a cent à parier contre un qu'il se grattera le front, et se mettra à supputer les événements qu'il sait pour les rapporter nettement à leur date. Je vais le faire pour lui.

En 1798, Rome, en expiation de l'assassinat du général Duphot, avait été proclamée république. L'astuce du cardinal Doria, excitée par le ministre anglais Acton, avait organisé, quelques mois avant cette époque, une espèce de mouvement révolutionnaire dont la répression donna à la politique du cardinal occasion de se débarrasser de quelques républicains ardents ; mais, malheureusement pour lui, le succès qu'il obtint contre ceux qu'il avait lui-même poussés en avant, l'entraîna à insulter la nation française dans la personne de son ambassadeur, Joseph Bonaparte. On envahit son palais, et les troupes papales assassinèrent lâchement le brave Duphot à ses côtés. A cette époque, les outrages faits à la France ne dormaient pas dans un carton ministériel, et le gouvernement romain paya de son existence la mort du général français. La république romaine fut instituée quelques mois après l'assassinat.

Les Romains n'eurent pas plutôt la liberté, qu'ils pensèrent à la vengeance. La liberté n'était autre chose alors que le pouvoir des petits, et pouvoir et abus sont deux choses qui marchent volontiers de compagnie, de quelque hauteur qu'on les exerce. Parmi ces vengeances, la première à assouvir fut celle qui s'adressait au grief le plus récent. On se ressouvint, tout d'abord, du piége où le cardinal Doria avait entraîné les républicains de Rome, et de la punition qu'il avait infligée à ceux qu'il avait faits criminels. Parmi les complices de cette machination, on désigna, comme les plus remuants, quelques émigrés français qui suscitaient partout, et à tous les titres, des ennemis à la république française. On murmura d'abord contre leur séjour dans la ville, puis des menaces les accueillirent lorsqu'ils parurent dans les rues. Presque tous quittèrent Rome. La populace regretta l'avertissement imprudent que ses injures avaient donné à ces émigrés, et concentra, sur le peu de ceux qui demeurèrent, toute la haine qu'elle portait aux aristocrates.

Un matin, au coin de la place Nivone, à deux pas du Panthéon, un groupe d'hommes et de femmes parlaient tumultueusement du bonheur d'être libres. Un orateur monté sur une borne débitait en prose un pamphlet révolutionnaire, où, deux ans avant cette époque, il avait improvisé une chanson joyeuse. Au-dessus de lui était inscrutée, à l'angle du mur, une madone à laquelle on avait mis sur l'oreille une énorme cocarde tricolore. L'enfant Dieu, qu'elle tenait sur ses genoux, en avait une de pareille dimension, et il n'était pas jusqu'à la figure symbolique du Saint-Esprit, qui planait sur ce groupe religieux, dont on n'eût décoré la tête emplumée d'une cocarde imperceptible. Au moment où l'orateur venait de montrer à ses auditeurs que la liberté du peuple n'était autre chose que l'esclavage des grands, une femme passe devant cette petite assemblée, la considère un moment, et continue son chemin après avoir laissé percer un geste de dégoût et de colère.

— Sainte Marie ! s'écrie un des attroupés, cette femme a passé devant la madone sans saluer la cocarde tricolore !

— C'est une femme noble, une aristocrate ! répondent les premiers qui entendent cette remarque.

— Elle nous brave. — Elle nous insulte. — Elle nous a regardés par-dessus l'épaule. — Elle a montré la madone d'un geste de mépris. — Elle a murmuré entre ses dents. — Elle nous a traités de canaille. — Elle nous a appelés misérables. — Elle nous a menacés. — Voilà les gens qui nous feraient tous pendre, s'ils reprenaient le pouvoir. — — Et qui l'ont déjà fait. — Et nous le souffrirons ! — Non ! — Non ! — Non ! — Vengeance ! — Oui, vengeance ! — Mort aux aristocrates ! — Au Tibre l'aristocrate ! — Au Tibre la robe de soie ! — Au Tibre la mantille de dentelle ! — Au Tibre le chapeau de velours !

Toutes ces exclamations où le besoin de surenchérir chacun sur son voisin avait porté les derniers à parler de mort et d'assassinat, toutes ces exclamations s'étaient succédé assez rapidement pour garder ce caractère d'irréflexion et de violence qui fait presque toujours un crime public de ce qu'on appelle la justice populaire, justice toujours criminelle en ce qu'elle juge avec passion et exécute avec férocité ; justice presque toujours injuste, parce qu'elle n'atteint presque jamais que les innocents. Mais tous ces cris, qui apportaient chacun avec soi une opinion, chacun avec soi un jugement, avaient pris cependant le temps nécessaire pour que chaque opinion émise entrât au cœur de cette multitude, pour que chaque jugement prononcé y fît naître la résolution de l'exécuter. Ce temps avait suffi pour permettre à cette femme, ainsi vouée à la mort, de s'éloigner et de disparaître à l'angle d'une rue.

— Où est-elle ? — Qu'est-elle devenue ? — Où s'est-elle enfuie ? — Où s'est-elle cachée ? crie-t-on de tous côtés dès qu'on ne l'aperçoit plus.

— Par là ! — Par là ! répondent quelques voix.

Tout aussitôt la foule se précipite du côté désigné, avec un grand cri continu et qui sert d'appel à tous ceux qui n'ont rien vu ni rien entendu, mais que leurs guenilles rendent solidaires de tout ce qui se passe sur la place publique, et qui répondent : — Au Tibre ! — Mort à l'aristocrate ! avec l'enthousiasme de désœuvrés qui rencontrent une bonne occupation. Les premiers arrivés à l'angle de la rue voient à son extrémité la robe de soie, la mantille de dentelle, le chapeau de velours.

— La voilà ! — Là-bas ! là-bas ! arrêtez ! — Arrêtez l'aristocrate ! crie-t-on de tous côtés.

La victime désignée, à qui ces cris ne parviennent ni pour retarder ni pour accélérer sa marche, tourne dans une rue à gauche ; à cette vue, la foule se divise en deux : une partie suit le chemin que cette femme a pris ; l'autre s'élance par une rue diagonale qui mène à l'extrémité de celle où cette femme a disparu, et s'assure, par ce moyen, de l'arrêter dans sa marche, tandis que les premiers l'empêcheront de retourner en arrière. Les deux troupes, lancées avec une égale rapidité, arrivent presque ensemble sur deux extrémités de la rue ; mais parmi le petit nombre de ceux qui la parcourent dans sa longueur, il n'y a plus ni robe de soie, ni mantille de dentelle, ni chapeau de velours.

— Elle est entrée quelque part. — Elle est dans la rue. — Elle est dans une de ces maisons. — Il faut les visiter. — Entrons là.

— Qui es-tu?

— Je suis un marchand de poterie qui fabrique des lampes antiques pour les fouilles du Campo-Vaccino.

— Tu n'as pas vu passer une femme qui avait un chapeau de velours, une mantille de dentelle et une robe de soie?

— Non. J'étais au fond de ma boutique.

— Crie : Vive la république!

— Vive la république!

— C'est bien, tu es un bon citoyen.

— A celle-ci.

— Pourquoi fermes-tu ta boutique?

— Dame, monseigneur...

Il n'y a plus de monseigneur.

— C'est un partisan de l'aristocratie.

— Qu'on le pende, s'il ne veut pas avouer.

— Hélas! mon frère, je ne sais rien.

— Il m'appelle son frère, c'est un espion du Vatican, un séide des moines.

— Mais, citoyen, je suis juif.

— Et tu m'appelles ton frère, chien?

Et, d'un coup de pied dans le ventre, on rejette le malheureux au fond de sa boutique. Sans doute il lui serait arrivé bien pis, si d'un autre groupe on n'eût entendu s'échapper le cri :

— C'est ici! c'est ici!

On y court, et ceux qui ont fait cet appel crient à ceux qui arrivent :

— C'est là! c'est là! Voilà une porte qu'on refuse d'ouvrir. On a beau faire, elle n'échappera pas à notre vengeance. — Au Tibre, l'aristocrate! Ouvrez! — Ouvrez! — Au Tibre!

Et, comme personne ne répond, on se met en devoir

d'enfoncer la porte ; on l'enfonce ! on entre. La maison est déserte : pas un habitant, pas un meuble, rien à tuer, rien à jeter par la fenêtre.

— C'est une trahison !

— Cette maison sert de rendez-vous aux conspirateurs.

— Tu es du quartier, toi ?

— Oui.

— A qui cette maison ?

— C'est l'ancien logis de l'avocat Glacetti, qui est mort il y a un mois, et dont les héritiers ont fait enlever tous les meubles il y a deux jours.

— Et pourquoi n'as-tu pas dit cela tout de suite, imbécile ?

— Est-ce que je savais ce que vous cherchiez !

— Nous cherchons une femme : la connais-tu ?

— Quelle femme ?

— Une femme, une grande dame, une aristocrate, une ennemie du peuple ; elle est dans cette rue, elle loge dans cette rue.

— J'en connais beaucoup comme ça.

— Où demeurent-elles ?

— Il y a d'abord la femme du marquis Daguesta, là-bas, au bout de la rue, à cette maison qui a deux colonnes.

— Une marquise... c'est ça ; une femme de trente ans...

— Trente ans ! je ne sais pas. Son petit-fils, dont je suis le tailleur, en a tout à l'heure vingt-cinq.

— Brute ! c'est une femme de trente ans qu'on te demande.

— Attendez... dit le tailleur en se grattant la tête, une femme de trente ans... il y a bien la mienne.

— C'est une grande dame, animal !

— Ah ! voilà ! voilà ! c'est la comtesse Despont, qui est accouchée hier.

— Elle se promenait ce matin sur la place Nivone !...

— Alors je n'y suis pas, je n'étais pas sur la place.

— Bon Jésus ! que les tailleurs sont bêtes ! Elle est entrée dans cette rue en sortant de la place.

— Tiens ! vous disiez qu'elle y logeait.

— Qu'elle y loge ou non, elle y est. L'as-tu vu passer?

— J'ai vu passer bien des gens.

— Une femme avec une robe de soie, un chapeau de velours, une mantille de dentelle?

— C'est possible. Je ne l'ai pas vue.

— Miséricorde! l'animal! Si je devenais ministre, je ne te ferais pas espion.

— Je ne voudrais pas l'être.

— Tu fais le fier.

— Je suis citoyen romain.

— Toi! tu es un mauvais tailleur. Rentre dans ta boutique, et tâche de coudre un peu mieux les habits qu'on t'achète. Allons, va donc.

— Ne me touchez pas; je suis libre. Vive la république!

— Veux-tu marcher et te taire, va-nu-pieds?

Puis le tailleur bousculé, honni, rentre dans sa boutique.

Cette scène se passait presque simultanément devant toutes les portes de la rue, avec quelques différences bien légères. La foule, dépistée, allait, venait; chacun interrogeait celui qu'il rencontrait, et ne recevait d'aucun une réponse satisfaisante. Beaucoup de personnes étaient aux fenêtres pour apprendre ce qui se passait dans la rue, et une femme, vêtue comme celle que le peuple poursuivait, s'était mise à une croisée d'une maison d'assez modeste apparence. La multitude, tout occupée à questionner les gens des boutiques, n'avait point encore levé les yeux en l'air, et n'apercevait point sa victime qui se livrait avec tant de sécurité. Cette femme paraissait fort tranquille, car elle ignorait que ce fût elle que demandait cette foule furieuse. Elle montrait tout ce mouvement populaire à un homme déjà vieux qui était à côté d'elle, et tous deux en suivaient les mouvements avec plus de curiosité que d'inquiétude. En face de cette fenêtre, et parmi les curieux qu'avait attirés cette émotion, se tenait un homme que son habit faisait reconnaître aisément pour un Français : il portait l'uniforme des chirurgiens militaires de l'époque ; il considérait attentivement cette femme, et à plusieurs reprises, il murmura à voix basse :

— C'est elle assurément, c'est elle.

Cet homme parut d'abord embarrassé sur ce qu'il devait faire. Il traversa la rue pour entrer dans la maison où était cette femme ; mais il s'arrêta, retourna de l'autre côté, et, s'adressant à un marchand de plâtre, qui, sur le seuil de sa porte, regardait paisiblement ce qui se faisait, il lui dit :

— Quelle est cette femme qui demeure en face ?

— Quelle femme ?

— Cette femme, à cette croisée, en chapeau de velours, en mantille, dit le chirurgien en la désignant du doigt.

— Cette femme...

Le figuriste n'avait pas eu le temps de répondre, qu'un cri terrible domina tout à coup le murmure tumultueux de la rue.

— La voilà ! la voilà ! la voilà !

Au geste du chirurgien, quelques regards avaient suivi la direction de son bras, et tout aussitôt la coupable de la place Nivone avait été reconnue. Toute la multitude afflua au point d'où le premier cri s'était fait entendre. Alors les imprécations de mort retentirent avec une affreuse violence, et cette femme était encore à comprendre qu'elle fût l'objet de cette exaspération, qu'une tuile, lancée à la fenêtre où elle était, vint frapper à la tête le vieillard avec qui elle semblait s'étonner des menaces qu'elle entendait. Cette femme poussa un cri, et, arrachant le vieillard de la croisée, disparut dans le fond de la chambre. Les clameurs :

— Au Tibre l'aristocrate ! continuèrent, et on se mit en devoir d'enfoncer la porte.

Le chirurgien répéta sa question à l'homme à qui il l'avait d'abord adressée, et celui-ci lui répondit :

— C'est, je crois, une Française.

— Une émigrée, peut-être ?

— C'est possible.

— Ah ! c'est elle, s'écria le chirurgien ; et il s'élança parmi la foule pour arriver jusqu'à la porte et empêcher qu'on ne la brisât ; mais il fut repoussé et presque menacé. Il comprit qu'il ne pouvait rien contre tout ce peuple en fureur, et se hâta de gagner une caserne où se trouvait logée une compagnie française. Il espérait arriver à temps pour avertir et revenir balayer cette rue; mais quelque diligence qu'il fît, bien qu'il courût de toute sa vitesse, il ne put prévenir le malheur qu'il craignait. Il n'était pas au bout de la rue, qu'une exclamation unanime de joie, suivie de cris plus furieux, l'avertit que la porte était brisée. Il n'en continua pas moins son chemin, espérant que la rage du peuple ne s'assouvirait pas sur-le-champ.

Cependant, comme il l'avait deviné, la porte avait été brisée, et la foule s'était ruée dans l'intérieur de la maison. Une troupe forcenée arriva jusqu'à la chambre où cette femme s'était montrée à la croisée; elle y était encore à côté du vieillard dont le sang inondait le visage et dont elle pansait la blessure. Les premiers cris que hurlèrent, en la voyant, les furieux qui envahirent la chambre, furent :

— Au Tibre! au Tibre l'aristocrate!

Cependant ils ne se jetèrent point sur elle tout de suite et continuèrent à l'invectiver, en lui reprochant son crime, qu'elle paraissait ignorer; suivant en cela une sorte d'instinct de justice barbare, qui voulait, même aux yeux de sa victime, appuyer sa condamnation sur une raison quelconque. L'étonnement de cette femme était si profond, si naturel, qu'il arrêta d'abord les plus exaspérés. Mais, lorsqu'il lui fut demandé si ce n'était pas elle qui venait de passer sur la place Nivone, et qu'elle eut répondu affirmativement, ils s'écrièrent tous en fureur :

— Elle l'avoue! elle l'avoue! Au Tibre! au Tibre! au Tibre! Quelques-uns se précipitèrent pour la saisir; le vieillard, épouvanté, se plaça devant elle en disant :

— Mais quel crime a-t-elle commis?

— Elle a insulté les couleurs de la liberté. C'est une aristocrate et toi aussi. Retire-toi, si tu ne veux pas qu'on te traite comme elle.

— Que je vous laisse assassiner ma fille sous mes yeux! s'écria le vieillard.

— C'est sa fille, il la soutient, c'est un traître! A bas! au Tibre!

— C'est juste, cria une voix ; mais avant, il faut qu'ils fassent amende honorable. Menez-les à la madone, et qu'ils s'agenouillent devant les cocardes qu'ils ont méprisées.

A ce moment, la fille, qui avait passé la tête haute sur cette place, et le vieillard, qui n'était pas sorti de sa maison, étaient également coupables aux yeux des forcenés. On se jette sur eux, on les sépare, on les précipite dans les escaliers, on les traîne dans la rue, où l'on annonce à la population ce qu'on a décidé des deux criminels : à la place Nivone, d'abord ; au Tibre, ensuite ! comme si la mort leur dût être doublée par l'humiliation. Ces deux infortunés, le père et la fille, étaient si étourdis de cette attaque imprévue, de ce malheur si subitement arrivé, de cette colère si rapidement exercée contre eux, qu'ils se laissèrent pousser dans le chemin qu'on leur désigna, sans résistance ni pensée, déjà morts et n'ayant plus d'autre crainte que de ne pas mourir comme on le leur promettait, et de tomber morceau à morceau, soupir à soupir, douleur à douleur, sous les bâtons et les poignards dont on les menaçait.

Ils arrivaient déjà à l'angle de la rue, lorsque tout à coup la foule reflue violemment sur elle-même avec ce cri partout répété :

— Les Français ! les Français !

Elle se retourne tout aussitôt en entraînant ses victimes ; mais l'autre bout de la rue lui montre aussi une triple ligne de baïonnettes, et toute cette multitude se trouve prise par la même manœuvre qu'elle avait employée contre la femme qu'elle avait poursuivie. Le peuple, ainsi enfermé, ne perdit rien de sa fureur ; seulement il osa tenter le passage, et, espérant se faire ouvrir les rangs des soldats en les flattant, ils se mirent à hurler :

— Vivent les Français ! vive la république !

Un officier général à cheval pénétra dans la foule en l'apaisant de sa main ; mais il ne put réussir à dominer les clameurs qui bruissaient autour de lui. Il avançait doucement, cherchant à arriver jusqu'auprès des malheureux que le peuple tenait au milieu de la rue. On le laissa volontiers marcher en avant; mais, à chaque pas, la foule se refermait derrière lui sans discontinuer le cri : — Vivent les Français ! vive le général français ! au Tibre les aristocrates ! Déjà cet officier n'était plus qu'à quelques toises des prisonniers, lorsque ceux-ci l'aperçurent. Par un entraînement irrésistible d'espérance de salut, le vieillard se mit à crier : — A nous ! à nous !

A ce mot, un mouvement terrible s'opère dans la masse compacte qui serrait le père et la fille ; un cri aigu, mais isolé, se fait entendre, et le vieillard, dont le général distinguait déjà la tête ensanglantée, le vieillard disparut. Un cri de cent voix répond à ce premier cri. Le général devine ce qui s'est passé, et, dans un premier transport de colère, il pousse son cheval de ses deux éperons, s'arme de son sabre en frappant indistinctement tout ce qui s'oppose à son passage. La foule s'ouvre, se resserre aux murs, et laisse voir le vieillard étendu par terre, sa fille à genoux à côté de lui, et un homme qui la tient à bras-le-corps et qui veut l'entraîner. A l'aspect du cavalier qui accourt, cet homme abandonne cette femme; mais, voyant que la vengeance va lui échapper, il se retourne, prend un couteau qu'une petite corde tient à sa ceinture et le lève sur la malheureuse. Un dernier effort du général le rapproche de l'assassin, et d'un coup terrible de son sabre il fait tomber le couteau et la main qui en était armée. Le misérable s'échappe en hurlant, et mille imprécations furieuses sortent du cercle qui s'est formé autour du général. Celui-ci s'approche de la femme qui est à genoux sur le pavé et qui cherche un reste d'existence dans les traits du cadavre qui gît à ses pieds. Cependant la foule gronde, et poussée par les plus éloignés, se resserre lentement autour de l'officier français et de la femme qu'il veut protéger. Occupé qu'il est à la consoler, celui-ci n'aperçoit pas ce mouvement. La femme n'ayant plus, pour fuir, l'irritation du danger personnel dont son protecteur semble la défendre, pleure et se laisse aller à ses lamentations. Enfin le général, à demi courbé vers cette femme, l'engageait à s'éloigner, lorsqu'il se sent serré par les plus hardis; il se relève, et ce simple mouvement et le regard dont il l'accompagne font reculer la foule. Il cherche son cheval et le voit par terre étendu mort. Les plus forcenés avaient pour ainsi dire aiguisé leurs poignards à l'assassinat sur le corps du noble animal. Le général juge alors de son propre danger, et, voulant sortir de cette foule avant que l'exaltation populaire ait dépassé les bornes du respect et de la crainte qu'inspire le nom français, appelle à le suivre la malheureuse qui pleure et qui paraît ne pas l'entendre. Enfin, ne sachant comment l'arracher à ce cadavre dont elle a appuyé la tête sur ses genoux, il lui dit en parlant français :

— Diane, suivez-moi.

Cette femme se releva à ce mot, et ce corps du vieillard retomba sur le pavé; elle regarde celui qui l'a ainsi appelée et cherche sur son visage un souvenir qu'elle y trouve sans doute, car elle répond par un signe d'assentiment.

— Il faut me suivre, ou vous êtes perdue, reprend l'officier.

— Je vous suis, répond la femme; puis, tournant son regard vers le cadavre de son père, elle étend les mains sur lui, et, levant les yeux au ciel, semble l'appeler en témoignage du serment qu'elle se fait à elle-même.

Le général la prend par la main et fait quelques pas; mais la foule s'ouvre à peine pour les laisser passer; l'officier n'a pas assez de regards pour surveiller toutes ces mains armées de couteaux qui sortent et rentrent furtivement sous les plis d'une chemise ou d'un manteau, quoiqu'il suffise encore de ce regard pour les arrêter. Mais le murmure devient plus furieux : quelques-uns crient :

— Au Tibre! cette femme est à nous! — Au Tibre!

Déjà les mains armées ne se cachaient plus, et, dans la gesticulation active de la foule, les couteaux luisent et passent comme des éclairs tout autour de la femme et de l'officier. Il était arrivé auprès de son cheval; décidé à s'ouvrir un passage par la force, il se baisse, et, dans les arçons de la selle, il cherche ses pistolets. Les assassins profitent de ce mouvement ; l'un d'eux bondit jusqu'à la femme condamnée par la populace, et lève son poignard sur elle. Celle-ci se baisse sous le coup qu'on lui porte, et le poignard va s'enfoncer dans le bras du général. Une rumeur de joie applaudit le brave qui a fait ce coup ; mais l'officier blessé se redresse, et un nouveau cercle se fait autour de lui. Au premier rang de ce cercle est celui qui l'a frappé, tenant encore son couteau ensanglanté. Un mouvement de colère pousse le général à se venger : il marche sur le meurtrier le sabre à la main ; mais à peine a-t-il quitté d'un pas celle qu'il veut sauver, que derrière le meurtrier un nouvel assassin s'est rué contre la victime désignée. Un cri retentit, le général se retourne, et d'un revers de son sabre étend le misérable à ses pieds. La foule à cet aspect rugit sourdement comme un dogue à qui on veut arracher l'os qu'il dévore ; elle s'émeut, s'agite ; le général est désigné du doigt, désigné de l'œil, désigné du couteau. A cet aspect, il porte autour de lui un regard terrible et crie d'une voix qui domine tout ce rugissement de voix :

— Grenadiers, en avant !

Un bruit de fer répond à ce cri : ce sont les fusils tombés du port d'armes au : Croisez baïonnette. Les soldats s'élancent d'une des extrémités de la rue ; tout fuit devant eux, mais ce torrent menace encore d'entraîner avec lui l'officier français et sa compagne qui est retombée à genoux sur le pavé. Alors, au lieu de rester en avant et de la couvrir de son corps, il se place derrière elle. Seulement il étend au-dessus de sa tête son bras armé de son sabre, dont il présente la pointe à la foule qui se rue sur eux. Comme l'angle d'une estacade qui fend et rejette de côté les eaux rapides d'un fleuve, ce sabre tendu et immobile ouvre et rejette à droite et à gauche les flots de la multitude. Enfin tout passe et s'écoule en grondant jusqu'à ce que les grenadiers arrivent. Le général remet au chirurgien qui les accompagne la femme qu'il vient de sauver, et lui ordonne de la conduire à son palais. Cependant le peuple, refoulé à l'extrémité de la rue, veut tenter un passage ; les troupes qui y sont stationnées s'y opposent, et une lutte désespérée s'engage à cet endroit. Les Français sont culbutés, car les premiers de la multitude, poussés par ceux qui les suivent, sont cloués par ceux-ci sur les baïonnettes qu'on leur oppose ; et la foule, se ruant incessamment sous le bouclier des premiers rangs qui tombent égorgés, finit par rompre la digue et s'échappe avec des hurlements de fureur. Tout aussitôt, ces hommes à qui on a arraché leur proie, sortis de leur prison, errants comme des bêtes féroces échappées de leur cage, se répandent dans les rues de Rome, appelant le peuple aux armes. Quelques minutes n'étaient pas écoulées ; le général, entré dans une maison, avait eu à peine le temps de faire laver le sang de sa blessure, qu'il entend sonner le tocsin au clocher le plus voisin : il sort, et se met à la tête du petit nombre de soldats qui sont avec lui. Bientôt de clocher en clocher le tocsin s'étend, vole, s'appelle, se répond et couvre en un moment la cité d'un vaste mugissement où les coups répétés de chaque cloche se détachent sourdement, comme sur le fond sanglant d'un incendie luisent quelques flammes blanches. A ce terrible bruit, Rome s'exalte dans ses entrailles les plus cachées ; les tanières du vice et de la misère dégorgent leurs habitants au soleil ; des rugissements de voix répondent à ces rugissements d'airain ; l'émeute s'allume, et bientôt elle embrasse toute la cité.

Sur l'ordre du général, quelques officiers courent aux casernes pour réunir toutes les troupes sur un seul point, et lui-même marche vers son palais. Il parcourt d'abord la ville avec ses grenadiers, et, malgré le tumulte qui bruit autour de lui, il trouve les rues désertes. A peine si, lorsqu'il tourne l'angle d'une rue, il voit à l'autre extrémité une tête qui disparaît en poussant un cri. Guidé par les acclamations qui vibrent dans l'air, il y marche, et le bruit qui l'appelle semble fuir à son approche comme par enchantement. Enfin il se décide à regagner sa demeure. Déjà deux bataillons en défendaient l'approche. Cependant rien ne semblait devoir faire craindre une attaque. Aucune troupe de séditieux ne s'était encore montrée ; mais le tocsin sonnait toujours dans l'air, et la cité grondait toujours en dessous; l'éruption était inévitable. Le général donne quelques ordres précis et rentre dans le palais. Il fait appeler le chirurgien, et pendant que celui-ci coupe la manche de son habit et rapproche, sous des bandes de diachylon, les lèvres sanglantes de sa blessure, le général lui dit :

— Eh bien ! Lussay, vous avez raison, c'est elle.

— Toujours belle, n'est-ce pas ?

— Toujours belle.

— Toujours fière ?

— Je ne sais. Dans ce tumulte elle n'a montré ni audace ni terreur extrême ; ce n'était pas ce que je m'étais figuré d'une femme comme elle. N'importe, je l'ai retrouvée, et elle me dira ce que je veux savoir.

Le docteur Lussay hocha la tête.

— Je ne sais ce que vous lui voulez, mais le péril est passé ; elle se taira, si elle croit y avoir intérêt. Vous a-t-elle reconnu ?

— Je ne crois pas. Où est-elle maintenant ?

— Dans mon appartement, où Louise lui a donné de nouveaux vêtements.

— Votre femme est un ange, docteur ; comment va-t-elle ?

— Tout ce bruit l'a un peu effrayée, d'autant que, lorsque l'émeute a commencé, elle était seule avec Henriette à la promenade.

— Une femme, sortir seule avec un enfant de trois ans dans cette ville où nos soldats n'osent guère sortir que trois ou quatre ensemble ! c'est une imprudence que vous ne devriez pas permettre.

— Ah ! fit monsieur Lussay, vous savez qu'elle est quelquefois si fantasque ! Lorsqu'elle veut quelque chose, peut-on l'empêcher de le faire ? la moindre contrariété lui donne des crises.

— N'est-ce pas un peu de votre faute ? et si toutes vos expériences de mesmérisme ne l'ont pas rendue folle, à qui le devez-vous ?

— Ne parlons pas de cela, dit monsieur Lussay avec impatience ; nous ne nous entendrons jamais sur ce chapitre ni sur bien d'autres ; pour vous, la révolution française est le renouvellement de l'ordre social, et je n'y vois qu'anarchie et malheur ; pour moi le magnétisme est la régénération de l'humanité, et vous n'y trouvez que charlatanisme et désordre. Si je n'entends rien en politique, vous n'entendez rien en médecine.

— Cela se peut, dit le général, qui répondit comme un homme qui n'avait pas écouté. Il faut que je voie la duchesse.

Il sortit, et, accompagné du docteur, il passa dans un autre appartement. La duchesse d'Avarenne était debout devant une cheminée allumée, et semblait profondément pensive ; on n'eût jamais pu croire qu'elle sortait des mains d'une populace furieuse, tant il y avait de calme et de froideur dans sa préoccupation.

— Madame, lui dit le général, je venais m'informer de l'état où vous vous trouvez ; j'ai craint que l'émotion...

La duchesse sourit dédaigneusement, et son regard hautain arrêta les paroles du général sur ses lèvres. Celui-ci s'attendait pour le moins à un remercîment poli, sinon reconnaissant. Les premiers mots de la duchesse furent ceux-ci :

— Avez-vous donné des ordres, monsieur, pour que le corps de mon père fût enlevé d'une manière décente et convenable à son rang ?

Le général fut tout surpris de cette question et du ton de commandement dont elle lui était faite. Il répondit cependant avec politesse :

— Ces ordres, madame, ont été oubliés, et il serait impossible de les exécuter dans l'état de fermentation où se trouve maintenant la ville.

— Ah ! dit la duchesse, les assassins n'ont pas assez bu, ils demandent encore du sang ; le vôtre peut-être, pour m'avoir sauvée.

— Le mien ! madame, ils en ont déjà goûté, comme vous diriez, et peut-être en voudraient-ils le reste.

— C'est juste, dit la duchesse avec un accent de sarcasme terrible. A votre tour, général Jean d'Aspert.

— Diane, s'écria le général en s'approchant d'elle avec un transport de joie, Diane, vous m'avez reconnu !

— A qui parlez-vous? dit la duchesse en l'éloignant du dos de la main et en se reculant hautainement.

D'Aspert porta autour de lui un regard irrité; mais, apercevant dans sa chambre Lussay et sa femme, il attribua la retenue de la duchesse à leur présence, et, d'un geste, il les pria de s'éloigner. Ils sortirent. Le général reprit :

— Nous sommes seuls, madame, et nous pouvons nous expliquer...

— Je n'ai d'autre explication à avoir avec vous, monsieur, que de vous demander un passe-port, afin de quitter Rome.

La patience de Jean fut poussée à bout, et il reprit avec une sévérité égale à la hauteur de la duchesse :

— Mais moi, madame, j'en ai d'autres à vous demander.

— Êtes-vous mon juge, et avez-vous hâte de me livrer au bourreau?

— Diane, reprit le général avec douceur, vous jouez un rôle maladroit avec moi; vous savez bien ce dont je veux vous parler.

— Est-ce de mon père que votre peuple a assassiné?

— Non, reprit Jean avec amertume, mais de mon fils que vous avez fait disparaître.

La duchesse devint pâle et serra les dents avec rage; elle se tut.

— Me comprenez-vous enfin? ajouta le général. Ce n'est plus ici Jean l'insensé, le fou, qui vous a aimée comme on adore Dieu, à qui vous auriez demandé un crime et qui l'eût commis pour une de ces nuits d'amour où vous ne cherchiez que le plaisir.

La duchesse le toisa d'un œil de mépris.

— Ce n'est plus, reprit le général, ce n'est plus le misérable paysan qu'on fait enlever par un recruteur, et qu'on destine à aller mourir dans l'Inde, quand son amour fatigue et que son désespoir inquiète; c'est un homme qui sait ce qu'il vaut et ce que vous valez; c'est un père qui vous redemande son enfant et qui le veut.

La duchesse était droite, pâle, immobile. D'Aspert se tut, espérant une réponse ; Diane garda le silence. Il attendit un moment encore ; il sentit la colère murmurer en lui, mais il l'apaisa ; et se rapprochant de la duchesse, il lui dit avec une sorte de soumission respectueuse :

— Eh bien, madame, oublions le passé ; n'en parlons plus : j'en effacerai le souvenir. Mais enfin je viens de vous sauver, de vous arracher à une mort certaine : pour ce service, pour ce sang versé en vous défendant, rendez-moi mon fils.

— Votre sang versé ! cela vaut-il bien vingt sacs de farine ? dit la duchesse avec un mépris inouï.

Tout autre qu'une femme eût tremblé jusqu'à la racine des cheveux à l'expression terrible qui agita en ce moment le visage de Jean ; mais elle supporta insolemment les regards du général, et ne baissa pas les yeux devant l'éclair de rage qui s'en échappa. Il grinçait des dents de fureur : il eût donné la moitié de sa vie pour que cette femme eût été un tigre : il l'aurait attaqué nu et corps à corps.

— Mais, reprit-il suffoquant de colère, tous les vices sont donc dans votre âme ? vous qui vous êtes livrée à moi comme...

— Jetez-moi à la foule, monsieur, reprit froidement la duchesse ; elle m'eût égorgée sans m'insulter.

Le général se tut : il était anéanti, dérouté ; il se mit à parcourir la chambre en repassant dans sa tête toutes les circonstances de sa vie. Il avait été l'amant de cette femme jusqu'à l'instant où sa grossesse n'avait pu se déguiser plus longtemps. A ce moment, il avait été enlevé et incorporé dans un régiment qui était parti pour l'Inde. Revenu, trois ans après, en France, il avait appris qu'avant l'époque de ses couches, la duchesse était partie, emmenant Honorine avec elle, et qu'Honorine avait écrit de Spa que la duchesse était accouchée d'un fils. Depuis ce temps, madame d'Avarenne avait reparu à la cour ; mais on n'avait pas eu de nouvelles ni d'Honorine ni de ce fils né secrètement. La révolution de 89 avait éclaté madame d'Avarenne et son père avaient émigré des premiers. Le duc d'Avarenne avait péri sur l'échafaud. Jean, désespérant de retrouver jamais la trace de ce fils perdu, avait continué sa carrière militaire, et y avait fait ce chemin rapide si commun à cette époque. Enfin, après onze ans, il se retrouvait face à face avec cette femme qu'il avait aimée, qu'il avait possédée, qui était la mère de son enfant, dont il était devenu l'égal, à laquelle il venait de sauver la vie : et le silence et le mépris étaient tout ce qu'il en recevait. Il la croyait folle, ou plutôt il se croyait fou : car lui seul était ému, lui seul sentait son cœur se gonfler et le sang lui monter à la tête, bruire dans ses oreilles, battre comme un marteau dans sa tête. La duchesse était calme, son regard était paisible, son attitude fière ; elle savait juste ce qu'elle faisait. Fatigué de sa marche et de l'agitation de ses pensées, le général s'arrêta en face d'elle. Il la considéra longtemps, espérant que ce regard obstiné l'importunerait ou l'attendrirait, et qu'un mot échappé à la colère ou à la pitié viendrait l'éclairer ; mais l'impassibilité des traits de la duchesse usa la ténacité de ce regard, et le général reprit la parole.

— Ainsi vous n'avez rien à me dire ?

Puis il laissa un moment pour la réponse. La duchesse se tut.

— N'y a-t-il pas un sentiment dans votre cœur que je puisse invoquer ?

Nouvelle attente, nouveau silence.

— Pas un ?

Il parlait à une statue de glace.

— Mais, s'écria-t-il avec une fureur qui ne connut plus de bornes et en prenant la duchesse par la main, mais savez-vous que vous êtes en mon pouvoir, que je n'ai qu'un mot à dire, que je n'ai qu'à laisser faire, et que vous serez écharpée par morceaux ?

La duchesse sourit ironiquement.

— Mais je vous dis que je le ferai... je le ferai, vous dis-je ! m'entendez-vous ? Et, en parlant ainsi, il la serrait violemment ; puis il la quitta et se jeta sur un fauteuil. La duchesse rajusta ses manches froissées par le général, et reprit froidement :

— Vous auriez fait fortune aussi dans le métier de portefaix.

— Ah ! s'écria le général en se redressant, en saisissant le bras de la duchesse et en la jetant à genoux, qu'il en soit donc ainsi. Répondez au portefaix !... Et, prenant ses mains dans les siennes, il les serra à les briser.

— Ah ! s'écria la duchesse, assassinez-moi tout de suite ! vous me torturez.

— Répondez à l'assassin alors ! crie le général ; car il faut que vous répondiez : qu'avez-vous fait de mon fils ?

— Il est mort, dit la duchesse d'une voix sourde.

— Mort ? répéta Jean d'Aspert en laissant échapper madame d'Avarenne et en se couvrant le visage de ses mains.

— Mort, reprit la duchesse en se relevant et en jetant sur lui un regard où rayonnait une joie cruelle.

Le général détourna la tête, essuya une larme, quelques soupirs douloureux s'échappèrent de son sein ; un moment après il se rapprocha de la duchesse, et lui dit avec un ton de profonde tristesse :

— Veuillez me dire, madame, où vous désirez vous rendre ; et non-seulement je vous donnerai un passe-port pour cette destination, mais encore je vous y ferai accompagner.

— Je souhaite aller à Naples, où je compte m'embarquer pour Londres.

Le général la salua et allait se retirer, lorsque le docteur entra vivement dans la chambre.

— Le gouverneur de Rome, le signor Canzini, désire vous parler sur-le-champ. Il s'agit, je crois, de madame.

— Alors faites entrer ici, dit le général, car je désire que madame sache ce qui sera décidé sur ce qui la concerne.

Le gouverneur entra, suivi de deux officiers dont l'un portait une cassette. La duchesse se leva à la vue de cette cassette ; mais elle se contint en voyant que le général l'observait. Celui-ci, adressant la parole au gouverneur, lui dit :

— Eh bien, monsieur, que désirez-vous ?

— Général, répondit l'Italien, je viens réclamer la dame d'Avarenne, afin qu'elle soit livrée aux tribunaux, et jugée selon que le méritent ses crimes contre la république.

— Jugée ! reprit avec hauteur le général, jugée parce qu'elle n'a pas été assassinée ! vous allez trop vite en république, monsieur, et le temps de la Convention est passé. Si l'envie de juger vous tient, recherchez les assassins du marquis de l'Étang, recherchez celui qui m'a fait cette blessure, et jugez-les d'abord selon qu'ils le méritent.

— A l'heure qu'il est, reprit le gouverneur, ils sont arrêtés. Ceux qui ont frappé monsieur de l'Étang seront confrontés avec madame ; celui qui vous a blessé le sera avec vous, et, dès que le témoignage de madame aura été entendu, leur sentence sera prononcée.

— C'est bien, monsieur, dit le général ; mais madame n'est pas en état de porter ce témoignage sur-le-champ.

— Aussi, reprit le gouverneur, n'est-ce pas pour cela que nous venons la réclamer. C'est pour la livrer elle-même aux tribunaux, comme ayant conspiré contre la liberté de la république romaine.

— Conspirer contre la liberté, monsieur, dit le général, est un mot bien vague, un mot qui a fait tomber bien des têtes innocentes. Madame est Française ; à ce titre je lui dois protection, et ce ne sera que sur des preuves bien claires que je permettrai qu'elle soit mise en accusation.

— Madame est émigrée, reprit le gouverneur avec une expression d'impatience avide, et, à ce titre, ce n'est pas chez un général de la république qu'elle devrait trouver un si chaud protecteur ; et, quant aux preuves que vous demandez, les voici.

Il ouvrit aussitôt la cassette qu'un des officiers avait posée sur la table. Pendant qu'il en tirait quelques papiers, il ajouta :

— Cette cassette appartient à madame ; lorsque nous avons fait cesser le pillage de sa maison, l'officier qui commandait la garde que nous y avions envoyée a trouvé cette cassette; et, espérant y découvrir des renseignements sur les personnes qui habitaient ce logis, dont le maître venait d'être massacré, il a ouvert cette cassette et lu quelques-unes des lettres qu'elle renfermait. Jugez, général, si ces preuves sont suffisantes.

Le général regarda la duchesse avec anxiété; mais elle, l'œil fixé sur la cassette, suivait si attentivement chaque mouvement du gouverneur, qu'elle n'aperçut pas l'intérêt de pitié qui se peignit encore sur les traits de Jean d'Aspert. Celui-ci s'approcha du gouverneur, qui lui tendit un papier, en lui disant:

— Lisez.

Le général le prit, et porta de nouveau les yeux sur madame d'Avarenne; mais celle-ci ne semblait faire attention qu'à cette cassette que le gouverneur tenait dans ses mains. Jean lut le papier : c'était une lettre d'Acton ; elle contenait le plan d'une insurrection qui devait éclater à Rome et dans tous les États romains, appuyée d'un armement considérable fait par le gouvernement de Naples et des secours de l'Autriche. Une correspondance suivie donnait les détails les plus précis sur cette affaire. Cette correspondance nommait les chefs, désignait le lieu des rendez-vous, nombrait les soldats, les armes, l'argent. Les preuves étaient accablantes. A chacune de ces lettres, Jean ne pouvait s'empêcher de consulter la figure inquiète de madame d'Avarenne; et, chaque fois, il s'étonnait de la voir indifférente à la lecture de ces papiers, mais seulement attentive à la recherche matérielle que le gouverneur faisait dans la cassette. Il vit bien que le danger qu'elle pensait courir n'était pas dans la révélation de cette conspiration : il y avait autre chose qui l'inquiétait. Cependant la découverte déjà faite mettait la vie de la duchesse en jeu. A quoi donc pouvait-elle prendre un intérêt plus actif? A son honneur? l'honneur de madame d'Avarenne était une énigme pour un homme comme Jean, quoique elle-même en eût une idée bien positive ; à la vie d'un autre? mais son père était mort, et d'ailleurs la duchesse était-elle femme à trembler pour l'existence de qui que ce fût, quand la sienne était compromise ? Jean, sans vouloir d'abord pousser plus loin l'examen des secrets de madame d'Avarenne, se résolut à la sauver ; mais il avait besoin de s'assurer avant qu'il n'y avait plus rien qui les intéressât l'un à l'autre ; il s'approcha d'elle et lui dit à voix basse :

— Ainsi donc cet enfant est mort ?
— Mort... oui... mort !
— Le jour de sa naissance ?
— Oui.
— Au lieu même où il est né ?
— Oui.
— A Paris ?
— Oui.

Jean s'arrêta. A chaque question la réponse avait été la même, affirmative, précise, irréfléchie. C'était l'impatience d'une personne qui veut se débarrasser d'une question plutôt qu'y répondre. Aussi la duchesse ne s'était-elle pas aperçue du piége que lui avait tendu d'Aspert, il ne savait de l'histoire de son fils que deux choses : qu'il était né à Spa et qu'il avait vécu environ quelques mois ; et sur ces deux circonstances la duchesse avait menti. C'était presque la certitude qu'elle avait menti sur le fait principal ; sans doute ce fils n'était pas mort. Le général réfléchit : il pensa au silence obstiné de la duchesse, qui ne pouvait être qu'une résolution irrévocable de le laisser dans l'ignorance sur le sort de son fils. Il se ressouvint qu'il n'avait dû qu'à une violence indigne la réponse que lui avait faite la duchesse ; cette réponse n'était sans doute qu'un moyen d'échapper à de nouvelles questions et à de nouveaux emportements. Après un moment de silence, il dit au gouverneur :

— Permettez, monsieur, que j'interroge moi-même madame. Je réponds d'elle ; laissez ces papiers, j'en aurai besoin. Je vous ferai dire le résultat de cette entrevue.

— Je l'attendrai dans la pièce voisine, dit le gouverneur.

L'Italien avait deviné que Jean ne s'intéressait pas médiocrement à la femme qu'il avait sauvée, non qu'il eût la plus petite idée de ce qu'il y avait eu jadis d'intime entre madame d'Avarenne et le général, mais parce qu'il lui semblait que la duchesse valait bien encore la peine qu'on la sauvât. Elle avait alors trente-trois ans, était dans la beauté complète de cet âge; beauté moins naïve, moins fine, moins rosée que la beauté de seize ans; beauté forte, hardie, princière, qui va surtout bien aux grandes dames et aux grandes femmes. Le gouverneur pensait que Jean voulait sauver la duchesse sous condition : la duchesse lui semblait belle et le général fort occupé à la regarder. Le gouverneur ne se trompait que sur la condition; ce fut ce soupçon qui lui dicta sa réponse. Il se retira donc dans la chambre à côté. Le général était trop préoccupé de ses pensées pour faire une seule des réflexions que nous venons de décrire; il laissa donc le gouverneur agir comme il voulut, et sans s'irriter d'une précaution qu'en toute autre circonstance il eût considérée comme insultante. Dès qu'il fut seul avec la duchesse :

— Mon fils n'est point mort, dit-il en se plaçant devant elle et en la regardant en face.

La duchesse ne put s'empêcher de paraître embarrassée.

— Mon fils n'est point mort, continua le général; il n'est pas mort au lieu où il est né; il n'est pas mort le jour de sa naissance; il n'est pas mort à Paris !

Madame d'Avarenne vit comment ses réponses irréfléchies avaient compromis son mensonge; et, dans son âme, elle se résolut à garder encore le silence obstiné qui avait excité d'abord la fureur de Jean. Celui-ci la comprit; mais il avait acquis sur elle des avantages qui lui permirent d'être calme; il reprit :

— Maintenant il faut me dire la vérité et me donner la preuve de cette vérité. Où est mon fils ? Vous ne répondez pas ? Ecoutez bien, voici une accusation qui pèse sur votre tête. Cette accusation est juste : c'est heureux pour vos juges, sans doute; car, juste ou non, elle vous mènera à la mort. Je vous ai déjà sauvé la vie, vous n'en avez tenu compte. Je ne vous offre pas de vous rendre le même service, j'offre de vous le vendre. Ne me regardez pas de cet air de mépris, madame la duchesse; vous ne valez qu'un marché bien froid et bien disputé. Vous avez insulté le général qui vous a tendu son bras et son épée; voici le meunier qui vous propose ses sacs et ses farines : voulez-vous racheter votre tête?

— Combien cela me coûtera-t-il?
— Un mot.
— Lequel?
— Le nom de l'endroit où vit notre fils.
— Notre fils! est-ce que je vous connais!

Ce mot confondit Jean d'Aspert. Il crut rêver; mais il se remit promptement, et, reprenant son discours, il lui dit:

— Prenez garde, ne soyez pas imprudente pour nous deux. Un mot peut vous perdre, et vous perdre sans qu'un retour tardif puisse vous sauver. Voyez cette pendule : dans cinq minutes il faut qu'il soit décidé de vous; dans cinq minutes il faut que je dise au gouverneur : Emmenez cette femme, ou bien que je refuse de vous livrer. Je suis encore assez maître de moi pour ne pas dire qu'on peut vous emmener; mais ce mot une fois prononcé, ni vous ni moi ne pourrons en retenir l'effet. Tout ce que vous m'offrirez au fond d'une prison ne vous sauverait pas, tout ce que je tenterais ne ferait que hâter votre mort. Les gens de Rome ont besoin de victimes; ils se trouvent en arrière de notre révolution; ils veulent avoir leurs journées à jeter à l'oreille de la noblesse pour lui dire incessamment, comme nous pourrons dire un jour : N'oubliez pas le 2 septembre; souvenez-vous du 21 janvier. Sortie de ce palais, vous êtes morte. Voulez-vous vivre?

La duchesse ne répondit pas; mais elle prit une plume et écrivit quelques mots.

— Que faites-vous? qu'écrivez-vous? dit le général en s'avançant.

La duchesse remit un papier à Jean d'Aspert; il y lut ce qui suit :

« Mon fils, le général Jean d'Aspert a envoyé votre mère à l'échafaud. »

— Et, le matin de mon exécution, je mettrai l'adresse à ce billet; cette adresse, vous la saurez bientôt, je suppose. Dépêchez-vous, monsieur; je suis prête.

D'Aspert laissa tomber le papier à terre; il se crut un monstre. Il vit la duchesse se lever et marcher vers la porte de la chambre où était le gouverneur; il se jeta devant elle : elle se recula avec hauteur. Il la regarda quelques moments d'un air égaré. Tout à coup ses traits prirent une expression attendrie; il tomba à genoux devant madame d'Avarenne. Il pleurait; les paroles sortaient de sa gorge en y rompant douloureusement les sanglots qui l'étouffaient.

— Mon enfant! madame, mon enfant!... Ah! par grâce, mon enfant! se prit-il à crier.

Madame d'Avarenne sourit en voyant cet homme à ses genoux.

— Vous êtes fou! vous êtes ridicule!

Pourquoi ne peut-on pas battre une femme! non pas l'assassiner, mais la battre, lui faire mal, lui déchirer la peau avec les ongles, avec le fouet, avec la semelle de sa botte. Les misérables! elles vous prennent le cœur, le serrent, le mordent, le torturent, l'incisent, le cautérisent sur la blessure ouverte, égratignent la cicatrice qui commence; et ces femmes ont une âme à qui rien n'arrive, ni honte ni pitié; et, parce qu'elles sont femmes, et femmes perdues, il n'y a vengeance aucune à en tirer, sous peine d'être un lâche! Cela est stupide.

Jean était tombé trop avant dans la douleur pour que ce mot de madame d'Avarenne pût le reporter d'un bond à la colère terrible qui, un moment, avait fait trembler la duchesse. Il se releva, il se mit à la contempler avec effroi. Mille discours lui vinrent au cœur pour la toucher, l'épouvanter, la séduire. Il avait menacé, il avait pleuré; il ne savait plus que faire, que dire, que proposer; il lui prenait envie de se faire son esclave, de lui dire qu'il l'aimait, de redevenir son amant; il lui aurait proposé de se couper un bras, de se démettre de son grade; il se demandait, à travers ce bruissement orageux de pensées qui lui traversaient la tête :

— Qu'a-t-elle? que veut-elle? si je pouvais la comprendre !

Il était si désorienté, qu'il avait oublié pourquoi il avait voulu être seul avec elle. Les cinq minutes étaient écoulées.

— Eh bien, madame, décidez-vous.

— C'est à vous de décider.

— Vous voulez mourir ?

— Si vous voulez me livrer.

— Vous allez partir, répondit d'Aspert, qui était décidé à la sauver, ne fût-ce que pour se garder une chance de la retrouver, de l'attendrir ou de l'épouvanter...

— C'est bien.

— Mais il ne faut pas que ce soit sans m'être assuré de vous. Je garde ces papiers.

— Gardez-les.

La duchesse prit la cassette et dit à d'Aspert :

— Où me cacherez-vous ?

Un trait de lumière vint éclairer le général ; il s'élança vers la cassette et l'arracha à madame d'Avarenne.

— Oh ! pas encore ! s'écrie-t-il.

— Que voulez-vous dire?

— Ah ! ah ! ah !

Ces trois exclamations sortirent de la poitrine du général comme si tout le poids de ses incertitudes s'échappait par ces soupirs exaltés. Il posa la cassette sur la table, il posa son poing fermé sur cette cassette, et, tressaillant d'une joie terrible, il dit à la duchesse en la regardant avec triomphe :

— Et maintenant, madame, où est mon fils?

— Monsieur... monsieur... vous êtes un infâme... Ma cassette... Ah ! vous en répondez... Vous m'avez frappée... vous êtes un lâche... Cette cassette... cette cassette est à moi... rendez-la-moi !

— Où est mon fils, madame?... où est-il?

— Ah! ah! je la veux... Au secours ! à moi ! au secours !

A ces cris de madame d'Avarenne, le gouverneur, les officiers, monsieur de Lussay, entrèrent en tumulte. La duchesse était à genoux sur le parquet. A l'aspect de tout ce monde, elle se releva soudainement ; et, s'adressant au gouverneur, elle lui dit :

— Monsieur ! monsieur ! arrachez-moi à ce misérable ! arrachez-moi à ses violences. Oui, monsieur, ces papiers sont à moi, cette cassette est à moi ; j'ai conspiré, je suis coupable, emmenez-moi, faites-moi juger, tuez-moi ; je me mets sous votre protection.

L'attitude du général était si menaçante, que le gouverneur et les officiers mirent l'épée à la main. Jean se prit à rire avec mépris.

— Lussay, dit-il froidement, allez chercher un caporal et deux hommes pour reconduire ces messieurs chez eux.

— Général, dit le gouverneur, vous répondrez de ce qui arrivera ; le peuple nous attend, mais il ne nous attend pas seuls. Il sait que nous sommes venus réclamer ici une femme, émigrée française, qui a conspiré contre lui, il l'attend.

— Pour l'égorger, dit le général. Emmenez-la.

— Vous m'insultez, dit le gouverneur. Cette femme sera jugée, équitablement jugée ; je la protégerai contre le peuple aussi bien que contre votre violence.

— Emmenez-la, répéta le général ; voici les preuves de son crime, ajouta-t-il en tendant au gouverneur les papiers qu'on avait tirés de la cassette.

Madame d'Avarenne était anéantie ; à son tour elle ne savait que dire ni que résoudre ; elle se leva enfin.

— Monsieur, dit-elle au gouverneur, prenez ces papiers, prenez cette cassette, et sortons.

— Je garde la cassette, dit le général.

— Elle m'appartient, dit la duchesse. Le général d'Aspert veut sa part du pillage...

— Ce coffre vaut bien un louis : en voilà dix, reprit le général.

— Vous ai-je prié de me l'acheter ? repartit madame d'Avarenne, et savez-vous si aucun prix peut la payer ?

— Ce qu'elle renferme est donc bien inestimable ?

— Il y a donc un secret à cette boîte ? dit le gouverneur.

— Si vous voulez, dit le général, nous allons le voir ensemble.

— Non, non ! s'écria madame d'Avarenne en s'élançant vers le gouverneur ; ce sont des secrets de famille, rien qui vous intéresse, je vous le jure.

— Ce sont peut-être de nouveaux renseignements sur le complot, dit le gouverneur en remettant son épée dans le fourreau. Général, excusez ma vivacité ; nous allons procéder à la vérification de ces nouveaux papiers.

— Général d'Aspert, reprit vivement la duchesse en se retournant vers lui, Jean, ô mon Dieu ! Jean, je vous en prie, sauvez-moi cette honte !

— Monsieur, dit d'Aspert, je crois être assuré que ces papiers ne concernent que les intérêts privés de la famille de madame, et peut-être de la mienne ; c'est affaire entre nous. Permettez que nous demeurions seuls un instant ; dans une minute je serai à vos ordres.

En disant ces paroles, le général avait quitté la table sur laquelle la cassette était posée, et il accompagnait le gouverneur jusqu'à la porte de la chambre. Celui-ci insistait pour rester ; le général, moitié poliment, moitié avec rudesse, le forçait à se retirer, lorsqu'un bruit léger se fait entendre derrière eux. Ils se retournent et voient la duchesse qui vient de jeter un paquet de lettres dans le feu de la cheminée. Tous se précipitent ; le général s'élance vers ces lettres ; et la duchesse, avec une intrépidité et une force que le désespoir ou la rage pouvaient seuls lui donner, lutte contre le général.

— Arrachez ces lettres du feu ! crie celui-ci pendant qu'il se débat avec la duchesse.

Mais elle était si acharnée à la défense de la cheminée, qu'il était presque impossible d'en approcher. Enfin d'Aspert la saisit à bras-le-corps, l'enlève, et le gouverneur ne retire du feu que quelques bribes de papiers, reste d'une demi-douzaine de lettres tout au plus. D'Aspert remit la duchesse aux mains des officiers et s'empara de ces lambeaux. La duchesse, l'œil fixé sur chacun de ses mouvements, suivait avec anxiété la recherche, attentive et haletante, de quelques mots que Jean découvrait à quelque extrémité de pages :

« grandit
» beau com
» le prince le ve...
» Charles m'interrog
» sa mère et de son pèr
» rien. Il me fait pein
» sieur. Il comprend
» et malgré les vieu
» sa raison et sa discré... »

Voilà tout ce qui restait du premier billet ; du reste, point de date, point d'indication de lieu. La lettre avait été brûlée en travers ; il ne subsistait que le commencement des lignes. Le désappointement qui parut sur la figure du général se refléta en satisfaction inquiète sur le visage de la duchesse. Ils échangèrent un regard de haine. Jean prit un second billet ; il ne restait de celui-ci que le haut :

« Lond.es, 15 octobre 1796.

» Madame la duchesse... »

Jean jette cette lettre avec colère ; il en prend une autre qui semblait moins atteinte que les autres, il l'ouvre : tout était dévoré, à l'exception d'un mot et de deux lettres.

« respect
» ge... »

La duchesse respira avec force comme si tout danger était passé ; mais, à la joie qui parut sur le visage de Jean, elle redevint pâle et tremblante. En effet, le général avait trouvé une lettre dont il était resté deux lignes entières. Il lut avidement :

« Quand il a vu son fils, il l'a embrassé en pleurant. Son
» secret a été sur le point de lui échapper ; mais il... »

Dans un coin de ce billet, il y avait encore de conservé :

« Gand, 17 juin 1797. »

C'était une affreuse agonie que celle de l'espérance de Jean d'Aspert. Il n'eût pas été assuré par les terreurs de la duchesse que ces lettres concernaient son fils, qu'il l'eût deviné à sa joie; il lui restait deux lettres à examiner; il frémissait de les ouvrir. Il alla vers la cassette, espérant qu'il y restait quelque chose ; mais elle était vide. Dans un mouvement de rage inexprimable, il la prit et la jeta sur le parquet. Tout le monde était muet. Le général revint aux deux lettres. Dans l'une, la date :

« 1er novembre 1797. »

Dans la seconde, le lieu :

« Vérone. »

Rien de plus. Il examina de nouveau chaque papier avec la plus minutieuse attention; pas un mot n'avait échappé à sa première recherche. Il se promena activement dans la chambre en murmurant sourdement. La fatale cassette se rencontra sous ses pas, et, dans la rage de ne pouvoir s'en prendre à personne, il la lança du pied avec une violence incroyable. La cassette passa devant l'ouverture de la cheminée, et le courant d'air qu'elle détermina fit sortir quelques cendres. Ces cendres étaient les restes des lettres brûlées. Le général en voit quelques fragments voltiger un moment devant lui et se poser devant ses pieds. Par un mouvement machinal, il se baisse pour les saisir; l'un s'envole à ce moment; un autre qu'il saisit se met en poussière... Cette circonstance l'exaspéra; c'était l'image de ses espérances. Il recommença à marcher, écrasant sous ses pieds avec fureur ces fragments de papier brûlé parsemés dans la chambre, achevant avec désespoir d'anéantir tout reste de ce qui avait pu l'éclairer et de ce qui lui était si soudainement échappé. Il s'était arrêté, avait pris un siége, et, le coude appuyé sur le bras du fauteuil, il regarda fixement le parquet. Le silence régnait depuis quelques minutes, lorsque tout à coup la figure du général s'éclaircit d'une joie inconcevable. Le gouverneur s'approche et lui dit :

— Eh bien, général, qu'allons-nous faire ?... que décidez-vous ?

Mais Jean, immobile, lui fait signe de la main de se tenir tranquille. Il se glisse lentement de son fauteuil, se met à genoux, penche sa tête sur le parquet, et semble dévorer de l'œil une bribe de poussière noire sur laquelle l'encre a laissé quelques caractères blancs ; il retient sa respiration ; ses mains étendues semblent commander le silence et l'immobilité ; ses lèvres remuent comme celles d'un homme qui épelle ; il sourit, son regard s'enflamme ; mais la respiration retenue à grand'peine fait voler à quelques pieds la cendre qu'il regarde ; il la suit à genoux ; elle s'arrête, il semble reprendre son incertaine lecture, et achève un mot ; enfin, il répète une phrase à voix basse... Sa joie devient inexprimable ; elle l'entraîne, il fait un mouvement imprudent : la cendre s'envole ; il la suit encore, elle se pose, il approche, il est près de l'atteindre, elle glisse un peu plus loin, il se glisse doucement, craignant de remuer l'air ; il arrive enfin, toujours l'œil fixé sur cette feuille de cendre où tout gît pour lui, il va reprendre sa lecture : un bruit frappe le parquet, et la cendre, brisée en poudre, disparaît sous le pied de la duchesse.

A ce moment encore, Jean eût poignardé cette femme ; mais il se contint, et, lui rendant son regard de triomphe par un regard où la menace et la joie se mêlaient ensemble, il dit sans s'adresser à elle :

— C'est aujourd'hui le 20 février, n'est-ce pas ?
— Oui, général.
— Madame, dit Jean en se levant fièrement, après-demain je déciderai de votre sort.

Jean avait lu sur la cendre noire ces mots que l'encre y avait laissés tracés en blanc :

« Nous serons à Rome avec votre fils le 21 février. »

III

COMMENTAIRE EXPLICATIF

Nous avons mis en tableaux d'action ce qui s'appelait autrefois, en poétique dramatique, l'avant-scène. Il y a tant de gens qui ont une opinion parfaitement invariable sur la bonne manière de faire une œuvre quelconque, que peut-être on ne sera pas fâché de rencontrer un auteur qui n'en ait point. Peut-être aurais-je mieux fait de laisser dans le tiroir les deux chapitres qu'on vient de lire, et d'expliquer en quelques mots de préambule la position des divers personnages vis-à-vis les uns des autres. Peut-être valait-il mieux réserver toute cette explication pour le dernier chapitre, conduire tout le drame de ce roman à travers une mystérieuse fatalité qui aurait éclaté à la fin, comme une bombe de M. Ruggieri, et qui eût éclairé d'un jour sinistre tous les personnages et toutes les intrigues de ce drame. Vous trouverez de par le monde des hommes toujours prêts à critiquer avec rage le parti littéraire que vous aurez pris, pour mille raisons dont vous ne vous doutez pas. D'abord, parce que vous n'avez pas suivi leur parti politique, ou que vous n'êtes pas de la même communion religieuse. Ceci se voit encore en 1834. Il y en a qui vous méprisent, parce que vous êtes myope et que vous ne les avez pas vus un jour qu'ils avaient un habit neuf; d'autres vous trouvent un écrivain ordurier, parce qu'une nuit vous les avez reconnus dans la rue, ivres, battant les murs et rêvant qu'ils battaient le guet. Celui-là vous hait parce que vous savez qu'il a une fausse dent; celui-ci parce que vous ignorez qu'il est gentilhomme; l'un vous tient pour plagiaire, si vous avez trouvé avant lui une idée qu'il eût pu trouver; l'autre vous traite d'ignorant, si vous avez le malheur de savoir ce qu'il pensait à apprendre; j'en connais qui déchirent un livre parce que vous les avez éclaboussés en fiacre, et quelques-uns vous appellent un sot parce que vous portez des gants jaunes. Ce que je dis ici n'est pas pour moi, mon Dieu, pour moi qui ne porte point de gants jaunes, qui ne vais point en fiacre, qui ne sais rien, qui rentre de bonne heure, et qui n'écris point mes opinions politiques. Mais enfin il peut exister une raison que je ne connais pas, qui éveillera la bile endormie de quelque aristarque, et qui me vaudra quelque haute leçon de littérature, quelque dure réprimande sur mon œuvre. Il y aura peut-être quelqu'un qui me demandera (s'il y a quelqu'un qui s'occupe de ce livre), il y a peut-être quelqu'un, dis-je, qui me demandera pourquoi j'ai composé ce roman comme il est composé; pourquoi j'ai préféré cette manière à une autre. Si je leur répondais que je n'en sais rien, sans doute ils me mépriseraient davantage, et pourtant cela serait vrai. Car qui sait quelque chose à l'époque où nous vivons? qui peut répondre qu'une chose est bonne ou mauvaise? qui oserait écrire au bord d'un chemin : Voici la vraie route? Et ce que je dis ne s'applique pas seulement à la littérature, je le dirais volontiers de la politique, de la législation, de la morale. Depuis un demi-siècle, tant d'idées ont été éprouvées, et n'ont amené aucun résultat puissant et durable, qu'il n'est pas une chose de celles qu'on a détruites qu'on n'ait quelquefois l'envie de regretter. L'impudente aristocratie du milieu, parvenue depuis trois ans à monopoliser le pouvoir législatif, la justice criminelle, l'administration départementale, cette noblesse de cens, qui est seule député, juré, membre du conseil de département, ne vous a-t-elle pas quelquefois fait regretter au fond du cœur la hautaine aristocratie de l'ancien régime? Et cependant oseriez-vous y retourner? La vénalité des charges est absurde : mais la vénalité des gens du roi destituables à volonté n'est-elle pas odieuse? Les immunités du clergé, sa richesse, ses exigences, n'étaient-elles pas insupportables? L'abandon de toute religion, cette existence du culte incertaine, annuelle et votée à chaque session, comme la dépense d'un pont ou d'un égout, n'est-elle pas aussi déplorable? Les corporations n'étaient-elles pas contraires à tout esprit de progrès? La loi contre les associations ne réduit-elle pas l'homme civilisé à sa force individuelle ? L'éternité et l'indissolubilité du mariage n'ont-elles pas amené d'odieux désordres? mais le droit de divorce n'a-t-il pas fait naître d'horribles scandales ? La règle des trois unités a créé les tragédies de d'Avrigny et de Royou; le mépris de cette règle nous a valu *Charlotte Corday* et mille drames stupides ; le vers de Racine, avec sa césure sévère et sa chasteté d'expression, a eu le vers Viennet pour héritier, et la libre allure de Molière a été invoquée pour faire *un Spectacle dans un fauteuil*. Où sont donc la littérature, la morale, la législation? le bien social dans tout cela? Dans le juste milieu, cela peut être? Pouah! fi du juste milieu! l'échantillon qu'on nous en donne est à soulever le cœur. Que faire? que dire donc? quelle route suivre? Hélas! faire ce que j'ai fait, jeter sa plume au vent et suivre le chemin où elle nous mène : le hasard est plus sage que les hommes. Et puis, ne nous y trompons pas, nous ne serons ni les ouvriers, ni les architectes du nouvel édifice social. Encombrés que nous sommes des ruines des siècles passés et des institutions tombées, nous bâtissons au hasard quelques huttes avec des débris, misérables demeures qui ne vivront pas plus que nous; nous trions quelques matériaux, nous essayons quelques institutions de vingt-quatre heures sans foi dans nos œuvres, car nous sentons encore que le sol tremble, et nous avons peur d'être écrasés par la chute de ce que nous avons élevé. Que quelques hommes, çà et et là, aient encore ou aient déjà des convictions puissantes et inébranlables, ce sont des exceptions : le siècle doute, il cherche, il tâtonne, il essaye. Voilà pourquoi j'ai commencé ce roman comme je l'ai commencé.

Maintenant revenons à nos héros.

Le lendemain de la scène que nous venons d'écrire, un homme et une femme entrèrent à Rome par la porte du Peuple. Cet homme fut arrêté et mené devant le général d'Aspert. Cet homme était une espèce de domestique qui, en se voyant en face d'un général républicain, s'imagina qu'il allait être immédiatement mangé. Aussi le général n'eut-il pas longtemps à attendre pour lui faire avouer tout ce qu'il désirait savoir. Alors il comprit la résistance de la duchesse ; mais, ne voulant pas se prêter à ses desseins, il se rendit près d'elle, et voici l'explication qu'ils eurent ensemble.

— Maintenant, madame, lui dit-il, je connais vos projets, et je sais pourquoi vous vouliez si bien me cacher l'existence de mon fils. Votre homme de confiance m'a tout dit, ou plutôt il m'a tout fait deviner, car il est de bonne foi dans votre tromperie, et croit véritablement vous amener le fils du prince. En effet, quitter son amant à Paris, en prendre un autre au bout de six jours, et faire croire au premier que le fils du second lui appartient, cela n'est pas impossible, et cela peut réussir, et véritablement cela a réussi. Je comprends aussi que cela pût être d'un grand intérêt pour vous quand le prince tenait le rang le plus élevé dans l'État; mais aujourd'hui qu'il traîne son exil de cour en cour, deviez-vous persister dans une entreprise qui m'enlevait mon fils sans satisfaire votre ambition ?

La duchesse se tut un moment ; puis, après un instant de réflexion, elle répondit à Jean :

— Écoutez-moi, monsieur. Vous avez découvert un secret qui sans doute n'a plus de confident ; car Honorine, cette femme de chambre qui m'avait accompagnée à Spa, a été arrêtée aussitôt après mon départ de France, et je ne doute pas que le crime de m'avoir servie ne l'ait envoyée à l'échafaud. La véritable naissance de Charles (c'est le nom que j'ai donné à votre fils) est un mystère pour tout le monde; mais sa naissance supposée est connue de beaucoup de personnes. Le prince n'en doute pas, et mon père lui-même y croyait. Quant à cet enfant, il ne sait rien. Je vous estime assez, monsieur, pour être franche avec vous : la manière indigne dont je vous ai traité hier est, vous pouvez m'en croire, la plus grande preuve de cette estime.

Le général sourit à cette déclaration ; la duchesse ajouta :

— Oui, monsieur, elle en est la plus grande preuve ; car lorsque je vous accablais de dédains et de mépris injurieux, je n'ai pas douté un moment que je ne fusse en sûreté dans vos mains; je n'ai pas craint une minute que vous eussiez la pensée de livrer à l'échafaud la femme que vous avez aimée, la femme qui s'est donnée à vous.

Le général rougit, soit qu'il n'eût pas eu dans le cœur toute la générosité qu'on lui attribuait, soit plutôt qu'il comprît combien la duchesse était faite pour le dominer par la hardiesse de son âme et l'audace d'un caractère décidé, et qu'il fût honteux de cette domination. Cette pensée lui inspira celle de se mettre en garde contre tout ce que pourrait lui proposer la duchesse; et comme il gardait le silence, elle continua :

— Je serai franche, je vous l'ai dit, et pour vous montrer à quel point je veux l'être, je vous demande sans détour de me laisser votre fils.

— Pour qu'il continue à jouer le rôle qu'il a commencé? dit d'Aspert.

— Pour cela, monsieur, dit la duchesse.

— N'y comptez pas, dit sévèrement le général; il y a, pour que je m'oppose à ce projet, des raisons dont la moindre me ferait le plus méprisable des hommes, si je ne l'écoutais; et d'abord cet enfant est mon fils et je ne l'abandonnerai pas.

— L'abandonner! dit la duchesse avec impatience; est-ce que vous le mettez aux Enfants trouvés? Vous lui faites une condition meilleure, voilà tout.

— Mon fils ne doit rien devoir qu'à son père, dit le général.

— Admirable cadeau que vous lui ferez là! Voyons, j'entre dans vos idées, je me mets à votre place; je suis mariée, j'aime mon enfant, j'ai toute la tendresse bourgeoise possible pour lui. On me le demande pour le faire passer pour bâtard d'un prince; j'ai de bonnes idées de morale; je refuse, je veux que mon enfant porte un nom légitime, si petit qu'il soit : c'est bien, c'est très-bien, ça se conçoit à la rigueur. Mais celui-ci est bâtard; il le sera de vous, comme il peut l'être d'un prince. Sera-t-il plus heureux de l'être de vous? Voyons; vous êtes général, je veux bien; mais la guillotine est votre bâton de maréchal, à vous autres; mais vous pouvez être tué tout bonnement par une balle autrichienne. Avez-vous une fortune à laisser à cet enfant? Vous en aviez une petite, je le sais. Quelle fortune! une fortune saisissable, qui lui sera disputée par des collatéraux. Vous n'avez pas d'or, d'argent, vous n'avez pas volé, votre parti n'est pas pillard? vous ne devez pas l'être, vous. Que deviendrait cet enfant, si vous mouriez?

Le général ne savait trop que répondre à tous ces raisonnements. Il n'avait pas l'habitude de discuter les sentiments honnêtes; il agissait d'après leur impulsion, croyant tout ce qui est bien, raisonnable et même profitable. Il ne se sentait pas la force de rétorquer un à un les arguments de la duchesse; il n'y avait en son âme qu'un cri qui lui semblait une réponse péremptoire à tout. Ce cri, ce fut :

— Mais, madame, c'est mon fils, je l'aime!

La duchesse fit un geste d'impatience, et reprit :

— Vous l'aimez pour vous, c'est votre satisfaction personnelle que vous décorez du nom d'amour paternel. Eh! mon Dieu, ne faites pas des haut-le-corps si convulsifs; croyez-vous que ce sentiment si pieux soit souvent autre chose qu'un égoïsme patriarcal? C'est un sentiment de ressource pour les gens qui sont à bout de leur cœur. Tenez, je me souviendrai toujours du marquis de Bréfort. Cet homme avait trente ans, il était riche comme une tonne hollandaise, bien fait, avait eu des succès d'esprit, beaucoup de femmes et de très-difficiles; il était homme de courage, et avait eu du bonheur dans plusieurs duels : c'était un homme usé, fatigué, abîmé du monde. Un jour qu'il voyait mon intendant embrasser son fils, il s'écria devant moi : « Ah! voilà le bonheur! voilà le vrai bien qui nous attache à la vie »! Il se maria : pourquoi? pour créer des êtres heureux? eh non! pour avoir quelque chose à aimer, à protéger, à élever; car il aimait ses enfants, il les a parfaitement élevés; il s'est occupé d'eux, mais par rapport à lui, pour ne plus s'ennuyer ; il s'est fait père pour être quelque chose en ce monde ; eh bien ! vous faites comme lui, pis que lui ; car il donnait à ses enfants un nom, une fortune, un état, et vous voulez, vous, ôter au vôtre tout cela !

D'Aspert entendait un langage si étourdissant et si subversif de toutes ses idées, que, ne sachant comment se défendre, il prit le parti d'attaquer, ce qui, en toutes choses, guerre et discussion, est toujours plus facile.

— Eh quoi ! madame, dit-il, vous parlez d'égoïsme, de sentiment personnel ! Il me semble que, si ce reproche peut s'adresser à quelqu'un, c'est à vous, qui prenez cet enfant comme un instrument d'intrigues, et qui comptez en tirer profit je ne sais comment, mais dans un but assurément qui vous intéresse plus que lui.

— Sans doute, dit la duchesse ; mais moi, je ne fais pas étalage d'amour maternel ; je ne dis pas avec des poses tragiques : C'est mon fils, je veux mon fils, il me faut mon fils ! Je vous dis : Voilà ce que je veux faire pour Charles. Cela est-il meilleur que ce que vous pouvez lui offrir ?... Oui. Alors c'est moi qui l'aime le mieux.

Le général se sentit encore plus embarrassé ; et, au lieu de se tenir dans ses droits inexpugnables de père, il saisit avec empressement l'apparence d'une question discutable pour répondre à la duchesse :

— Mais, madame, en vous concédant tout ce que vous disiez tout à l'heure, c'est-à-dire tout ce qui est le vrai fond de votre discours, qu'il est bien de renier son fils, s'il doit y gagner quelque chose, il reste toujours la question de savoir s'il y gagnera ce quelque chose. La révolution n'a-t-elle pas détruit tous les avantages qu'il eût pu trouver autrefois à passer pour le fils d'un prince ?

— La révolution ! s'écria la duchesse ravie d'avoir attiré le général sur ce terrain, où il ne s'agissait plus pour ainsi dire entre eux que d'une balance de chiffres ; la révolution a porté les espérances de cet enfant plus haut qu'elles ne fussent jamais allées autrefois. Vos crimes ont ouvert le trône à un prince qui n'y devait pas monter. Vous n'avez laissé qu'une tête entre lui et la couronne de France ; cette tête est forte, sans doute, mais elle mène un corps malade et qui s'usera bien vite, et alors Charles ne sera plus un fils de prince, mais un fils de roi.

— Quand cela ? dit d'Aspert avec amertume et dédain.

— Quand l'Europe aura réduit le parti de sang qui décapite la France ; quand les rois légitimes auront repris ce pouvoir que la faiblesse de Louis XVI leur a seule fait perdre.

Ce qui, selon la duchesse d'Avarenne, devait lui faire gagner la cause la lui fit perdre. Elle entama le général sur un point où il était de pierre et d'acier. Elle lui dit que le parti de la révolution pouvait être vaincu, ou que la royauté reparaîtrait en France. Le général républicain fut plus fort en raison et en sentiment d'amour pour la république, que le père ne l'avait été pour son fils, et il répondit :

— Est-ce vous, madame, qui pouvez conserver encore de pareilles illusions ? le retour des rois en France ! autant vaudrait demander la résurrection des morts. Que vous ayez cru cela un mois ou deux après votre émigration, cela se pouvait ; mais aujourd'hui ne voyez-vous pas tout ce qui s'élève entre eux et nous ? Il y a trop de haine arrosée de sang, pour que la France et ses anciens maîtres puissent jamais se rapprocher.

— Comment ! s'écria la duchesse, c'est vous qui en êtes encore à ces folies ? Vous, en 1798 ? mais, mon Dieu, ne voyez-vous pas que c'est une chose finie que la république ? il n'y a plus un homme de sens qui en veuille. Pauvres gens qui avez cru établir la liberté en tuant et en pillant l'aristocratie, et qui n'avez pas vu que vous en faisiez une nouvelle avec les dépouilles de l'ancienne ! Mais, général, il n'y a pas un caporal devenu adjudant général qui ne soit fatigué d'être à la discrétion d'un caprice populaire ; il n'y a pas un fermier, devenu propriétaire du bien de son maître, qui n'appelle à grands cris la cessation du désordre où il s'est enrichi. Cet ordre, ce repos, est-ce le directoire qui les donnera ? Non, général, non ; mais l'existence du directoire est le plus sûr symptôme de la royauté ; ce sont les laquais qui s'amusent au château, en préparant le retour des maîtres. Ne voyez-vous pas qu'ils portent déjà les bas de soie et l'habit brodé? Ils ont un palais, ils reçoivent, ils ont cercle, ils tiennent cour; seulement ils font rire d'eux, parce qu'ils sont empruntés et gauches; le ridicule les tuera, et la France demandera de bons acteurs, les premiers rôles, la véritable royauté avec sa vraie grandeur; cela se voit, cela se sent, cela se respire.

D'Aspert ne crut point sans doute aux prophéties de la duchesse, car il haussa les épaules sans répondre. La duchesse, après avoir attendu un moment, s'écria :

— Comment! vous ne comprenez pas cela! Ah! je ne vous croyais pas si peuple!

Ce mot irrita d'Aspert. Aujourd'hui que l'égalité s'est établie assez avant dans la société par l'abaissement des grands et l'exhaussement des petits, ce mot ne semble pas une injure propre à irriter la colère d'un homme comme d'Aspert; mais, à cette époque, les insolences de la noblesse s'agitaient encore dans ce déluge de sang où on croyait les avoir noyées; et, lorsque quelques-unes revenaient à la surface et surnageaient aux yeux des puissants d'alors, ils y posaient le pied pour les enfoncer et les achever.

— Peuple! reprit le général; oui, madame, je suis peuple et je m'en fais gloire; et c'est parce que je suis peuple et que vous me méprisez, que je ne veux pas que mon fils soit élevé à mépriser son père.

— Vous êtes fou, Jean, dit la duchesse en se radoucissant un peu; ce que je vous propose est pour son bonheur.

— Bonheur ou non, reprit d'Aspert, s'entêtant à son idée pour n'avoir pas à la défendre; bonheur ou non, c'est mon fils, il restera mon fils et peuple.

— Mais c'est le mien d'abord, monsieur, dit la duchesse avec hauteur, et, quels que soient vos droits sur lui, les miens, bien que je ne puisse les avouer publiquement, sont au moins reconnus par une longue possession, par le témoignage de beaucoup de gens; les vôtres, monsieur, ne peuvent être que ceux de la violence.

— Eh bien ! madame, nous plaiderons.

— Plaider ! dit madame d'Avarenne, y pensez-vous ? me déshonorer !

— Vous déshonorer ! dit Jean ; comment l'entendez-vous ? est-ce parce que l'on apprendra ce qui est ? Alors, pourquoi l'avez-vous fait ?

La duchesse se tut ; elle attachait une trop grande importance au projet qu'elle avait conçu pour l'abandonner par colère ou impatience. Elle tenta un autre moyen.

— Écoutez, Jean, dit-elle au général, ne vous emportez pas. Eh bien ! c'est un service que je vous demande, c'est un sacrifice que j'attends de vous : laissez-moi votre fils, et ce service, je le reconnaîtrai comme il vous plaira. Si vous êtes assez aveugle pour croire au maintien de ce qui est, les restes de ma fortune sont à vous ; s'il arrive, au contraire, ce que je prévois, l'avancement le plus rapide dans la carrière que vous parcourez.....

Le général n'avait pas compris tout de suite, car sans cela il eût arrêté madame d'Avarenne à la première phrase ; mais lorsqu'il vit où elle voulait en venir, il s'écria violemment :

— Vous avez voulu me voler mon fils et vous me proposez de me l'acheter ! mais pour qui me prenez-vous donc, madame ?

Madame d'Avarenne vit bien que d'Aspert était en selle sur une idée fixe, celle de garder son fils. Elle se sentait assez de supériorité d'esprit pour forcer Jean à avouer qu'il avait tort, qu'il n'aimait pas son fils aussi bien qu'elle, qu'il valait mieux faire pour lui ce qu'elle proposait ; mais, cela posé, cela gagné, il détruisait tout par ces mots :

— C'est mon fils ! je veux mon fils ! suivant en cela un instinct du bien, plus fort que toute l'adresse des sophismes de la duchesse.

Le cœur de d'Aspert était comme ces jeunes tortues qu'un voyageur emporte avec lui bien loin du rivage ; qu'il isole, qu'il pose sur le sol, la tête du côté de l'intérieur des terres, et qui, dès qu'elles sont libres, se retournent, et, par un instinct surprenant, regagnent la mer, leur patrie et leur asile. Le voyageur peut, tant qu'il veut, les reprendre, les emporter plus loin, les poser dans une autre direction, les faire tourner vingt fois sur elles-mêmes : les pauvres bêtes ne se défendent point ; mais, dès qu'elles ne sont plus dans la main ou sous la main qui les tient, elles regagnent leur océan à petits pas, mais incessamment. Il en était ainsi de Jean, et la duchesse ne tenta plus de remporter une victoire qu'un quart d'heure de réflexion eût détruite. Elle se résolut sur-le-champ, et en femme habile et délibérée, à faire le mieux possible le sacrifice nécessaire. Elle dit à Jean :

— Eh bien ! monsieur, puisque vous voulez votre fils, gardez-le ; mais c'est votre fils et non le mien que vous voulez, sans doute ; il serait le fils d'une vachère, que vous l'aimeriez autant que s'il était celui d'une reine.

— Assurément, dit Jean ; croyant donner par cette réponse une haute idée de ce qu'il entendait par amour paternel et dignité de citoyen.

— Eh bien ! alors, reprit madame d'Avarenne, donnez-moi votre parole d'honneur de ne lui dire jamais le nom de sa mère ; n'oubliez pas ou apprenez que depuis j'ai eu une fille de monsieur d'Avarenne, et que je dois ce mystère à son avenir, à sa réputation. Jurez-moi que Charles ignorera toujours le nom de sa mère.

— Je vous le jure, dit d'Aspert, content de céder quelque chose à cette femme à laquelle il avait tout refusé. Je vous jure qu'il ignorera toujours qu'il est votre fils. Croyez que je ne veux en rien blesser votre réputation et que je ferai tout ce que vous exigerez pour la mettre à l'abri.

— C'est bien, c'est bien, dit la duchesse en l'interrompant avec impatience. Mais la disparition de cet enfant dont il faut que j'annonce la mort à ceux qui le croient fils du prince, cette disparition, dis-je, si elle coïncide avec la découverte que vous auriez faite de votre fils, l'âge de l'un et de l'autre qui se trouverait le même, la mort de mon fils suivie de la résurrection immédiate du vôtre, tout cela pourrait faire naître des soupçons, amener des conjectures qui peut-être trouveraient à l'Étang un commentaire suffisant pour devenir claires aux yeux de beaucoup de gens : on rapprocherait les dates et tout serait bientôt découvert. Promettez-moi donc de ne pas dire sur-le-champ à votre fils ce qu'il est, et de ne confier votre secret à personne. Prenez Charles d'abord comme un orphelin recueilli et élevé par vous, et, plus tard, lorsque vous aurez pu le rajeunir de quelques années, comme s'il était né dans l'Inde ou dans l'un de vos voyages, dites-lui seulement ce que vous êtes pour lui. Quant à sa mère, elle doit être morte pour cet enfant, car il est mort pour elle. Il me semble que je vous demande assez peu pour tout ce que vous m'ôtez ; ne le ferez-vous pas ?

Le général ne répondit pas tout de suite ; il réfléchit longtemps ; il pensa que les précautions que la duchesse prenait pour elle le serviraient pour la sûreté de son fils. Il comprit que, dans la vie errante qu'il mènerait, il serait souvent forcé de se séparer de son enfant ; que dans ces circonstances, la seule assurance que Charles était son fils le désignerait trop aisément à des gens qui pourraient vouloir l'enlever pour lui faire jouer son premier rôle ou le faire disparaître tout à fait. Il consentit et dit :

— Je vous donne ma parole, madame, de faire passer Charles pour le fils d'un ami tué il y a quelques mois. Cet ami avait un fils du même âge que le nôtre, et personne ne s'étonnera qu'il me l'ait confié. Du reste, Charles ne saura rien de ce qui le concerne qu'à l'âge où il pourra se protéger lui-même contre les embûches qu'on peut lui tendre.

La duchesse se mordit les lèvres, preuve qu'elle avait conservé quelque espérance sur cet enfant, ou fait quelque projet pour ou contre lui.

— Il en sera comme vous voudrez, dit la duchesse, pourvu que je ne sois plus rien dans son existence ni dans la vôtre. Et maintenant, que demandez-vous de moi ?

— Vous serez dans huit jours à Naples, madame, et vous serez en sûreté. Permettez-moi de vous souhaiter tout le bonheur que je vous désire.

Le général voulut prendre la main de madame d'Avarenne, qui la retira et lui fit un geste pour l'éloigner. Le général la salua et quitta la chambre. Elle le regarda sortir, et, dès qu'elle fut seule, elle ne put s'empêcher de dire avec un mouvement violent de colère :

— Ah! comment ai-je pu coucher avec ça!

C'est que la libertine était éteinte et que l'intrigante commençait.

Le lendemain, au moment où la duchesse partait secrètement pour Naples, le général reçut l'ordre de se rendre sur-le-champ à Terracine pour y rendre compte de sa conduite, dont les autorités de Rome avaient cru devoir se plaindre au général en chef. Lussay l'accompagna; sa femme le suivit. Avant de partir, d'Aspert confia son fils à Durand, son domestique de confiance.

— Voici, lui dit-il, le fils du capitaine Dumont qui a été tué il y a quelques jours.

— Tiens, dit Durand, c'est l'enfant qu'on a arrêté avec un vieux domestique à la porte du Peuple et par votre ordre.

— Oui, repartit le général; j'avais pris cette précaution parce que ces misérables Romains en veulent aux Français, et qu'un enfant et un vieillard étaient une proie digne d'eux. Écoute bien : tu le remettras au sergent Bazil, qui viendra le prendre demain pour le conduire en France.

— C'est drôle! dit le domestique, on avait raconté que le fils de ce pauvre capitaine avait disparu au moment de la mort de son père.

— Tu vois, dit d'Aspert, qu'il est retrouvé.

Le général connaissait le fait de cette disparition; il avait même quelques raisons de croire que le fils de Dumont avait été tué par des partisans, et cet événement s'accordait trop bien avec ce qu'il voulait faire pour son propre fils, pour qu'il n'en profitât pas.

Nous apprendrons plus tard comment s'accomplirent les projets du général et ce que devinrent le véritable fils du capitaine Dumont et l'enfant que d'Aspert mit à sa place, et auquel il donna un nom qui ne lui appartenait pas.

IV

1815

Un soir du mois de mars 1818, trois personnes étaient assises au coin du feu, dans un assez bel appartement de la rue Saint-Honoré; un silence complet régnait dans la chambre, sans doute parce qu'il s'y trouvait aussi un malade : une femme était au lit et dormait d'un profond sommeil. Cependant, à bien observer l'attitude des personnes qui entouraient la cheminée, ce silence venait de ce que chacune d'elles semblait préférer s'entretenir plutôt avec sa pensée, qu'engager une conversation avec les autres. Ces trois personnes étaient le lieutenant général comte d'Aspert, le chirurgien-major d'armée baron Lussay, et Henriette Lussay, sa fille; la femme malade était madame Lussay, cette Louise que d'Aspert avait aimée, et dont Honorine avait raconté autrefois la singulière histoire à madame d'Avarenne.

Le général d'Aspert était sombre, soucieux comme un homme tombé d'un passé magnifique dans un présent inquiétant, et auquel l'avenir n'ouvre aucune espérance. Lussay tisonnait en souriant, en s'adressant à la flamme, comme un homme qui se voit disserter devant le public, qui pérore, démontre, entraîne, finit par convaincre et s'applaudit de sa victoire et du talent qu'il lui a fallu pour la remporter. Henriette était rêveuse, inquiète; une pensée particulière la dominait. Mais il semblait qu'elle eût peur de cette pensée, car, à plusieurs fois, elle secoua la tête comme pour l'en chasser; à plusieurs fois elle se leva pour arranger sur la cheminée les porcelaines et les flacons qui étaient à leur place; à plusieurs fois elle alla jusqu'au lit de sa mère et la regarda dormir. Cependant, à peine avait-elle attaché ses yeux sur ce visage souffrant et immobile, que son regard redevenait fixe, arrêté, perdu, et comme scellé à un fantôme qui se dressait devant elle partout et à propos de tout. Alors elle s'arrachait encore à cette fascination de sa propre pensée par un nouveau mouvement brusque et comme plein d'effroi. Enfin elle se résolut à chercher dans une occupation qui ne lui laissât pas la liberté de réfléchir un asile contre cette étrange persécution. Elle s'approcha d'une bibliothèque fermée qui occupait un des angles de la chambre ; elle parcourut l'inscription dorée au dos des volumes, mit le doigt sur quelques-uns, puis les abandonna. Elle toucha *Clarisse Harlowe*, *Paul et Virginie*, *Estelle et Némorin*, et les repoussa l'un après l'autre. Elle finit par s'arrêter à un volume de Racine. Elle l'ouvrit au hasard : c'était *Phèdre*, c'était le premier acte, c'était la scène de Phèdre et d'Œnone, où la fille de Minos, obsédée de la divinité qui la consume, parle au hasard de tout ce qui aima fatalement dans sa famille ; de sa mère, de sa sœur, victimes comme elle plutôt d'une destinée implacable que d'un amour humain. Henriette parcourut cette scène et rejeta le livre presque avec colère. Enfin, elle trouva dans un coin les *Voyages* de Levaillant. Elle s'en empara avec empressement. Des détails de navigation, de marches, de combats avec les sauvages et les bêtes féroces, aucune des pensées pour ainsi dire du monde civilisé, c'est ce qui convenait sans doute à Henriette. Elle prit sa place près du feu, et se mit à lire au premier endroit où le livre s'ouvrit. Elle n'y prenait pas assurément grand intérêt, mais enfin elle saisissait le sens des mots, et se forçait à être attentive. Tout à coup son œil se tendit sur la page ; elle dévora un passage assez long, la bouche demi-ouverte ; et, quand elle eut fini de lire, sa main et son livre tombèrent ensemble sur son genou ; elle laissa échapper ces mots :

— C'est donc vrai !

Et se replongea dans sa profonde méditation.

Cependant si vous aviez pu lire ce passage par-dessus l'épaule de la jeune fille, comme nos peintres s'amusent à peindre Méphistophélès assistant aux rêveries de Marguerite et les épiant, vous auriez cherché vainement pourquoi cette attention, pourquoi ce mot, pourquoi cette préoccupation. Le passage de Levaillant était celui où il raconte que, surpris par des cris plaintifs et désespérés, il s'approcha d'un buisson, et aperçut une souris qui se débattait sous le regard d'un serpent, tournant, reculant, s'agitant, mais ramenée comme par un lien de fer à tomber dans la gueule béante du reptile.

Dans cet endroit, Levaillant rapporte encore qu'une fois, longeant une espèce de marais, il se sentit attirer hors de sa route comme par une attraction aimantée; que, surpris de cet état, qu'il prit pour un étourdissement, il regarda à l'endroit vers lequel il se laissait aller, et vit un énorme serpent qui tenait ses yeux ronds et ouverts fixés sur lui. Levaillant, averti de cette puissance par le sort de la malheureuse souris, ne détruisit le charme qu'en tirant sur le serpent les deux coups du fusil double qu'il portait.

Pendant que nous rapportons ces faits, le silence avait continué, et la réflexion d'Henriette, réagissant sur elle-même, avait sans doute exalté ses pensées à un haut degré; car, à un léger coup de sonnette qui se fit entendre, elle tressaillit de tous ses membres, et ne put s'empêcher de laisser échapper ce mot sourd et comme désespéré :

— C'est lui !

On annonça bientôt monsieur le baron de Prémitz, et un homme de trente ans se présenta. Ce baron de Prémitz était un Allemand venu à la suite des armées étrangères; il se disait natif de Prague et descendant de ce grand comte Prémitz, fondateur de la ville, et dont on garde précieusement un soulier dans le vieux château royal. Il était d'une taille élevée, forte plutôt par la vigueur de sa structure que par l'embonpoint; ses cheveux étaient d'un blond charmant; ses traits, purement dessinés, avaient dans leur ensemble un caractère de douceur, lorsqu'il tenait les yeux baissés; mais lorsqu'il les relevait, la lumière fauve qui s'échappait de sa large prunelle grise semblait éclairer ce visage d'un nouveau jour, le montrer sous un autre aspect; et il prenait alors cette expression inquisitoriale et dominatrice qui épouvante les faibles, et qui va jusqu'à importuner les hommes les plus décidés, qui s'en débarrassent souvent par une querelle. Henriette, en voyant entrer monsieur Rhodon de Prémitz, devint glacée, et n'eut pas la force de se lever.

— Eh! bonjour, ou plutôt bonsoir, dit Lussay. Voilà déjà neuf heures; je ne comptais plus sur vous.

Rhodon salua le général et Henriette, et répondit :

— J'étais chez ma protégée, et je n'ai pas voulu la quitter avant que je fusse assuré qu'elle passerait une bonne nuit.

— Plus bas, plus bas, dit le général; madame Lussay repose et vous allez la réveiller.

— Réveiller une femme endormie de ma main! dit le baron en riant tout haut, non pas, mon général, non pas; je lui ai ordonné de dormir trois heures : elle en a encore pour trente-cinq minutes, et tous les canons de Buonaparte, fût-ce même ceux de la Moskowa, ne l'éveilleraient pas, soyez-en assuré.

— A propos, dit monsieur de Prémitz, comment va madame de Lussay ?

— Mais comme je veux, dit Lussay; entre moi et ma femme, ce n'est plus une affaire chanceuse. J'exerce sur elle le pouvoir magnétique dans toute sa puissance; elle est somnambule au plus haut degré de clairvoyance, et je sais sa maladie comme si je la voyais.

— Elle ne s'en porte pas mieux pour ça, dit d'Aspert.

— Ah! dit Lussay, voici notre incrédule. Je vous préviens, mon cher Prémitz, que notre cher général n'est pas de ceux qui croient sans voir... il est plutôt de ceux qui voient sans croire : c'est une belle disposition pour se marier. Imaginez-vous qu'autrefois, il y a bien vingt-cinq ans... il y a, ma foi, vingt-huit ans de ça; c'était en 87, il s'était imaginé que j'étais sorcier et que Louise était possédée du démon. Au fait, il y avait bien de quoi s'y laisser prendre ; à cette époque nous étions encore très-peu avancés; nous nous servions de baquets, nous faisions la chaîne, nous avions encore la baguette d'acier. Tout cet appareil magnétique ressemblait assez à un sabbat, d'autant que la réunion de dix ou douze personnes, loin de diminuer l'influence magnétique en la divisant, ne faisait que l'éxagérer en la multipliant : mais des études mieux dirigées, et surtout vos excellents conseils, mon cher Prémitz, m'ont ramené dans les bonnes voies.

— Oui, répondit celui-ci en appuyant son regard sur le front d'Henriette, oui, l'influence directe, personnelle, est à la fois plus puissante et moins désordonnée ; on arrive ainsi à des résultats qui épouvanteraient l'imagination, s'ils n'avaient une explication facile et précise dans la présence du fluide magnétique, non moins puissant que l'électricité. Puisque monsieur se refuse à croire à cette puissance, il devrait nous faire le plaisir d'assister à la séance que je donnerai demain chez une bonne femme attaquée depuis vingt ans d'une sorte d'aliénation mentale qui lui fait toujours croire qu'elle est en présence de l'échafaud. Il y aura plusieurs docteurs de l'Académie de médecine et des gens de la plus haute distinction : la duchesse d'Avarenne sera un de nos spectateurs.

— La duchesse d'Avarenne ! s'écria le général.

— Vous la connaissez ? dit Prémitz.

— Oui et non, répondit le général ; elle a des propriétés dans notre département, et voilà seize ou dix-sept ans que je l'ai rencontrée à Rome.

— A Rome, dit Prémitz, où son père fut assassiné par les républicains, ainsi qu'un enfant qu'elle élevait, et où elle-même n'échappa que par miracle à la fureur des soldats.

— De quels soldats et de quels républicains parlez-vous ? dit le général avec colère.

— Mais, reprit Prémitz, des soldats républicains français ; et, sans un ancien domestique de sa maison qui la tira de leurs griffes pour quelque argent, elle aurait probablement été tuée comme son père et cet enfant.

— Et vous répétez cette histoire, monsieur ! dit le général.

— Ma foi, dit Prémitz, j'ai grand tort de la répéter, car elle la raconte assez souvent pour que tout le monde la sache !

— Eh bien! dit d'Aspert à Lussay, voilà les gens à qui vous vous êtes donné corps et âme; qu'en dites-vous?

— Que voulez-vous, mon cher général! la duchesse a eu tant à souffrir de la révolution! elle a bien quelques droits à être injuste et à se plaindre.

— Qu'elle se plaigne, mais qu'elle ne calomnie pas, dit le général; puis il reprit avec une sorte de tristesse : Ne parlons pas de cela; nous ne nous entendrons jamais sur ce chapitre, pas plus que sur celui du magnétisme.

— Si l'incrédulité de monsieur le comte ne tient qu'à un manque de preuves, qu'il vienne demain à deux heures, et il pourra se convaincre par ses yeux.

— Je vous remercie, dit le général; j'ai demain, à cette heure, une audience du ministre de la guerre, et je ne saurais y manquer.

— Avez-vous encore quelque espoir? dit Lussay au général, profitant de cette réponse pour tourner bride à leur premier sujet de conversation et en amener un autre.

— Je ne sais : on a annoncé pour demain le dernier état des officiers prisonniers en Russie, et, si le nom du pauvre Charles ne s'y trouve pas, je crains bien qu'il n'ait succombé dans cette terrible retraite de 1812.

— Et après cela, vous regrettez encore ce misérable Buonaparte!

— Ah! Lussay! dit violemment le général. Puis il reprit : Vous avez raison, c'est moi qui ai commencé... Pauvre Charles! chef de bataillon de la garde à vingt-cinq ans, il eût gagné ses épaulettes de colonel en 1814, si...

— C'était votre fils, monsieur le comte? dit Prémitz.

D'Aspert tressaillit.

— Je ne suis pas marié, monsieur le baron, dit sèchement le général, que ce titre de monsieur le comte importunait comme une épigramme.

— C'est au moins son fils adoptif, dit Lussay; il le recueillit en Italie, où son père, le brave capitaine Dumont, fut tué. Mais j'ai toujours été surpris de l'arrivée de cet enfant, qu'on disait avoir été enlevé ou tué après la mort de son père et pendant qu'il venait à Rome réclamer votre appui.

— Il s'échappa des mains de quelques Autrichiens, et arriva le jour même où nous fûmes obligés de quitter Rome pour cette affaire de madame d'Avarenne ; c'est ce qui m'empêcha de vous en parler alors.

— Ah ! voilà maman qui s'éveille, s'écria Henriette.

— Qu'avais-je dit ? s'écria Lussay avec transport : dix heures cinq minutes ; trois heures de sommeil ; pas une minute de plus ni de moins. Il faut être prévenu à un point inouï pour ne pas se rendre à ces choses-là.

D'Aspert s'approcha du lit de madame Lussay et lui dit doucement :

— Eh bien ! comment vous trouvez-vous ?

— Ah ! ce sommeil m'a épuisée ; j'ai les jambes rompues ! la tête lourde !

— Ce n'est rien du tout, dit Lussay ; nous allons dégager ça.

Et, présentant ses mains au front de sa femme, il les en écarta plusieurs fois de suite en secouant ses doigts ; ensuite il les promena depuis le haut du corps jusqu'aux pieds, à un pouce de la couverture, en les secouant de même lorsqu'il avait dépassé l'extrémité des pieds, et finit par dire :

— La voilà soulagée, je pense.

— Oui, vraiment, dit madame de Lussay ; j'éprouve un grand bien-être maintenant : c'est comme un courant d'air tiède qui a emmené avec lui toute cette lourdeur. Je suis bien, très-bien.

Lussay regarda d'Aspert d'un air de triomphe, et celui-ci se détourna avec cette résolution invincible d'un esprit qui ne veut pas croire. Il dit tout bas à Henriette :

— Il finira par tuer votre mère.

— Hélas ! dit Henriette en emmenant le général dans un coin, ma mère dépérit chaque jour ; mais, comme elle éprouve toujours quelques heures de soulagement après les secours que mon père lui donne, elle croit que c'est là qu'est son salut. Avouez, au fait, que c'est une puissance bien extraordinaire.

— Henriette, dit le général, n'oubliez pas que vous

m'avez promis de ne pas vous prêter aux folies de votre père. Avec votre constitution délicate, il vous rendrait folle en quelques jours.

— Folle! dit Henriette avec un regard inquiet et presque épouvanté. Vous avez raison ; quelquefois je ne sais que penser.

— Eh bien ! Henriette, dit madame Lussay, tu ne viens pas m'embrasser? Ah! général, vous faites la cour à mon Henriette, j'en suis sûre, et je ne veux pas le permettre.

— Cinquante-deux ans, vingt-sept ans de service, dix-neuf campagnes, dix blessures et des cheveux gris, ce n'est pas avec cela qu'on plaît, dit le général d'Aspert en souriant à Henriette.

— Ce n'est pas non plus avec cela qu'on déplaît, dit Henriette, avec cette confiance d'une jeune fille qui joue avec une plaisanterie de cœur.

— Et puis, dit Lussay en riant, quand on a été le plus bel homme de l'armée, il en reste toujours quelque chose.

— Comme de la calomnie, à ce que dit Figaro, reprit Prémitz.

Le général fit seul attention à cette réponse qui l'étonna et le blessa, sans qu'il pût cependant y attacher aucun sens précis ; car, à vrai dire, la citation venait assez mal à point ; il allait en demander l'explication, lorsqu'on sonna vivement à la porte de l'appartement.

— Une visite à cette heure! dit madame Lussay ; je ne veux recevoir personne. Vois, Henriette, et fais dire que je ne suis pas visible.

Henriette sortit; mais bientôt après on entendit de la chambre plusieurs voix qui discutaient vivement.

— Non! non! ma chère enfant, disait une voix de femme claire et fringante; non, il n'y a pas de consigne pour moi; je sais que monsieur de Prémitz est ici, et je veux lui parler ; c'est une mission trop importante que celle dont je suis chargée pour vouloir la remettre à un autre qu'à moi-même.

Et là-dessus, madame Bizot entra dans la chambre : c'était une femme de trente ans pleins, brune, rebondie, la bouche rose, les dents étincelantes, l'œil joyeux, de jolies mains, de jolis pieds, très-riche dans toutes les parties saillantes de son corps, petite, affriandant le désir par un tour d'allure leste et souple ; de ces femmes avenantes que l'œil cherche volontiers sous leur robe. Elle ne salua personne en entrant, s'avança vers monsieur de Prémitz et lui dit :

— Je suis bien indiscrète, bien importune, n'est-ce pas? mais, entre personnes qui poursuivent le même but, il y a une sorte de connaissance toute faite. Demain vous donnez une séance de magnétisme dont on parle comme d'une chose qui sera miraculeuse; il faut que j'y assiste, car cela m'intéresse plus vivement que vous ne pensez.

— Madame s'occupe du magnétisme ? dit Prémitz en la regardant sérieusement.

— D'être magnétisée, monsieur, dit madame Bizot avec un sourire accort et ouvert.

— Oui, dit monsieur Bizot, qui était entré derrière sa femme (monsieur Bizot était un de ces maris qui entrent derrière leurs femmes, qui se promènent derrière leurs femmes, et qui, en fiacre, se mettent sur le devant de la voiture); ma femme avait des migraines terribles, et elle s'est soumise à un traitement qui lui fait le plus grand bien. Elle n'est pas reconnaissable depuis un mois que ça dure; elle n'a plus ces douleurs furieuses qui quelquefois la rendaient maussade.

— Comment ! maussade ! s'écria madame Bizot.

— Oui, chère amie; maintenant on peut te dire ça, tu devenais insupportable. Puis il alla vers Lussay et sa femme : Bonjour, monsieur Lussay; bonjour, madame ; comment va? bien, très-bien, j'en suis ravi. Il revint ensuite vers madame Bizot : Insupportable, c'est le mot, et je bénis ce bon monsieur Drisson d'avoir entrepris de te guérir ; c'est un excellent jeune homme. Bonjour, belle Henriette, bonjour.

— Quel est ce monsieur Drisson ? dit Prémitz tout bas à monsieur Lussay.

— Mais c'est le maître clerc du notaire qui demeure en face. Puis il ajouta, en parlant d'un air mystérieux au général : Eh bien, voyez comme madame Bizot est grasse et fraîche ; nierez-vous encore les bons effets du magnétisme?

Le général ne put s'empêcher de lui rire au nez, et Prémilz lui-même se détourna pour paraître demeurer sérieux ; mais, voulant rompre cette confidences de sourires, il s'empressa de dire à madame Bizot qu'il la verrait avec plaisir.

— Et moi aussi, n'est-ce pas ? dit monsieur Bizot en aspirant une large prise de tabac, car je n'ai jamais vu magnétiser, tel que vous me voyez ; non, le diable m'emporte, c'est vrai. Monsieur Drisson n'est pas encore assez fort pour exercer en public, ça le trouble ; et quand je suis là, ça ne va que cahin-caha, la migraine redouble et je suis obligé de partir. Un jour j'ai voulu regarder par le trou de la serrure.

— Comment ! s'écria madame Bizot en quittant le lit de madame de Lussay, avec laquelle elle causait, vous avez regardé par le trou de la serrure ! et qu'avez-vous vu?

— J'ai vu l'adresse du chapelier de monsieur Drisson, car il avait pendu son chapeau à la clef de la porte.

— Oh ! dit le général en regardant monsieur Bizot dans le blanc des yeux, c'est que le magnétisme veut de grandes précautions pour arriver à de bons résultats. Tenez, voyez madame de Lussay, elle est bien loin d'en éprouver un aussi bon effet que madame Bizot, parce que son mari n'emploie pas toutes les précautions de monsieur Drisson.

Monsieur Bizot regarda Lussay et Prémitz pour savoir ce que cela voulait dire ; mais madame Bizot coupa court à la réflexion de son mari en disant :

— Monsieur de Prémitz sait bien que je ne puis aller seule dans une assemblée si nombreuse sans quelqu'un qui m'accompagne, et il consentira à vous recevoir.

— Et puis, ajouta le général, il est bon que monsieur Bizot s'assure que le magnétisme est une chose très-respectable.

Mais la plaisanterie de d'Aspert était inutile ; monsieur Bizot avait déjà perdu l'envie de comprendre. C'était un homme devenu riche, grâce à une activité commerciale très-distinguée. Il s'était mis à l'œuvre à quinze ans, et s'était dit qu'à quarante il se donnerait du repos. A quarante ans, il s'était trouvé possesseur de trois cent mille francs, et, quoiqu'il fût en passe d'augmenter très-rapidement sa fortune, il s'était arrêté, nonobstant toutes les réclamations de sa femme, qui voyait déjà venir l'équipage et le château. Il s'était voué au repos depuis cette époque ; il se reposait obstinément, ne permettant même à aucune idée de lui entrer dans l'esprit, non qu'il en manquât, mais parce qu'il ne voulait pas en avoir. Il n'avait pas d'enfants et ne s'en affligeait point. Il s'était cependant abonné à un journal politique qui, n'ayant plus aucune idée, entrait parfaitement dans ses goûts. Dix heures et demie venaient de sonner, et le repos du lit approchait : monsieur Bizot dit à sa femme qu'il était urgent de s'aller coucher, et ils regagnèrent leur second. Madame Bizot qui avait senti, sans en deviner la cause, que d'Aspert l'avait presque trahie par ses plaisanteries, lui dit tout bas avec un doux reproche :

— Général, monsieur de Lussay m'a pourtant dit que vous n'aviez pas toujours été l'ennemi des femmes !

D'Aspert s'aperçut que, par haine du magnétisme, il avait été sur le point d'être désagréable à une femme qui ne lui avait jamais fait qu'un aimable accueil : il lui prit la main et lui répondit pour elle seule :

— Il y a des magnétiseurs qui me font pitié, comme Lussay ; il y en a que je méprise, comme monsieur de Prémitz, et il y en a que j'envie, et monsieur Drisson est du nombre.

— Eh ! qui sait, général? dit madame Bizot en riant à montrer jusqu'à leurs gencives roses ses dents d'émail, et faisant vibrer l'éclat de ses yeux, dont elle caressait le visage de d'Aspert, qui sait ?

Un moment après, le général sortit, Henriette se retira, et Lussay et Prémitz se mirent à causer. Celui-ci amena la conversation sur les rapports de d'Aspert et de madame d'Avarenne, et Lussay lui conta ce qui en avait été dit jadis dans le pays : que la duchesse aurait trouvé d'Aspert de son goût; mais il n'en savait pas davantage. Il lui dit aussi l'aventure de Rome, c'est-à-dire ce qui avait eu lieu dans l'émeute; les scènes dont il avait été témoin et qui annonçaient qu'il existait un secret entre la duchesse et d'Aspert, secret que toutefois il ignorait. Prémitz eut l'air de l'écouter à peine, et se retira de bonne heure; mais, au lieu de rentrer chez lui, comme il l'avait annoncé, il s'arrêta dans une maison de la rue Saint-Honoré, et monta jusqu'au cinquième étage. Il frappa à une porte qui fut longtemps avant de s'ouvrir, quoiqu'il répétât ses appels à coups pressés et qu'il parût craindre d'être surpris, à cette heure, dans la maison, à l'étage et à la porte où il se trouvait. On ouvrit à la fin, et Prémitz entra.

V

UNE SOMNAMBULE

L'endroit où entra Prémitz était une espèce d'antichambre. Une servante, d'une figure qui touchait à l'idiotisme, lui avait ouvert la porte. L'Allemand s'arrêta dans cette première pièce, et demanda à cette fille si sa maîtresse, madame Divon, dormait. Au moment où elle allait lui répondre, une voix cassée lui cria de la pièce voisine :

— Entrez, entrez, monsieur Prémitz; je vous ai vu.

L'Allemand demeura surpris, car la porte était fermée, et, malgré les étranges phénomènes dont il était témoin tous les jours, il y en avait qui surprenaient tellement sa raison, que quelquefois il lui prenait peur des effets qu'il avait obtenus. Il pénétra dans la chambre d'où on l'avait appelé, et dit à une vieille femme qui était dans son lit :

— Ah! vous m'avez vu?

— Sans doute, dit cette femme, et vous êtes passé devant la loge rapidement, comme si vous y aviez vu le bourreau.

Elle prononça ces mots avec un bégaiement ou plutôt une lourdeur qui avait quelque chose d'hébété.

C'était vrai, et la surprise de Prémitz fut si profonde,

qu'il demeura un instant sans parler. Enfin, après un assez long silence, il dit à cette femme : — Eh bien ! vous croyez-vous suffisamment forte pour paraître demain devant une nombreuse assemblée ?

— Oh ! dit la vieille femme, ils me guillotineront ; bien, bien ! dansons la Carmagnole... parlant toujours comme un crétin dont la langue épaisse n'a pas d'espace pour articuler librement.

— Ecoutez-moi, reprit l'Allemand qui l'observait : demain il viendra beaucoup de gens ; les reconnaîtrez-vous d'après le portrait que je vous en ai fait ?

La folle se mit à se balancer vivement en marquant la mesure avec la tête, et à chanter tout bas :

> Madame Véto avait promis
> De faire égorger tout Paris :
> Mais son coup a manqué,
> Grâce à nos canonniers.

— Assez, dit Prémitz ; regardez-moi.

Aussitôt il se mit lui-même à regarder la folle en face, et, par la puissance de ce regard, attacha à ses yeux les yeux égarés de la malade, puis il lui dit :

— Voulez-vous dormir ?

— Je le veux bien, répondit-elle.

— Eh bien ! dormez, lui dit-il en lui présentant les cinq doigts unis à la hauteur du front.

Les yeux de la vieille se fermèrent, et monsieur de Prémitz lui parla ainsi :

— Vous souvenez-vous des noms de ceux qui assisteront demain à notre séance ?

Ce sommeil du corps fut comme le réveil de la raison.

La somnambule répéta une vingtaine de noms avec une netteté remarquable de prononciation.

— Vous savez quelles sont ces personnes ?

Madame Dixon raconta des particularités assez intimes, et qui s'appliquaient à chacune des personnes qu'elles concernaient, avec une précision dont Prémitz lui-même était sans doute incapable, car il suivait sur un papier ce que lui disait la somnambule, pour voir si elle ne mettait pas quelque confusion dans ses rapports. Lorsqu'elle eut fini, Prémitz ajouta :

— Nous aurons encore quelques personnes : monsieur et madame Bizot ; puis il apprit à la somnambule ce qu'il savait sur leur compte, et enfin il lui dit : N'oubliez pas surtout ceci : madame la duchesse d'Avarenne et sa fille assisteront à la séance.

A ce nom de madame d'Avarenne, la folle tressaillit et s'écria vivement :

— Comment avez-vous dit ? madame d'Avarenne ? ah ! madame d'Avarenne. — Puis elle devint inquiète, triste, épouvantée, et Prémitz lui demanda avec autorité :

— La connaissez-vous ?

— Ne me demandez rien, ne me le demandez pas, dit la somnambule en se débattant sous le charme terrible qui l'enchaînait.

Prémitz répéta sa question avec un accent solennel : et, plaçant ses mains sur le sommet de la tête de la folle, celle-ci devint soudainement calme et soumise, et répondit lentement et à voix basse :

— Oh ! madame d'Avarenne ! madame d'Avarenne ! elle viendra avec sa fille, dites-vous ? et son fils, ne viendra-t-il pas ?

— Quel fils ? dit Prémitz qui, depuis quelques mois qu'il avait rencontré la duchesse, n'avait jamais entendu parler d'un fils.

— Eh bien ! dit la somnambule, son fils est celui de Jean, de Jean d'Aspert, le meunier de l'Étang ; son fils qu'elle nommait Charles, du nom de son prétendu père qui ne l'était pas, du nom du comte d'A....s.

— Silence ! cria vivement Prémitz.

La somnambule se tut, et Rhodon demeura plongé dans de longues réflexions ; il coordonna ce qu'il avait appris de Lussay, ce qu'il savait déjà et ce que cette femme venait de lui dire, et une pensée vague, indéfinissable, mal arrêtée, jaillit du fond de ce chaos d'événements, comme un point lumineux de fortune et d'avenir. Mais d'autres projets avaient été formés par Prémitz, et, avant de les abandonner pour se livrer comme un insensé à ceux qui s'étaient soudainement offerts à lui, il s'imposa une plus longue réflexion et un délai pour les mener à maturité. Cependant il voulut savoir tout de suite par quels moyens cette femme était instruite d'autre chose que de ce qu'il lui apprenait.

Dans cet être perdu, dégradé, il y avait deux existences bien distinctes, celle de la veille, abrutie, folle, éteinte, et celle du somnambulisme, lucide et forte. Dès que cette femme était sous l'empire du magnétiseur, l'intelligence revenait ; et les facultés de l'esprit, exaltées à un degré extraordinaire, acquéraient même une finesse de perception, une étendue de comparaisons prodigieuses. Prémitz le savait ; mais ce qu'il n'avait pas encore consulté, c'était la puissance du souvenir lorsqu'il s'exaltait ainsi. Il avait souvent éprouvé que la somnambule retenait ses paroles et les répétait à sa volonté avec une grande justesse ; mais il ne s'était pas assuré d'être aussi bien le maître de souvenirs anciens et qui ne venaient pas de lui. Il se fit donc conter comment elle savait les secrets de la duchesse, et, une fois instruit, il se réserva de la faire taire ou parler à volonté. Mais comment cette femme savait-elle tout cela ? nos lecteurs le comprendront aisément. Cette femme était Honorine, Honorine devenue folle, et qui n'avait plus d'existence intelligente que dans le paroxysme du magnétisme ; esprit endormi qui ne s'éveillait qu'à la voix d'un seul homme, et qui par conséquent lui appartenait ; effrayant esclavage de l'esprit, dû à la puissance d'un agent inconnu, ou à l'éréthisme du système nerveux, et dont les effets, quelle qu'en soit la cause, épouvantent la raison. Ce que Prémitz venait d'apprendre le laissa plongé dans des réflexions encore plus profondes. Il se vit maître d'un secret que celle qui venait de le lui apprendre ne possédait pas à vrai dire ; secret qui pouvait être de peu d'intérêt comme il pouvait être d'une haute importance. Il y avait d'ailleurs des circonstances que Prémitz n'avait pu savoir, puisque Honorine les ignorait. Qu'était devenu cet enfant? vivait-il? était-il encore un lien entre d'Aspert et madame d'Avarenne? Prémitz se résolut à attendre, à agir avec prudence, à s'informer; puis, un moment après, il dit à Honorine :

— Allons! réveillez-vous!

Il lui fit quelques passes sur le front, et la vieille fille ouvrit les yeux. Prémitz, toujours alarmé sur sa puissance, marchant à tâtons dans cette fascination qu'il exerçait sans se rendre compte du secret de cette fascination, craignant que les souvenirs du passé ne devinssent possibles à cette malheureuse, dans la veille comme dans le sommeil, Prémitz lui dit dès qu'elle fut éveillée :

— Vous connaissez donc madame d'Avarenne et Jean d'Aspert?

Mais l'esprit s'était envolé, et Honorine se reprit à marmoter tout bas :

— Bonjour, monsieur Samson; c'est mon tour aujourd'hui, guillotinez-moi d'un coup... Dansons la Carmagnole.

Prémitz, rassuré, s'éloigna et sortit de la maison.

Nous avons dit quelque chose du baron Rhodon de Prémitz; mais c'est de sa personne que nous avons parlé, et nous n'avons encore rien dit ni de son esprit, ni de son histoire, ni de sa fortune. Si un romancier n'était obligé de tout savoir, nous garderions le silence sur tous ces sujets; car, à vrai dire, l'esprit du baron de Prémitz, son caractère, ses mœurs, étaient quelque chose d'assez indéfinissable. Le plus souvent sérieux, il avait des moments de gaieté folle et bruyante qui surprenaient tous ceux qui le connaissaient. Il avait dans la plupart des choses de la vie un laisser-aller qui semblait faire croire qu'il ne mettait intérêt à rien ou n'avait pas de volonté; et il montrait pour d'autres une obstination qui ne cédait rien, et ne cédait à personne; il n'avait donné aucune raison pour faire douter de sa loyauté et de son courage, mais il ne portait pas en lui-même cet air de franchise et de résolution qui fait supposer ces qualités. Sa conversation était hardie sur les choses et réservée sur les personnes; il faisait volontiers l'athée, et n'aimait ni les histoires de morts, ni celles de revenants. Quant à son histoire, elle était complétement ignorée, et ses moyens d'existence ne mûrissaient pas au soleil; autrement dit, on ne lui connaissait point de propriétés et il ne se disait point en posséder; il ne parlait pas non plus de rentes sur l'État ou de pensions du gouvernement : cependant il avait un train convenable Il vivait dans toutes sortes de sociétés, depuis les plus élevées jusqu'aux plus médiocres. Ce qui aurait pu le faire passer pour un homme de bon goût, c'est qu'il ne se cachait pas à droite de voir la gauche, et ne se vantait pas à gauche d'être bien avec la droite. Du reste, grand partisan de magnétisme, dont il faisait profession; fanatique à ce sujet, au point que, si quelqu'un avait pu lui voir donner à Honorine la leçon que nous venons de dire, il aurait pu penser qu'il trompait sincèrement, pour le triomphe d'une chose qu'il croyait excellente; comme autrefois quelques prêtres de bonne foi arrangeaient de petits miracles pour gagner au ciel des âmes qui, sans cela, n'auraient pas suivi la bonne voie : le tout à bonne intention.

La journée du lendemain était consacrée à la séance de magnétisme où devaient assister la plupart des personnages de cette histoire. Il était midi sonné lorsque les premiers spectateurs arrivèrent dans la mansarde de madame Divon. Prémitz y était déjà : on prenait place sur des fauteuils et des chaises qui étaient disposées autour du salon : quelques-uns de ceux qui étaient admis à la séance portaient en eux un air de sérieux moqueur, de mystère joué qui promettait des ennemis à Prémitz. Mais il s'inquiétait peu de ceux-là. Il avait en son pouvoir de quoi les étonner et imposer silence au persiflage le plus obstiné. Il eût bien plutôt tremblé de rencontrer quelque observateur froid et résolu, un de ces gens qui ne repoussent ni n'admettent rien sans examen. Bientôt arrivèrent monsieur et madame Bizot, puis Lussay et Henriette, puis enfin la duchesse d'Avarenne et sa fille Julie. Monsieur de Lussay salua la duchesse en homme qui sait l'importance de la personne à qui il s'adresse. Madame d'Avarenne lui rendit son salut avec cette bonté familière qui accueillait les gens de l'empire qui s'étaient faits du parti des Bourbons. Henriette et Julie se placèrent près l'une de l'autre. Élevées toutes deux dans le même pensionnat, elles étaient liées d'une amitié qui était de cœur plutôt que d'intimité de jeunes filles; elles n'étaient pas confidentes l'une de l'autre. Les espérances, les rêves de cœur qui les avaient agitées séparément, n'avaient presque jamais été le sujet de leurs conversations; cependant elles s'aimaient : elles se fussent demandé appui l'une à l'autre avec confiance, mais peut-être sans se confier leurs chagrins, peut-être sans les comprendre, car elles ne sentaient pas de même, elles ne regardaient pas la vie du même côté.

Enfin monsieur Prémitz annonça qu'il allait ouvrir la séance. Il sortit un moment et rentra accompagné de madame Divon. En commençant ce livre, nous n'avons rien dit d'Honorine, fille au visage frais et charmant; madame Divon n'avait plus rien d'Honorine. Le nom qu'elle portait lui avait été donné dans la prison où elle avait demeuré en 93 : ce nom était celui du concierge de la prison, misérable qui l'avait sauvée de l'échafaud en en faisant ce qu'il appelait impudemment sa femme. Et, comme il était aussi hideux de son corps que de son âme, il n'avait obtenu le prix qu'il avait mis au salut, qu'en faisant résonner sans cesse aux oreilles de la malheureuse les noms de bourreau et de guillotine. Il la faisait descendre dans les cours quand les condamnés montaient sur la charrette mortuaire; il la faisait assister aux apprêts de leur dernière toilette; il demanda un jour à un des valets du bourreau de jouer avec Honorine et de louer la blancheur de son cou : puis il venait s'offrir en échange de ces dangers et de cette mort. Il fit si bien qu'elle accepta et qu'elle devint folle. Ce fut alors que les prisonniers lui donnèrent le nom de madame Divon : enfin, un jour qu'il fut fatigué d'elle, il tint toutes ses promesses, et après lui avoir sauvé la vie il lui rendit la liberté, il la jeta à la porte. Alors elle alla mendiant par les rues, d'abord recueillie par quelques prêtres cachés, par quelques royalistes qui, ayant appris son histoire, se la transmettaient comme un dépôt sacré des misères de leur parti. Puis vint l'empire, où le repos et l'ordre donnant ouverture à l'exercice des intérêts particuliers, chacun pensa à soi : la poésie des malheurs disparut : dès qu'on put faire fortune on ne voulut plus se faire martyr, et Honorine alla pourrir dans un dépôt de mendicité. C'était en province, vers la frontière du Rhin. L'invasion de 1814 ouvrit les portes de cette maison, et la folle se trouva de nouveau chargée du soin de sa misère, sans en avoir connaissance, avec le seul instinct du besoin qui lui faisait demander pour sa faim et sa soif, et qui lui avait gardé ce souvenir, vivant dans presque toutes ces folies où se mêle la pauvreté, qu'on a un morceau de pain pour un morceau de cuivre. Demandez à certains fous ce que c'est que l'argent, quelle est sa valeur, son usage, ils ne sauront vous comprendre et ne vous répondront pas ; donnez-leur un sou, ils iront sur-le-champ en acheter du tabac ou du pain. Honorine était ainsi arrivée à Paris. Soumise par un simple hasard aux soins de monsieur Prémitz, il avait obtenu d'elle des effets si prodigieux, qu'il l'avait retirée de l'hôpital où elle était, et l'avait logée dans Paris. Voilà toute son histoire. Elle entra donc dans la salle où elle était attendue et où se trouvaient des personnes pour qui son existence était d'un si grand intérêt. Méconnaissable à leurs yeux par la vieillesse, par la misère, par les maladies ; maigre, jaune, l'œil altéré, le corps convulsif, les lèvres affaissées, les membres pendants, les muscles et les nerfs détendus, sans force ni raison, son aspect surprit tout le monde ; les incrédules crurent à une folie jouée, d'autres se sentirent le cœur serré. Elle promena un regard indifférent sur tous ceux qui l'entouraient, et sembla ne rien trouver où les arrêter. D'après l'ordre de Prémitz, elle s'assit dans un fauteuil, et, sur l'invitation du baron, quelques personnes l'interrogèrent. A peine murmurait-elle quelques mots sans suite en levant sur ceux qui lui parlaient des yeux si déserts de toute idée, que sa folie parut presque véritable aux plus moqueurs. Ils comptaient bien d'ailleurs se rattraper sur les expériences de magnétisme. Enfin la séance commença.

Au point où Prémitz en était venu, toute la mimique du somnambulisme avec ses passes à grands courants, ses frictions du pouce, l'application des mains sur la tête ou sur l'estomac, tous ces préparatifs enfin étaient inutiles. Il se contenta de dire à la malade en se posant devant elle :

— Voulez-vous dormir ?
— Je veux bien.
— Eh bien ! dormez.

Il dirigea sa main vers son front ; elle ferma les yeux ; et, sans changer de place, il s'adressa à ses auditeurs et leur fit le petit discours préparatoire suivant :

— Cette femme est le sujet le plus merveilleux de ceux sur lesquels le magnétisme a exercé sa puissance. L'état de somnambulisme produit chez elle une révolution morale et physique telle que d'une part elle lui enlève l'excessive sensibilité physique qui lui rend insupportable le moindre bruit ou la plus légère odeur, tandis qu'elle rétablit la pensée perdue et rallume la raison éteinte. La cause de ce retour à l'état normal vient du rétablissement de l'équilibre du fluide magnétique accumulé, dans l'état de veille, aux extrémités et aux organes extérieurs, d'où naissent à la fois l'irritabilité de ces organes et l'insensibilité de la perception morale. Ainsi le toucher d'une pêche lui fait perdre connaissance, et l'odeur d'une rose lui est insupportable, tandis que nulle intelligence ne vit en elle ni du passé ni du présent. Assez des personnes qui sont ici ont été témoins de cet état d'irritabilité physique pour que nous n'ayons pas cru devoir renouveler des expériences qui fatiguent cruellement la malade.

— C'est vrai, dit monsieur de Lussay.
— C'est vrai, ajoutèrent quelques personnes ; nous l'avons tous vu.
— C'est un état assez commun dans les hôpitaux, ajouta une voix ; nous tenons l'assertion pour vraie.
— Puisqu'il ne s'élève pas d'objection à ce sujet, dit monsieur de Prémitz, je vous prie de vouloir bien suivre

l'explication que je crois devoir vous donner des phénomènes dont vous allez être témoins. Ce déplacement, ce désordre du fluide magnétique qui a envahi les organes et a porté leur irritation à un point extrême, n'a pu avoir lieu qu'aux dépens de la sensibilité du cerveau, qui, perdant en nécessaire ce que les autres organes gagnent en superflu, demeure inerte et insensible dans ce corps dont les sens sont si actifs et si aiguisés. Un premier résultat du somnambulisme magnétique sera de rétablir l'équilibre, de dégager les extrémités de ce superflu de fluide pour le rendre au cerveau, et alors vous verrez à la fois la raison et l'intelligence revenir, la malade comprendre ce qu'on lui dira, y répondre clairement et simplement, comme une personne éveillée.

— Mais, avec votre système, dit quelqu'un, où est l'âme immatérielle et immortelle ? c'est donc le fluide magnétique qui est l'âme ?

Prémitz rougit, quelques personnes murmurèrent, et Julie dit tout bas à Henriette :

— Ce monsieur a raison : comment un homme peut-il se flatter de disposer à son gré de cet attribut divin ? Ah ! mon oncle m'avait bien dit que toutes ces histoires n'étaient qu'une ridicule manière d'attaquer la religion. Mais ma mère a voulu venir.

— Écoutez ce que va répondre monsieur de Prémitz, dit Henriette.

— Oh ! reprit Julie, il y a des choses qu'on ne peut même pas discuter sans crime. Je suis bien fâchée d'être ici.

Le murmure s'était calmé, et Prémitz s'était remis. Il reprit à haute voix :

— Je répondrai à la question qu'on vient de me faire par la question elle-même : Où est l'âme immortelle de cette femme lorsqu'elle est dans son état habituel ? où est l'âme d'un fou, quel qu'il soit ? Si la question qu'on m'a faite était une objection contre l'existence de l'âme, ce ne serait pas à moi à d'y répondre.

— Il a raison, dit tout bas Henriette à Julie.

— Il n'est pas bon de toucher à de pareilles matières, répondit celle-ci.

— D'ailleurs, dit Lussay en se levant, il y a une réponse toute simple à faire à monsieur. L'âme existe dans tous les cas : l'âme étant l'agent supérieur de la vie et de toutes ses opérations, produit ses effets en raison des organes qu'elle rencontre, comme un moteur fait marcher une machine en raison des rouages qui la composent. Si les rouages sont bons et correspondent bien, la marche sera facile et produira de bons résultats ; si la machine est dérangée, rien n'arrivera à bien, sans que pour cela le moteur en soit moins puissant, moins existant, moins entier. L'âme, c'est le moteur ; si les organes sont dans un excellent état, les opérations de l'entendement seront faciles ; si un accident les a ou paralysés, ou désorganisés, l'âme n'en existera pas moins ; mais, agissant sur des organes incomplets, elle ne produira que désordre et folie.

— Monsieur a raison, dirent quelques personnes.

— Très-bien, répliqua l'interlocuteur. Mais alors ce n'est donc pas l'âme qui est intelligente, raisonnable, souveraine ; par conséquent, adieu à la moralité des actions humaines, par conséquent encore, adieu à tout droit de récompense ou de châtiment en ce monde et dans l'autre ; adieu à toute religion.

— O ma mère ! ma mère ! dit Julie, tous ces gens sont des impies.

— Est-ce que ça regarde la religion dont vous êtes ? dit la duchesse ; est-ce qu'ils ont dit un mot des prêtres ou de Jésus-Christ ?

Julie se tut, et Prémitz, qui était visiblement contrarié de ce qui arrivait, répondit aigrement :

— Nous ne sommes pas ici pour faire de la métaphysique, mais des expériences. Je vais donc continuer.

— Oui ! oui ! dit madame Bizot ; c'est bien plus amusant.

— Un dernier mot, reprit Prémitz avant de commencer. Le système que je vous ai expliqué est tellement vrai, qu'une fois arrivé, par le somnambulisme, à rétablir cet équilibre perdu, à ôter aux organes leur sensibilité superflue et à rendre au cerveau son activité éteinte, je puis, en chargeant le cerveau d'une masse de fluide surabondante, y transporter cette sensibilité et cette perception prodigieuses, et rendre les membres complétement insensibles. L'expérience vous montrera mieux que je ne puis vous l'expliquer ce résultat inouï.

Après cette digression, il s'approcha de la malade, et, ayant posé la main gauche sur sa tête, il fit de la droite quelques passes sur son front, et, s'adressant à l'assemblée, il dit :

— Maintenant, dès que je le voudrai, elle entendra, elle comprendra, elle sera capable de répondre aux choses qu'on lui demandera ; l'équilibre est rétabli.

— Oh ! dit le premier interlocuteur en ricanant, c'est très-bien ; mais cette femme est-elle réellement folle ? voilà d'abord ce qu'il fallait prouver.

— Ceci, monsieur, dit Prémitz, est une chose qui n'est ignorée d'aucun des habitants de cette maison. Cette femme sort de la Salpêtrière ; voici le certificat des administrateurs de cette maison, avec son signalement assez exactement dessiné pour qu'on ne puisse s'y méprendre. Que monsieur le lise, puisqu'il paraît se connaître aux termes de médecine, et qu'il examine la malade.

L'inconnu s'approcha, prit le papier que lui remit le baron de Prémitz, et lut à haute voix :

« Nous soussignés, attestons que la nommée Honorine Radon, dite femme Divon... »

— Honorine Radon ! s'écria la duchesse vivement. Honorine Radon ! ah ! Puis elle ajouta, après un moment de silence, en s'adressant à Prémitz : Elle est folle ? elle n'a souvenir de rien ?

— Dans son état accoutumé, sans doute, dit Prémitz en appuyant sur chacune de ses paroles ; mais lorsqu'elle arrivée à ce degré de somnambulisme lucide, tout lui revient, intelligence et mémoire.

— Mémoire ! dit la duchesse : voyons, puis-je l'interroger ?

— En me confiant vos questions, c'est facile; car, dans ce moment, elle est en rapport avec moi seulement et n'entendrait que ma voix.

— Eh bien! dit la duchesse en hésitant, demandez-lui où elle est née.

Le baron fit la question. Honorine demeura dans son immobilité et répondit à voix haute et intelligible :

— Je suis née au village de l'Étang, en Auvergne.

— Jusqu'à quelle époque l'a-t-elle habité.

Prémitz répéta encore.

— Jusqu'en 1788, dit Honorine.

— Que faisiez-vous alors? dit Prémitz sans attendre la question de la duchesse.

— J'étais au service de madame d'Avarenne.

— C'est vrai, dit vivement la duchesse; je me rappelle cette fille, je la reconnais maintenant. Il est inutile de l'interroger davantage, ajouta-t-elle tout bas; je ne veux servir de spectacle à personne.

— Ainsi, dit l'interlocuteur obstiné qui avait élevé toutes les objections, cette femme est bien Honorine Radon?

— En doutez-vous, dit la duchesse avec hauteur.

— Je voudrais en douter, répliqua l'inconnu; car, si cette femme est bien celle qu'on désigne dans ce certificat, cette femme est ou a été véritablement folle : à l'époque où elle habitait la Salpêtrière, elle n'avait souvenir de rien, et maintenant voilà qu'elle se souvient très-bien. De deux choses l'une : ou elle est guérie de sa folie, ce qu'on n'avoue pas; ou le magnétisme produit les effets dont parle monsieur de Prémitz, ce que je ne puis admettre.

— Et pourquoi ne pouvez-vous l'admettre?

— Parce que c'est absurde.

— Et pourquoi est-ce absurde?

— Eh! parbleu! parce que c'est absurde; je soutiens que cette femme a été médicalement guérie de sa folie, et qu'elle joue la comédie.

— Oh! pour folle! et folle jusqu'à l'imbécillité, je le puis certifier, dit Lussay en s'adressant à l'entêté; vous avez beau vous débattre, cher docteur, il faut le reconnaître.

— Ah! c'est vous! Lussay, dit l'inconnu; parbleu! je veux le croire, puisque vous me le certifiez. N'interrompons plus monsieur.

Puis, tandis que chacun se rasseyait, la duchesse se pencha vers Henriette et lui dit :

— Votre père, mademoiselle, dit-il vrai, et cette femme est-elle véritablement folle?

— Ah! madame, dit Henriette, je pourrai encore mieux vous le certifier que mon père, car je suis venue souvent lui apporter des secours; à quelque heure que je sois entrée, bien que je l'aie surprise quelquefois de manière à ce qu'elle ne pût être prête à jouer la comédie, toujours je l'ai trouvée dans l'état d'imbécillité où elle était tout à l'heure.

D'un autre côté, Lussay disait à l'inconnu :

— Comme se fait-il que vous, qui êtes un homme en qui les idées nouvelles ont toujours trouvé un ardent prosélyte, comment se fait-il que vous mettiez tant d'obstination à nier les phénomènes du magnétisme?

— Oh! dit l'étranger, ce n'est pas du magnétisme, c'est du magnétiseur que je me défie; celui-ci est un intrigant de première espèce qui ne se doute pas que je le connais.

Enfin Prémitz crut devoir commencer ce qu'il appelait ses expériences, et prouver jusqu'à quel point la puissance magnétique avait agi sur cette femme. Pendant les premiers moments, rien d'extraordinaire, magnétiquement parlant, ne se passa. Plusieurs personnes consultèrent la somnambule, qui leur répondit assez lucidement sur leur caractère et les affections dont elles étaient menacées. Un incident assez peu prévu rendit quelque intérêt à cette séance. Monsieur Bizot, ravi de tout ce qu'il entendait, dit tout bas à Lussay :

— Eh bien! nous allons savoir ce qui en est du magnétisme; je connais la maladie de madame Bizot; ce sont des migraines et des palpitations de cœur; je verrai bien si la somnambule y comprend quelque chose. Puis, s'adressant à Prémitz, il lui dit :

— Monsieur, voulez-vous avoir la bonté de soumettre ma femme à l'examen de votre somnambule?

— Avec plaisir! dit le baron.

Madame Bizot se défendit un moment; mais, voyant qu'elle avait mauvaise grâce à refuser, elle se rendit.

Alors, ayant fait approcher madame Bizot, Rhodon mit sa main dans celle d'Honorine, et, ayant par ce moyen mis la somnambule en rapport avec madame Bizot, il lui dit :

— Voyez-vous madame?

— Je la vois très-bien, répondit Honorine, qui avait toujours les yeux fermés.

— Pourriez-vous nous dire ce que madame éprouve?

— Madame éprouve des nausées, des maux de cœur, des défaillances.

— Oh! s'écria monsieur Bizot d'un air de dédain, ce sont des migraines et des palpitations!

— Oui, assurément! dit madame Bizot avec un rire forcé; la somnambule se trompe.

Prémitz parut déconcerté; cependant il continua.

— Dites-nous la cause du malaise de madame.

— C'est bien facile, dit Honorine : madame est enceinte.

— Enceinte! s'écria Bizot en bondissant, enceinte! répéta-t-il avec stupéfaction, enceinte!! Et il se mit presque à pleurer de joie.

Madame Bizot devint pâle comme la mort; Prémitz ne put s'empêcher de sourire.

Il y a un admirable instinct d'intelligence dans les hommes assemblés. Personne ne savait l'histoire de monsieur et madame Bizot; à peine si la pâleur de la femme avait été aperçue; mais tout le monde se mit à rire aux éclats, et on répéta d'un ton moqueur, de tous les coins et sur tous les tons : — Enceinte! enceinte!

— Et pourquoi pas? dit monsieur Bizot en se dessinant comme homme.

Les rires redoublèrent, et lui, ravi, s'approcha de sa femme sans prendre garde à personne, ivre de cette nouvelle.

— Est-ce... est-ce vrai? Charlotte, est-ce vrai? après dix ans de mariage !

— Hélas ! dit madame Bizot en balbutiant, je m'en doutais, mais je voulais attendre d'en être plus assurée...

— Eh bien ! s'écria Bizot, c'est depuis qu'elle se fait magnétiser !

Les rires éclatèrent.

Bizot ramena sa femme en triomphe, tandis qu'elle, confuse, devinait, avec son tact de femme, toute l'impertinence de cette gaieté. Quant à Bizot, il levait la tête comme un athlète vainqueur. Cependant le docteur inconnu ne put s'empêcher de lui dire :

— Est-ce monsieur de Prémitz qui magnétise madame ?

Prémitz se hâta de répondre pour prévenir quelque grosse sottise de mari, qui n'eût pas manqué d'échapper à monsieur Bizot :

— Non, monsieur, ce n'est pas moi qui ai ce bonheur !

Le mot *bonheur* parut agréablement impertinent à toute l'assemblée : Bizot remercia monsieur de Prémitz par un sourire. Ceci nous fait penser à dire à nos lecteurs que monsieur Drisson, le clerc de notaire que vous savez, n'était point venu à la séance.

Après cet incident, la séance reprit un caractère plus sérieux; et monsieur de Prémitz, ayant ramené l'attention de l'assemblée sur la somnambule, s'assit en face d'elle, prit ses genoux entre les siens, ses mains entre les siennes, et recommença ses gestes magnétiques en passant ses mains sur le visage de la somnambule et en les mettant soit sur sa tête, soit sur son estomac. Un air de satisfaction et de joie se répandit alors sur le visage de la malheureuse, et bientôt cette expression, s'exaltant insensiblement, arriva à un état d'extase qui prêtait à cette vieille et pâle figure un intérêt surnaturel; c'est sous cet aspect qu'on pourrait s'imaginer le martyr lorsqu'il marchait au cirque ou au bûcher. Le premier moment de cet état produisit un effet d'étonnement et presque d'admiration; puis bientôt les traits de cette femme, fixés pour ainsi dire à cet état de délire d'expression, répandirent sur l'assemblée une sorte d'effroi et de gêne : c'était comme un visage près d'éclater en louanges sublimes du Seigneur, en cris de joie, en exclamations fanatiques. Une attente fatigante tenait tous les esprits, comme celle qui occuperait le cœur d'ouvriers qui ont allumé la mèche d'une mine, qui la voient brûler, et qui attendent le moment où elle atteindra la poudre comprimée dans le rocher, pour le briser et le faire voler en éclats. Mais rien ne sortait de cette extrême exaltation. Enfin Prémitz donna cours à cette tension des esprits en leur annonçant de nouveaux phénomènes.

— Maintenant, dit-il, la position de cette femme est renversée ; non-seulement elle a recouvré son intelligence et perdu cette fébrilité des organes qui lui rendait insupportable toute émotion physique, mais encore elle est arrivée à ce point de percevoir, sans l'intermédiaire des organes, les objets les plus subtils et les plus éloignés, tandis que ces organes mêmes sont plongés dans une insensibilité parfaite.

Cette explication avait quelque chose d'assez obscur pour qu'il fût difficile de comprendre ce que voulait précisément dire Prémitz ; mais ce qui se passa bientôt montra plus clairement que des paroles cette inconcevable faculté de l'instinct magnétique qui ne laisse aux savants que la ressource de nier ce qu'ils n'ont point vu ou ne veulent pas voir. L'esclavage du somnambule est alors à son comble ; il veut selon la volonté du magnétiseur, et sent au delà de son intelligence réelle. Enfin, voici quelle fut la première épreuve qui fut tentée. Un verre d'eau pure ayant été apporté, monsieur de Prémitz demanda à la somnambule si elle ne désirait point boire ; celle-ci ayant répondu affirmativement, il lui dit de désigner quelle boisson elle préférait. Honorine demanda un verre de limonade. Prémitz prit le verre d'eau, et, ayant soufflé dessus, il le présenta à la malade, qui le but et déclara cette limonade excellente. Cet essai fit sourire quelques personnes ; mais le docteur inconnu devint plus attentif. Honorine dit qu'elle avait faim et qu'elle souhaitait manger un fruit, une pêche : Prémitz lui présenta un morceau de suif : la somnambule le prit et le dévora avec un air de satisfaction parfaite. Il se mêla du dégoût à l'étonnement de l'assemblée. Soit que cette femme eût vaincu les répugnances de la nature pour arriver à cette comédie, soit que le magnétisme eût la puissance de produire une pareille illusion des sens, toujours est-il que ce fait était bien extraordinaire. Une expérience plus curieuse encore attendait les spectateurs de cette scène. Prémitz ayant prié d'écrire quelques mots, le médecin étranger se chargea de ce soin. Pendant qu'il traçait deux ou trois lignes en gros caractères, Prémitz chargea quelqu'un de bander soigneusement les yeux de la malade. Lorsqu'on fut bien assuré qu'elle ne pouvait voir d'aucune façon, Prémitz prit le papier, et, le plaçant sous le coude d'Honorine, elle lut avec cette partie du corps comme si le papier eût été placé devant ses yeux.

Chacune de ces expériences agissait diversement sur les personnes présentes. Les plus sots, bien décidés à ne rien croire, regardaient pour découvrir le moyen d'escamotage par lequel on arrivait à cette comédie; quelques autres s'étonnaient sans s'occuper de leur étonnement, prévoyant qu'une fois hors de cette chambre ils auraient toute autre chose à faire qu'à penser au magnétisme, et ne voulant pas s'engager avec eux-mêmes dans un examen de phénomènes qu'ils ne pouvaient poursuivre jusqu'au bout. Mais, de toutes les personnes présentes, celles qui avaient été le plus frappées de ces expériences étaient trois femmes, la duchesse d'Avarenne, sa fille et Henriette. La duchesse était peut-être moins occupée des merveilles de cette science que de sa rencontre avec Honorine, que de ce souvenir mort et rallumé à la volonté d'un homme. Julie, les yeux baissés, n'osait regarder monsieur de Prémitz, et, dans son âme, elle se décidait à aller se confesser le plus tôt possible de ce qu'elle avait vu. Quant à Henriette, elle était arrivée à un degré de terreur qui la rendait comme insensible à toute autre chose qu'à ce spectacle bizarre. Elle ne quittait pas Prémitz des yeux, et nul doute qu'à ce moment il n'eût opéré sur elle les plus terribles effets, s'il n'eût soigneusement évité de la regarder.

Bientôt Prémitz montra aux curieux qui l'entouraient des choses non moins étonnantes ; l'insensibilité physique de la somnambule était si complète, qu'elle demeurait immobile aux plus vives douleurs : on lui perça le bras avec un poinçon, quelques personnes la pincèrent jusqu'au sang, il ne parut pas qu'elle sentît rien de ce qui lui arrivait. Enfin le docteur inconnu s'approcha de la somnambule en annonçant qu'il saurait bien exciter quelques mouvements, en lui passant des barbes de plume sur les lèvres. Il se plaça derrière elle, et au moment où, armé d'une plume, il en approchait l'extrémité de la bouche d'Honorine, il tira furtivement un pistolet de sa poche et le fit partir aux oreilles de la somnambule. Tout le monde poussa un cri d'étonnement et d'effroi ; mais la somnambule demeura immobile et son visage n'éprouva pas le plus léger ébranlement.

— Allons, s'écria-t-il, c'est de la catalepsie [1].

— Mais, dit Prémitz, si c'est de la catalepsie, comment se fait-il que cette femme reste sensible pour moi, tandis qu'elle ne l'est plus pour vous? Vous pouvez à votre gré la torturer, elle ne sentira rien ; vous pouvez pousser les cris les plus aigus, elle n'entendra rien ; mais si c'est moi qui la touche ou qui lui parle, elle sentira la plus légère pression de ma main, entendra ma voix, si bas que je m'exprime. Il en sera de même pour vous, si vous voulez que je vous mette en rapport avec elle.

— Eh bien ! soit, dit le docteur ; j'en veux faire l'expérience.

Prémitz, sans se servir de passes, établit le rapport entre la somnambule et le docteur, et dit à celui-ci qu'il pouvait s'adresser à la malade. L'incrédule médecin lui fit quelques questions, auxquelles Honorine répondit avec un choix de termes qui l'étonna beaucoup. Mais cet étonnement devint une sorte de stupéfaction lorsque Prémitz lui annonça qu'il pouvait faire des questions à la somnam-

---

[1]. Maladie où l'insensibilité physique et le déplacement des organes ont été souvent observés.

bule dans toutes les langues qu'il savait. Le docteur accepta, et posa d'abord une question en latin à Honorine; celle-ci y répondit sans hésiter, mais en français. Honorine pouvait savoir le latin; il lui fit une nouvelle question en italien; la question fut comprise, et il y fut clairement répondu. Une femme! une femme du peuple! une femme du peuple réduite à un tel état de jonglerie, si ce qu'il voyait était une jonglerie, une pareille femme qui savait le latin et l'italien, c'était déjà extraordinaire. Cependant le docteur alla plus loin, et, rassemblant toute sa science en fait de langues étrangères, il fit à la somnambule une nouvelle question en anglais; la question fut également comprise, et la réponse ne se fit pas attendre. A ce moment, il arriva que le docteur fut soupçonné du crime dont il soupçonnait Prémitz; car, en le voyant ainsi parler à la somnambule, qui lui répondait si lucidement, on s'imagina qu'il servait de compère à Prémitz, que son scepticisme était un jeu joué; que le coup de pistolet était une affaire arrangée, et quelqu'un s'étant levé, tendit un papier au docteur en lui disant :

— Voulez-vous bien faire cette question à la somnambule? Lisez sur-le-champ sans vous arrêter, lisez comme vous le pourrez.

Le docteur lut en effet une demi-douzaine de mots, et la somnambule demeura muette.

— Ne me comprenez-vous pas? dit le docteur.

— Non, dit Honorine, car vous ne comprenez pas vous-même. Lorsque vous parlez autrement que français, ce n'est pas votre parole que j'entends, c'est votre pensée que je lis, et il n'y a pas de pensée pour vous dans les mots que vous venez de prononcer, car vous ne savez pas la langue dont vous venez de vous servir.

Cette réponse accabla le docteur, car la somnambule avait raison; mais elle ne fit qu'irriter l'incrédulité des autres personnes, qui s'imaginèrent qu'il était de connivence avec Prémitz. Le questionneur qui avait passé le papier s'écria :

— C'était pourtant d'aussi bon allemand que l'anglais

de monsieur; il me semble qu'elle eût pu comprendre.

— Mais pour cela, dit Prémitz, il faut que celui qui interroge sache ce qu'il dit. Je prends ce papier et je lis.

Prémitz n'eut pas achevé la phrase allemande, qu'Honorine répondit aussitôt :

— Vous me demandez si le règne des Bourbons sera long ; dans un mois, il n'y aura plus de Bourbons en France.

L'audace de la question et de la réponse jeta un tel trouble dans l'assemblée, qu'on perdit de vue le point scientifique, pour ne s'occuper que de ce qui venait de se dire. Prémitz protesta qu'il ne connaissait pas la personne qui avait fait cette question, et que la réponse de la somnambule était une folie. La duchesse d'Avarenne se leva et se retira d'un air fort courroucé ; tout le monde s'éloigna, et la séance fut levée avant qu'on eût approfondi la question immense de savoir s'il pouvait y avoir entre un somnambule et une personne qui est en rapport avec lui, communication de la pensée sans l'intermédiaire des organes.

Quant à tout ce que nous venons de rapporter, nous déclarons en avoir été témoin. Nous ne faisons ici ni un livre de théorie, ni un cours de magnétisme ; mais nous avons vu les résultats que nous venons de décrire ; et si toutes les personnes qui nous les ont présentés n'étaient point vivantes et dans une position à ne pas rechercher une publicité déplaisante, nous pourrions toutes les nommer. Était-ce charlatanisme, vérité, présence d'un fluide réel, d'un agent invisible qui cause toutes ces perturbations de l'ordre normal ? est-ce, comme le prétendent quelques-uns, délire de l'imagination, excitation extravagante de la pensée ? Nous ne saurions en dire notre avis. Mais voilà ce que nous avons vu et ce que le temps expliquera sans doute.

VI

Dans la soirée qui suivit cette séance, Lussay était chez lui, assis au coin de son feu ; sa femme, malade dans son lit ; Henriette, à côté de lui, brodait avec une attention qui prouvait qu'elle ne pensait que par contrainte à ce qu'elle faisait. Il était encore de bonne heure. Cependant le moderne baron paraissait impatient, lorsqu'on entendit sonner.

— Ah! sans doute, voici le général, s'écria-t-il; je crains qu'il n'ait pas de bonnes nouvelles, car sans cela il serait venu nous les apporter plus tôt.

Il se leva pour aller au-devant de lui, mais sa surprise fut grande lorsqu'on annonça la duchesse d'Avarenne; elle entra rapidement, salua avec une bonne grâce de protection madame de Lussay et Henriette, et prit la parole sur-le-champ :

— Vous êtes tout étonné de ma visite, monsieur de Lussay; je ne vous ferai point d'excuses de mon indiscrétion, et vous ne m'en voudriez pas, j'en suis assurée, si vous saviez que je viens vous demander un service.

— A moi, madame? dit Lussay : c'est un bonheur que vous me procurez et une grande nouvelle que vous m'apprenez, car j'étais loin de m'imaginer que le pauvre baron de Lussay pût rendre un service à la duchesse d'Avarenne.

— Je ne sais, reprit la duchesse en souriant, si je dois prendre cela pour une épigramme ou un compliment; je sais bien qu'on me suppose quelque crédit, mais on fait remonter si haut et si loin la source de ce crédit, que je n'ai guère envie d'en user, à moins que je n'y sois véritablement poussée de cœur, comme cela serait pour vous, si vous me le demandiez.

Lussay s'inclina.

—Mais, reprit la duchesse, j'ai l'air de marchander les services que j'attends de vous en vous offrant les miens; laissez-moi commencer par vous devoir quelque chose, et plus tard j'acquitterai ma dette, si l'on veut comprendre enfin qu'il faut savoir nous rendre, à nous autres pauvres émigrés, de quoi ne pas rester les débiteurs de tout le monde.

— Il est vrai, dit Lussay, qu'on n'a encore rien fait pour les vrais amis des Bourbons; quelques grades dans l'armée, voilà tout, et encore les hommes de l'empire occupent-ils presque seuls tous les emplois.

— Ah! nous verrons, dit la duchesse, nous verrons.... Mais revenons à l'objet de ma visite. Connaissez-vous cette femme que nous avons vue ensemble ce matin?

— Je l'avais vu magnétiser plusieurs fois, mais ce n'est que ce matin que j'ai appris qui elle était.

— C'est une fille qui m'a appartenu quelque temps; c'est son dévouement pour moi qui l'a mise dans l'état où elle est, et je désirerais en faire prendre soin.

— Je comprends votre bienfaisance, dit Lussay; mais si quelque chose peut la rendre à la raison, ce sont les soins de monsieur Prémitz, et ce serait une vraie perte pour la science que de lui enlever un sujet si précieux.

— Allons, allons, dit la duchesse en souriant, mais en creusant de l'œil dans la physionomie du docteur pour y deviner sa pensée; allons, voulez-vous me faire croire que tout ce que j'ai vu soit autre chose qu'une comédie assez bien jouée?

— En êtes-vous là? dit le docteur presque indigné; croyez-vous monsieur de Prémitz capable d'une pareille imposture?

— Monsieur de Prémitz, reprit la duchesse avec impatience, est un homme dont l'existence n'a rien d'assez établi pour qu'un soupçon sur son compte puisse passer pour une injustice... et quant à Honorine...

— Honorine! dit madame de Lussay, comment! cette somnambule est Honorine? l'ancienne femme de chambre de madame la duchesse?

— Oui, oui, dit Lussay avec quelque embarras; vous devez en avoir entendu parler.

— Mais, dit madame de Lussay, c'était mon amie, ma plus chère amie.

— Oui, dit Lussay, je sais que vous la protégiez... autrefois....

Madame d'Avarenne cligna des yeux en regardant Lussay et lui dit:

— Oui, vraiment, madame la baronne de Lussay a raison; Honorine m'a raconté, il y a longtemps, une histoire qui s'est passée avec Jean d'Aspert au village de l'Étang.

— Il y a beaucoup d'histoires qui se sont passées avec Jean d'Aspert à l'Étang, dit Lussay d'un air sec.

— Il y a d'abord la vôtre avec mademoiselle Louise, reprit la duchesse; je n'en ai jamais su que le commencement. On m'a parlé d'un jour où monsieur d'Aspert vous surprit dans les caveaux de votre maison.

— Oui, vraiment, dit Lussay, et il faillit arriver de grands malheurs, qui se sont changés pour moi en véritable bonheur.

— Comment cela? dit la duchesse.

— Il m'interrompit au milieu de mes opérations. A cette époque, nous nous servions du baquet de Mesmer, qui, au moyen de baguettes d'acier qui partaient d'un centre commun, nous permettait d'agir sur un grand nombre de personnes à la fois. La venue de Jean et la discussion violente que j'eus avec lui ne me permirent pas de modérer l'action du fluide magnétique; il en résulta des désordres terribles : quelques-uns de mes somnambules tombèrent dans d'épouvantables convulsions, et Louise, qui était la plus sensible de toutes, faillit presque en mourir. Honorine, qui avait suivi Jean, fut tellement épouvantée, qu'elle s'évanouit, et il fallut la reporter chez elle. Le lendemain d'Aspert vint me voir; il voulait me tuer.

— Vous tuer! et pour quel motif?

— Mais, reprit Lussay, d'Aspert, ne croyant pas aux diables et croyant encore moins au magnétisme, s'imagina que je me servais de mon influence sur Louise...

— Pourquoi? dit la duchesse à Lussay, qui s'arrêta.

— Mais... répondit celui-ci en jetant un coup d'œil de côté sur sa fille pour montrer à la duchesse qu'Henriette était de trop pour qu'il pût s'expliquer, mais... mais... Il s'arrêta de nouveau.

La duchesse comprit probablement, car elle ajouta :

— Est-ce que c'est possible?...

— Très-possible! dit Lussay.

— Quand on y consent, probablement?

— Sans qu'on y consente, sans qu'on s'en doute, sans en avoir ni souvenir ni conscience.

— L'avez-vous éprouvé? reprit la duchesse.

— Henriette, dit madame Lussay à sa fille, va me chercher un peu d'eau, j'ai une soif horrible.

La jeune fille sortit. Madame Lussay reprit :

— Monsieur Lussay, vous oubliez que votre fille est là; vous oubliez peut-être aussi que j'y suis.

— Bon ! bon ! ma chère amie, dit Lussay, est-ce qu'Henriette y comprend quelque chose ? Allons ! ça te fâche, n'en parlons plus. Eh bien ! madame la duchesse, d'Aspert, qui ne comprenait rien au magnétisme, me fit voir des soupçons outrageants pour Louise et plus encore pour moi, il les laissa percer et on en parla. J'avais compromis Louise, je l'épousai ; voilà tout.

Henriette rentra. La duchesse reprit :

— Ainsi, ce pouvoir de monsieur de Prémitz n'est pas un vain charlatanisme ?... vous me le jurez sur l'honneur ?

— Je vous le jure, et puis vous en donner des preuves encore plus irrécusables que ma parole.

— C'est un terrible pouvoir !... La duchesse parut réfléchir et reprit : Non, c'est impossible ; vous êtes trompé vous-même.

— Trompé ! dit Lussay en souriant ; puis il ajouta tout bas : Vous allez voir. J'ai l'habitude d'endormir ma femme tous les soirs à la même heure : il s'en faut de plus de cinquante minutes que cette même heure soit arrivée; eh bien ! il va me suffire de dire tout haut que cette heure sonne, pour que le pouvoir que j'ai sur Louise se manifeste à l'instant. Aussitôt il ajouta en élevant la voix et d'un air tout indifférent : Comment ! il est déjà huit heures ?

— Huit heures ! murmura madame Lussay.

Le baron fit approcher la duchesse du lit de sa femme; elle dormait d'un sommeil profond. Madame d'Avarenne demeura immobile et confondue.

— N'importe, reprit-elle vivement; il faut que monsieur de Prémitz me rende Honorine. Eh bien ! il viendra la soigner chez moi ; je serai témoin de ses progrès.

— Oh! si c'est ainsi, il y consentira volontiers...

On sonna violemment.

— C'est sans doute lui, dit Lussay, car je l'attends ce soir.

D'Aspert entra sans se faire annoncer ; il était agité.

— Eh bien ! Lussay, vous êtes là tranquillement, quand tout Paris est en rumeur !

— Qu'est-il donc arrivé ? dit Lussay.

— L'empereur a débarqué à Cannes et marche sur Paris.

— Ce bourreau ? s'écria la duchesse.

D'Aspert se retourna. Depuis plus de vingt ans il n'avait pas vu madame d'Avarenne ; mais il la reconnut sur-le-champ, et, sans répondre, il dit tout bas à Lussay :

— Que fait ici la duchesse ?

— Oh ! dit le baron, c'est une aventure singulière... je vous conterai cela. Mais êtes-vous sûr de votre nouvelle ?

— Ce matin, dit le général, je me suis douté de quelque chose à l'audience du ministre, car il avait l'air fort embarrassé...

— A propos, qu'avez-vous appris touchant le jeune Charles Dumont ?

— Je ne puis guère plus douter qu'il ne soit mort...

— Qui mort ? dit la duchesse.

— Un enfant que j'ai adopté à Rome, voilà dix-sept ans, quelques jours après que j'eus l'honneur d'y rencontrer madame la duchesse d'Avarenne.

— Ah !... dit la duchesse d'un air étonné... pardon, monsieur ; vous êtes le général d'Aspert...

D'Aspert s'inclina, et la duchesse reprit :

— Et Charles... votre fils adoptif... est mort ?...

— Mort !... dit le général ; il n'est sur aucune des listes des prisonniers ramenés de Russie, plusieurs officiers de son régiment s'y trouvent.

La duchesse se tut, et se levant après un moment de silence, elle dit d'un air dégagé à Lussay :

— Vous n'oublierez pas ma commission auprès de monsieur de Prémitz. Je vous quitte, je vais au château voir jusqu'à quel point ces bruits sur Bonaparte sont fondés... Je ne puis croire à l'audace de ce misérable !

— Madame, dit d'Aspert, l'homme qui a gouverné la France, le héros de l'Italie, mérite un autre nom !

— Cartouche en épaulettes, voilà tout ! dit la duchesse... Brigand qu'il aurait fallu fusiller au pied d'un arbre. Adieu, messieurs !

Elle sortit, et d'Aspert se prépara à en faire autant.

— Où allez-vous ? lui dit Lussay.

— Mais je ne sais... partout... Il faut voir, s'informer... Ah ! Lussay !... Lussay, tout n'est pas perdu. Et ces canailles de l'ancien régime, cette insolente noblesse !...

— Ah ! d'Aspert ! dit Lussay, vous ne dites pas cela pour madame d'Avarenne.

— Madame d'Avarenne ! reprit le général ; cette femme est un monstre ! vous n'avez pas vu sa tranquillité quand je lui ai dit...

— Quoi ? dit Lussay.

— Rien !... rien !... dit d'Aspert en s'arrêtant... je suis si agité... je ne pensais pas à elle... Je sors ; je vous rapporterai des nouvelles.

— Pardieu ! dit Lussay, je vais en chercher avec vous.

— N'attendez-vous pas monsieur de Prémitz ? dit Henriette.

— Oh ! il ne viendra sans doute pas ce soir ; il fera comme nous, il ira s'informer... Adieu ; ne t'alarme pas si je rentre tard... Veille sur ta mère, et, quand elle s'éveillera, donne-lui la potion qu'elle s'est ordonnée avant-hier, et informe-la du motif de ma sortie. Ah ! s'écria-t-il soudainement comme frappé d'une idée, te souviens-tu, Henriette, qu'Honorine a dit ce matin que dans un mois il n'y aurait plus de Bourbons en France ?

— Oui, mon père.

— C'est prodigieux !...

— Que parlez-vous d'Honorine ? dit le général.

— Oui... reprit monsieur de Lussay en réfléchissant, oui, c'est possible... Bonaparte triomphera... elle l'a annoncé... C'est effrayant, c'est sublime... l'avenir! deviner l'avenir!

— Mais vous devenez fou...

— Venez, venez, je vais vous apprendre quelque chose qui vous étonnera bien.

Ils sortirent; l'émotion que la nouvelle du débarquement de Napoléon avait produite dans Paris avait si vivement pénétré partout, qu'en traversant son appartement, Lussay n'y trouva personne; les domestiques étaient tous descendus chez le concierge et s'y entretenaient du grand événement. Henriette demeura seule; la pauvre fille était dans un état d'agitation qui avait une cause assez étrangère aux réflexions habituelles de jeunes filles. Née d'une mère dont le système nerveux avait été violemment attaqué par les expériences ignorantes de Lussay, elle était d'une complexion grêle, maladive et vivement impressionnable. Entourée depuis son enfance de ces idées de magnétisme qui lui montraient incessamment sa mère comme un être soumis à un pouvoir surnaturel auquel elle ne pouvait échapper, Henriette avait accoutumé son esprit à croire qu'une volonté puissante pouvait causer sur elle les mêmes effets. Cependant jamais son père ne l'avait essayé, et même il avait souvent dit qu'il ne pensait pas être celui qui obtiendrait des résultats magnétiques de sa fille. Henriette avait donc échappé au danger de trop préoccuper son imagination de pareilles choses, lorsque Prémitz fut présenté chez monsieur de Lussay. L'impression singulière que Rhodon fit, à la première vue, sur la jeune fille, s'expliqua d'abord dans son cœur par la crainte d'aimer ce nouveau venu. En effet, Henriette, qui ne pouvait le voir sans être troublée, Henriette demeura assez tranquille sur le sentiment qu'elle éprouvait, croyant avoir rencontré l'homme qu'elle devait aimer et ne s'étonnant ni ne s'affligeant, à dire vrai, d'être prise d'amour à l'âge qui, dans tous les romans, est annoncé pour être celui où l'on aime. Mais un jour qu'il fut question devant elle de magnétisme, et que son père dit que Prémitz était un des hommes les plus avancés dans cette science et qu'il produisait des effets merveilleux, elle se consulta avec effroi sur l'impression que lui produisait Prémitz, et, comme il s'y mêlait un sentiment de crainte, elle se refusa à croire que ce fût de l'amour dès que son imagination put y voir autre chose. A partir de ce moment, Prémitz devint pour elle l'homme qui devait agir sur sa volonté, comme elle avait vu son père agir sur celle de sa mère ; ce fut le maître qui devait la rendre esclave, la fatalité qui devait dominer sa vie. Souvent, et dans l'exaltation de ses recherches magnétiques, Lussay avait demandé à Prémitz de magnétiser sa fille ; celle-ci s'en était défendue avec une énergie désespérée ; Prémitz lui-même avait refusé : mais l'imagination d'Henriette n'en était pas moins frappée. Prémitz était devenu pour elle un objet d'épouvante indicible ; elle détournait les yeux devant son regard, tremblait de rencontrer sa main, frémissait au son de sa voix ; un mot impératif, un signe de commandement lui paraissait devoir la jeter à genoux, malgré ce qu'elle eût pu tenter pour sa défense. La machine de torture la plus puissante qui eût saisi ses membres pour les tordre ou les enchaîner ne lui semblait pas plus irrésistible que la voix ou la main de cet homme, et elle était arrivée à ce point que, s'il lui eût posé le doigt sur le front en la dominant de son regard fauve, et qu'il lui eût dit de mourir, elle serait morte.

Henriette était donc seule avec sa mère, qui dormait du sommeil magnétique que lui avait laissé son mari. La jeune fille la contempla longtemps et s'abîma peu à peu dans cette contemplation; les idées les plus extravagantes se levèrent et tournèrent dans sa tête comme une fantasmagorie de l'âme. Ce pouvoir de l'homme sur l'homme, de la volonté sur la volonté, était-il véritablement un effet physique, une substance invisible et ténue qui enivre l'âme et la raison comme les vapeurs du vin ? n'était-ce pas plutôt quelque chose de surnaturel, quelques-unes de ces volontés divines et déchues, errantes parmi les hommes, mais appartenant à une autre nature? En effet, pourquoi toutes les histoires passées sont-elles peuplées de sorciers, de vampires, de fées, de démons? L'ironie du dix-neuvième siècle nie ces influences surnaturelles, mais ne prouve pas leur fausseté. Que faisaient de plus les esprits familiers de nos vieilles histoires ; qu'avaient de plus esclave les âmes vendues aux puissances infernales ?

A toutes ces pensées qui allaient, venaient, fuyaient et revenaient dans sa tête, Henriette était devenue froide ; puis, lorsqu'elle atteignit ce doute d'une âme vendue à l'enfer, elle s'épouvanta tellement qu'elle poussa un cri ; ce cri la fit revenir à la réalité. Elle reconnut qu'elle était dans la chambre de sa mère ; elle vit sa mère ; elle comprit que son cerveau battait de fièvre et se désordonnait ; elle eut peur d'elle-même, elle ne voulut pas rester seule... Elle appela sa mère... mais le sommeil imposé qui la tenait ne cessait qu'à un mot donné, qu'à une heure voulue ; sa mère ne répondit pas... Henriette se sentit le cœur serré, la gorge prise, un voile froid l'enveloppa au front, et, comme un suaire de mort, descendit jusqu'à ses pieds. Elle prononça, comme malgré elle, ces mots sans but :

— Ah ! non... non... j'ai froid... je suis folle... Mon Dieu !

Elle se traîna à une sonnette, elle l'agita et attendit : personne ne vint, car tous les domestiques étaient descendus et s'occupaient de la grande nouvelle. Henriette n'était plus assez maîtresse de sa raison pour expliquer ainsi leur absence. Elle voulut reprendre le cordon, elle l'agita convulsivement, et, dans le silence de l'appartement, le bruit de la sonnette lui sembla répondre comme un rire infernal : elle poussa un cri et tomba sur un fauteuil. Une crise de nerfs la saisit ; ses bras délicats se tendirent à se briser ; elle haletait en gémissant, ses dents grinçaient, ses yeux ouverts et vitrés ne voyaient plus ; elle tomba par terre et s'y roula en suffoquant ; ses cheveux détressés traînaient sur le parquet, s'accrochaient aux pieds des fauteuils et s'arrachaient dans les mouvements convulsifs qui l'agitaient ; elle brisait ses ongles à saisir le parquet ; elle se heurtait aux coins des meubles, se blessait le visage, se déchirait le front. Enfin la nature succomba dans cette lutte : les spasmes se calmèrent, et une sorte de repos du corps suivit cette effroyable convulsion. Henriette demeura étendue sur le sol, mais immobile et brisée, pleine d'un ressentiment de douleurs confuses ; elle avait repris la conscience de son être, mais incertaine, troublée, multiple ; il semblait que chacun de ses membres fût une existence à part qui la gênait et qui lui pesait. Ni dans le corps ni dans l'esprit, ce n'était plus ce torrent de convulsions et d'idées qui l'avait entraînée ; c'était le trouble d'une eau furieuse arrivée à l'abîme où elle doit s'arrêter et où la vague, repoussée par les rives, se replie sur elle-même, se relève, se dresse, dansant çà et là en balançant sa crête écumeuse. Voilà comment était son corps, comment était son esprit.

Après ces torsions extrêmes, de légers tressaillements, quelques plaintes inarticulées, quelques efforts douloureux, et, dans son esprit, des souvenirs réels, mais sans suite : Honorine folle, Honorine devinant l'avenir ; puis étendue sur le lit de sa mère, qui était aussi Honorine et qui devenait folle... Prémitz, la duchesse d'Avarenne, Napoléon, tout cela tournait, s'éveillait, disparaissait, revenait ; enfin c'était un horrible cauchemar, un sommeil lourd, mais agité, contre lequel elle combattait ; puis il lui paraissait qu'on parlait à côté d'elle, qu'on l'enlevait, qu'on l'emportait. Elle fit un effort, elle ouvrit les yeux ; une lampe de nuit brûlait seule dans sa tour de porcelaine ; mais à sa pâle lueur elle crut voir un homme devant elle, un homme debout, qui, lui posant une main sur le front et l'autre sur le cœur, lui dit d'une voix sombre, mais irrésistible :

— Dormez.

Henriette retomba sur son fauteuil et dormit.

Il était minuit quand Lussay rentra. Henriette dormait encore. Madame de Lussay, éveillée depuis quelque temps, l'avait en vain appelée. Lussay éveilla sa fille ; mais le sommeil résista longtemps avant de la quitter. Son père, en voyant le désordre de ses vêtements, l'interrogea. Elle chercha ses souvenirs et se rappela tout ce qui lui était arrivé jusqu'à l'instant où elle avait sonné. Lussay crut avoir trouvé la cause de cet état. Il jugea que sa fille épouvantée avait eu une attaque de nerfs ; il lui ordonna le repos, lui prescrivit quelques calmants, la renvoya dans sa chambre, et lui-même s'endormit tranquille, après avoir juré à sa femme qu'il ne parlerait plus devant sa fille de magnétisme, et qu'il ne la rendrait plus témoin d'expériences qui la troublaient si vivement.

VII

PACTE

Le lendemain de cette vision singulière, un homme dont le nom est trop connu pour que je l'écrive entrait chez madame d'Avarenne. Il avait été annoncé presque avec dédain; et tant que le laquais qui lui avait avancé une chaise près de la bergère de la duchesse était resté dans la chambre, cet homme avait conservé un air de contrition et d'humilité profondément respectueux. Dès qu'il fut seul avec madame d'Avarenne, il prit un air d'humeur et dit à la duchesse :

— Sans doute, vous avez quelque puissant motif pour m'avoir fait appeler, car vous n'ignorez pas combien nos moments sont précieux, aujourd'hui que la nouvelle du débarquement de Bonaparte nous force à deviner les dispositions de chacun, à observer jusqu'à l'expression de tous les visages.

— Je sais, dit la duchesse, que vous êtes à mes ordres; je sais aussi que vous faites grand bruit de cette escapade de Bonaparte pour vous donner un air d'importance; mais j'ai des choses plus sérieuses à vous dire. Avez-vous pris les renseignements que je vous ai demandés?

— Les voici, répondit le monsieur d'un ton bourru.

Madame d'Avarenne jeta un coup d'œil sur le papier qu'on venait de lui remettre, et, après l'avoir lu, elle ajouta :

— Ainsi vous êtes assuré que le général d'Aspert n'a jamais eu d'enfant?

— Jamais.

— Et ce jeune Charles Dumont qu'il a adopté n'est-il pas mort en Russie ?

— Cela n'est pas présumable.

— Pourtant on l'a dit au général d'Aspert, et il le croit.

— C'est que peut-être c'est vrai.

— On l'a donc trompé ?

— Ou il s'est trompé lui-même.

— Monsieur, reprit la duchesse avec hauteur, répondez tout droit, bêtement, mais point sottement. Qu'est devenu ce Charles Dumont ?

— On en a eu des nouvelles aujourd'hui, répliqua le monsieur interdit.

— Ainsi il vit ?

— Oui, madame.

La duchesse réfléchit, puis elle ajouta :

— Quelle est sa famille ?

— Voici ce que dit l'état civil : Fils de Pierre Dumont, capitaine à la dix-septième demi-brigade, et de Anne Lépaulier, son épouse ; né le 23 avril 1787. Voici son extrait de baptême.

— Son extrait de baptême, dit la duchesse avec surprise ; cet enfant n'est donc pas celui que le général d'Aspert adopta à Rome, il y a seize ans ?

— Le même.

— C'est impossible, dit la duchesse.

— Impossible ! reprit le monsieur ; il faut pourtant que cela soit possible, car, si cela était autrement, il y aurait certainement usurpation d'état. Le nommé Charles Dumont a été élevé au lycée comme fils de militaire mort à l'armée ; il a été reçu en cette qualité à l'École de Saint-Cyr, et ensuite il est devenu chef de bataillon sous ce nom.

— Avez-vous trouvé l'homme qui a amené cet enfant ?

— Oui, madame ; c'est un ancien sergent de l'armée d'Italie, maintenant brigadier de gendarmerie.

— Que vous a-t-il dit ?

— Voici son rapport écrit.

— Donnez.

La duchesse le prit et lut ce qui suit :

« Au mois de février 1798, je reçus du général d'Aspert l'ordre de prendre à son palais, à Rome, le fils du capitaine Dumont et de le conduire à Paris, pour l'y mettre dans une pension qu'il me désigna. Nous étions à Terracine ; je partis et j'arrivai à Rome au point du jour. Je me rendis au palais du général ; mais, en y arrivant, j'appris qu'il avait été dévasté par le peuple, qui accusait le général d'avoir sauvé un aristocrate ; que les domestiques qu'on y avait laissés s'étaient enfuis, et que les équipages avaient été pillés. Je ne savais que faire et j'allais retourner près du général, lorsque j'aperçus un enfant assis au pied du portique ; il paraissait malade de fatigue et de faim. Je lui demandai s'il savait quelques nouvelles du palais.

» — Hélas ! non, me répondit-il en pleurant ; j'y venais chercher le général d'Aspert. Mon père m'avait dit en mourant : Va à Rome chercher d'Aspert, dis-lui que tu es le fils du capitaine Dumont, et il prendra soin de toi. Je suis venu ; mais j'ai trouvé le général parti et le palais désert.

» — Pardieu ! dis-je, mon petit bonhomme, ça ne pouvait pas mieux se rencontrer ; le général m'envoie vous chercher. Sans doute il vous croyait déjà arrivé dans son palais, car il m'a dit que je vous y trouverais installé, et que Durand, son domestique, vous remettrait dans mes mains.

» Là-dessus le petit bonhomme me suivit ; je le conduisis à Paris et le remis dans la pension qui m'avait été désignée. »

— Et depuis ce temps ? dit la duchesse.
— Le général fit exactement payer la dépense du jeune Dumont.
— Mais ce Durand, qu'est-il devenu ?
— Il avait été tué dans le pillage du palais.
— Et que devint le général lui-même ? je veux parler de ses voyages, des endroits où il a demeuré.
— Il resta peu de temps à l'armée d'Italie, passa en Corse et fut ensuite de l'expédition de Saint-Domingue, où il demeura des derniers.

— De façon, dit la duchesse, qu'il ne revit le jeune Dumont qu'après quelques années d'absence?

— Mais après six ans au moins, à partir du jour où il s'en chargea.

— Et pendant tout ce temps il était seul? il n'avait pas d'enfant près de lui?

— Non, madame.

La duchesse ne savait quelles conséquences tirer de tous ces rapports. Charles Dumont était-il son fils? était-il véritablement le fils de ce capitaine? cette singulière rencontre du brigadier était-elle un effet du hasard ou une précaution de d'Aspert pour mieux assurer son mensonge? elle ne savait que penser. Enfin, emportée par la préoccupation où elle se laissait aller, elle dit tout haut :

— Mais si celui-ci est véritablement le fils du capitaine Dumont, qu'a-t-il fait de l'autre?

— Quel autre? dit le monsieur.

— Quel autre! s'écria la duchesse irritée de ce que cet homme avait cherché à étendre son métier jusqu'à espionner sa pensée. Puis, reportant le mot qui lui était échappé sur une tout autre personne, sans doute, que celle qu'elle voulait d'abord désigner, elle ajouta : — Mais celui à propos duquel je vous ai écrit ce matin.

— Ah! reprit l'homme dont je n'ai pas dit le nom, ah! c'est monsieur le baron de Prémitz.

— Eh bien! dit la duchesse, quel est cet homme? d'où vient-il? à quel titre est-il à Paris? à quoi tient-il? Fera-t-on ce que j'ai demandé?

— A toutes ces questions je n'ai qu'une réponse à faire, madame ; c'est celle qui m'a été faite à moi-même par le chef de notre division, qui n'en sait pas davantage, car il m'a donné lecture du registre où elle est inscrite.

— Qu'est-ce donc? dit la duchesse.

— Voyez : monsieur de Prémitz, sans désignation d'âge ni de pays. *Défense expresse de s'occuper de lui.*

— Et qui a pu mettre une pareille note sur ce registre?

— Il me semble que madame la duchesse doit s'en douter.

— Nullement, dit madame d'Avarenne.

— C'est singulier, dit le monsieur, car c'est textuellement la même note qui est au nom de madame la duchesse.

— A mon nom ! dit la duchesse en devenant rouge et troublée ; mon nom est sur de pareils registres ?

— Tous les noms marquants ou dangereux s'y trouvent.

— La police ne respecte donc rien ?

— Vous voyez, au contraire, madame, qu'il y a des personnes qu'elle est forcée de respecter, quoi qu'elles fassent.

— Cette réponse, dit la duchesse, est-elle une sottise ou une insolence ?

— C'est tout simplement, madame, une vérité naïve, car la note dont je viens de vous faire part a été placée au nom de monsieur de Prémitz, après un rapport qui fut fait contre lui par la police générale, rapport d'où il résultait que monsieur de Prémitz aurait eu des relations avec l'étranger, et particulièrement avec la cour de Rome.

— Il suffit... dit la duchesse ; je n'ai plus besoin de vous... allez...

Le monsieur se retira. La duchesse, demeurée seule, écrivit un mot à monsieur de Prémitz pour le prier de se rendre chez elle. Il y vint quelques heures après, et voici l'entretien qu'ils eurent ensemble.

— Monsieur, avez-vous quelque idée du motif qui m'a engagée à vous prier de passer chez moi ?

Prémitz regarda madame d'Avarenne avec une prétention d'œil fatal et dominateur qui fit hausser les épaules à la grande dame. Elle se hâta de répondre en lui disant :

— Mon Dieu, monsieur, il n'y a que deux sortes de gens qu'on regarde ainsi : les petites filles dont on veut troubler les sens, et les vieilles folles dont on frappe l'imagination. Je ne suis plus des premières et ne suis pas encore des autres. Ne drapez pas vos yeux en vampire ou en sorcier, je ne suis ni crédule ni peureuse. J'ai à vous parler : voulez-vous me répondre selon les plus simples règles d'une conversation ?

— Madame, dit Prémitz en gardant un ton de solennité mystérieux, je sais pourquoi vous m'avez mandé.

— Eh bien ! puisque vous le savez, que comptez-vous tirer de ce secret?

— Je n'y ai pas encore pensé, dit Prémitz.

— Cependant vous avez votre fortune à faire, sans doute, monsieur?

— Peut-être, dit Prémitz, elle est faite à l'heure qu'il est.

— Comment entendez-vous qu'elle est faite?

— En ce que je suis en position de forcer, sous peine de scandale et peut-être de déshonneur, une famille riche et qui a quelque pouvoir, à m'accepter pour gendre.

La duchesse, indignée d'une prétention qu'elle croyait s'adresser à sa famille, s'écria avec colère :

— Vous, devenir mon gendre, monsieur ! ah! nous n'en sommes pas encore là.

L'étonnement qui se peignit sur la figure de Prémitz lui prouva qu'elle s'était trompée; et elle allait réparer sa faute, lorsque sa fille Julie entra rapidement et sans se faire annoncer.

— Maman, maman, dit-elle avec vivacité, permettez-moi de sortir, d'aller chez mademoiselle de Lussay, chez Henriette; elle se meurt, elle m'a fait demander...

— Elle se meurt ! s'écria Prémitz en se levant soudainement et en devenant presque livide; Henriette se meurt!

— Oui, monsieur, dit Julie froidement, elle est fort mal; mais peut-être son imagination est-elle encore plus malade que son corps, et j'espère la calmer.

— Allez... allez... dit la duchesse, qui avait examiné le trouble de Prémitz à cette interruption inattendue. Allez, et faites-moi savoir de ses nouvelles.

Puis, lorsqu'elle fut seule avec Prémitz, elle lui dit, en commentant et en associant d'un mot les paroles ambiguës de Rhodon, la nouvelle de Julie et la terreur qu'il en avait ressentie :

— Ainsi, monsieur, vous disiez que vous aviez forcé la famille de monsieur de Lussay à vous accepter pour gendre?

Tout autre que Prémitz, à cette insinuation perfide, eût

peut-être laissé échapper le secret où l'on venait de frapper si juste ; mais, si court qu'eût été le moment de réflexion où il s'était plongé, il lui avait suffi, sinon pour changer complétement ses desseins, du moins pour lui inspirer l'idée de ménager la nouvelle voie que lui avait ouverte l'imprudent emportement de la duchesse ; et, au lieu de répondre à la question insidieuse de madame d'Avarenne, il lui dit :

— Madame d'Avarenne a tort de s'irriter d'une prétention que je n'ai pas formellement exprimée, et qui peut-être est bien loin de ma pensée. Car enfin j'ai parlé d'une famille riche, et la fortune de madame d'Avarenne est toute dans les bienfaits de la cour ; j'ai parlé d'une famille puissante, et le pouvoir de madame d'Avarenne est, comme celui des personnes dont il dépend, soumis à des événements dont personne ne peut prévoir l'issue.

La duchesse, frustrée de l'espérance qu'elle avait eue de surprendre à son tour un secret de Prémitz, ne voulut plus continuer une conversation dont les bases mal posées la laissaient à la discrétion d'un homme qui paraissait habile à tirer avantage de tous les accidents du dialogue ; et, pour prévenir le danger de lui donner encore prise, elle revint tout à coup sur ses pas, et lui dit :

— Monsieur, depuis un quart d'heure, nous parlons par équivoques ; voyons, expliquons-nous franchement. Que savez-vous ?... et si vous savez quelque chose, que voulez-vous ? c'est un marché à conclure.

— Je sais tout, dit Prémitz.

— C'est ainsi que commencent toutes les lettres d'amants jaloux qui ne savent rien et qui voudraient bien apprendre quelque chose.

— Eh bien ! madame, voici ce que je sais. Je sais par Honorine que vous avez eu un fils ; que ce fils est celui de Jean d'Aspert, et que vous l'avez fait passer pour être celui du... Je sais que le prince le croit, et que c'est à ce souvenir que vous devez le crédit dont vous jouissez ; je sais encore que ce fils a disparu, et que vous avez assez habilement arrangé sa disparition pour pouvoir le faire reparaître, si jamais vous le retrouviez, ou s'il vous convenait d'en supposer un autre.

Cette dernière idée n'était jamais venue à l'esprit de madame d'Avarenne, et peut-être n'était-elle entrée dans la phrase de Prémitz que comme un complément de mauvaise pensée, que comme un dernier trait au tableau de l'esprit intrigant de la duchesse. Mais nulle semence ne tombe impunément dans un terrain fertile. Madame d'Avarenne se réserva d'y penser sérieusement, et pour pouvoir le faire d'une manière profitable, elle dit à Prémitz :

— Quel âge avez-vous ?

L'intelligence de l'intrigue est admirable. Prémitz sourit et répondit tout de suite :

— Juste l'âge qu'il faut : vingt-huit ans.

La duchesse fut confuse d'être si vite et si complétement devinée. Elle vit qu'il n'y avait rien à gagner à jouer au fin avec un homme comme Prémitz, et elle répondit sans détour :

— Laissons là cette idée, elle est absurde.

— Aucune idée n'est absurde, dit Prémitz, entre les mains de gens habiles. Depuis la Genèse jusqu'à la Charte, on a fait croire tant de sottises aux hommes, que je ne trouve plus rien d'impossible à leur persuader.

— Aux hommes, cela se conçoit, mais à un homme, c'est toute autre chose. Les masses ont cela d'admirable, que si elles multiplient quelquefois leur intelligence de manière à avoir plus de perspicacité que les meilleurs esprits, elles multiplient de même leur ignorance de façon à être plus crédules et plus stupides que la brute la plus décidée.

— Mais le prince, dit Prémitz, n'a-t-il pas été pris à ce mensonge ?

— Sans doute, mais quelle différence ! Un enfant qui m'appartenait et qui, après tout, pouvait très-raisonnablement lui appartenir, tandis qu'aujourd'hui il faudrait un homme sans ntécédents, un homme dont personne ne pût réclamer la naissance, la jeunesse, la vie; dont on ne pût dire : Il était là à telle époque, il y portait tel nom, il appartenait à telle famille, il venait de tel endroit; un tel homme...

— N'est pas introuvable, dit Prémitz ; quand nous serons convenus de nos faits, il faudra que je vous raconte mon histoire.

— Qu'entendez-vous par convenir de nos faits, monsieur?

— Le voici : vous avez besoin tout au moins de mon silence; j'ai besoin de votre crédit : faisons un pacte. Je me tairai, c'est-à-dire je ne dirai pas au prince : Vous êtes dupe d'une comédie habilement jouée; vous ne devez à cette femme ni les égards que lui vaut son titre usurpé de mère, ni la reconnaissance qu'un noble cœur garde à une tendresse qu'il croit avoir été sincère : tout au contraire, vous la devez détester et bannir, car elle vous a trompé, comme amant, dans les bras d'un beau goujat de province, et elle vous a trompé comme prince, en vous imposant les devoirs d'une paternité supposée.

— Monsieur!

— Ne vous irritez pas, madame la duchesse, je ne dirai rien de tout cela, je serai muet, car, à partir de ce jour, je me fais votre complice; mais comprenez bien que c'est pour partager les bénéfices du crime.

— Et à combien les fixez-vous? dit madame d'Avarenne avec une fureur mal contrainte.

— Je vous le disais, madame, c'est selon ce que vaudra votre secret.

En ce moment un laquais entra et remit un billet à la duchesse. Elle parut fort surprise et très-alarmée.

— Voyez, dit-elle, cette affaire de Bonaparte est donc sérieuse? Le prince part pour Lyon.

— Mais, dit Prémitz, je crains que cela ne soit plus grave que vous ne pensez...

— Mais que deviendront alors nos projets?

— L'avenir seul en peut décider. C'est pour cela que je vous ai dit que j'attendrais pour vous dire ce que j'exige de vous.

Prémitz se retira, et la duchesse ne s'occupa plus que de la grande nouvelle politique qui remuait alors la France.

VIII

CONFIDENCES

1816

Les temps vont vite dans notre siècle : de grandes périodes de choses s'enferment dans quelques années; l'histoire se découpe par masses séparées qui ont chacune leurs couleurs, leur esprit et leur nom. Au jour où j'écris, quand on a vécu plus de trente ans, on peut se rappeler les restes mourants de la république réunis en faisceau dans la main des consuls; l'empire, ce jour sublime de soleil, fini par l'orage de 1812, sous lequel la France s'est débattue trois ans : véritable orage, en effet, où les coups de tonnerre étaient des batailles, où les torrents étaient les populations de l'Europe versées avec fureur contre la France; jour magnifique qui sembla se réveiller dans l'éclair sinistre des cent-jours ; puis la restauration, cette restauration qui a été deux fois plus longue que l'empire, et qui, à mesure qu'on s'en éloigne, se rétrécit à l'œil, comme ces plaines unies où nul accident ne marque les distances ; puis la révolution de 1830, ces trois jours hauts et isolés comme les pyramides d'Égypte; monuments inutiles qui attestent ce que peut l'effort unanime d'un peuple, mais perdus dans un désert où rien n'a fécondé, où rien n'a été édifié auprès. Et parmi tous ces souvenirs complets, que d'années à part avec leur caractère particulier! que de jours qui luisent d'une clarté distincte!

Dans ces années, il en est une qui m'est restée dans le souvenir sous un aspect de tristesse et de désespoir. Serait-ce moi seul qui voyais ainsi, moi seul qu'une disposition personnelle abusait sur le caractère sombre de cette année? J'étais bien jeune, j'étais à cet âge où l'on achève d'être enfant. Je venais de quitter cet habit de lycéen, uniforme précoce, où nous faisions tant de campagnes en espérance, sous lequel nous prenions vite nos chevrons de vétérance d'enfants pour être plus tôt de jeunes soldats ; j'étais bien jeune, et déjà deux fois j'avais vu le tambour fuir devant la crécelle, l'exercice remplacé par la messe, et l'histoire sainte usurper dans la charité du lecteur les bulletins de la grande armée. Je n'avais pas seize ans, et tout ce que j'avais bâti de rêves pour mon avenir était déjà brisé. Je rêvais l'armée ; j'y avais un parent, une des illustrations de notre gloire, qui m'avait promis de me faire battre avant l'âge ; mais il n'y avait plus d'armée, et un arrêt de mort cherchait d'asile en asile le général Clausel. J'aurais voulu suivre la carrière honorable de mon père ; mais les talents les plus distingués, la probité la plus irréprochable, ne l'avaient point sauvé de la destitution. Je me rappellerai toute ma vie cette leçon du malheur qui me parut alors si irritante ; cet abandon soudain de tous nos amis, abandon venu dans le *Moniteur*, abandon qui n'eut ni ménagement ni nuance. Cela se passa à neuf heures du matin, dans nos bureaux ; on y saluait mon père, on lui obéissait, on l'écoutait, on le flattait ; le *Courrier* arrive, on y lit la nouvelle de sa destitution : en moins de rien, nous n'eûmes plus un ami, plus une connaissance ; les visiteurs disparurent et les commis devinrent presque insolents. En vérité, on peut me croire, ce ne fut pas une désertion faite à la longue, habilement ménagée pendant quelques mois ou quelques semaines ; ce furent tout simplement des gens qui prirent leurs chapeaux et s'en allèrent sans rien dire. Et le soir, le soir même, ce fut une expérience que mon père voulut me faire faire ; nous nous rendîmes sur la promenade publique : elle abondait en amis que nous recevions, qui nous recevaient, qui étaient de notre intimité comme nous de la leur ; eh bien ! ceci est textuellement vrai, quand nous parûmes dans la grande allée, le flux des promeneurs s'ouvrit devant nous. Du plus loin qu'on nous voyait, on se rabattait dans les allées latérales, on regardait, en l'air ou de côté, un nid d'oiseau ou une branche torse ; on en paraissait très-occupé, on s'échauffait sur un colimaçon, le tout pour ne pas saluer un destitué.

Ce que j'écris, ce que vous lisez, n'a-t-il pas l'air d'une

niaiserie ? n'est-ce-pas une exagération ? Non certes. Mais il est difficile de se faire une idée de la terreur qui suivit la restauration de 1815. Il y eut à cette époque un effroi d'autant plus grand que le danger n'avait pas de mesure ; on frémissait des massacres du Midi ; les victimes n'étaient pas nombreuses, mais les assassins étaient par milliers et acharnés. On ne tuait que Ramel à Toulouse, mais on le tuait trois jours durant, poignardé sur tous les membres ; on licenciait cette armée, cette grande ruine de dix ans de victoire et de trois ans de défaite, et il n'en partait pas un murmure. Je me souviendrai de cela toujours, et toujours en pleurant, et comment, pendant cette année 1816, nous voyagions avec mon père. Ce fut une année de désastres : les pluies perdirent et dégradèrent tout ; les récoltes gisaient pourries et couchées dans les sillons ; les routes n'étaient, à travers les contrées, que de longues traînées de boue. Nous allions, enveloppés dans nos manteaux, et à chaque pas nous rencontrions sur la route de pauvres soldats et de plus pauvres officiers, hâves, abattus, sans courage contre une heure de pluie et une heure de marche : les mêmes hommes qui avaient marché de Madrid à Moscou, qui avaient subi le soleil du Caire et le froid de la Dwina ! Souvent ils étaient assis sur le bord des chemins, à dix pas les uns des autres, mais sans se connaître, sans le désirer, inspectés à chaque village comme des forçats libérés ; ne trouvant nulle part, chez leurs compatriotes, de courage que pour l'insulte, et se laissant insulter, tant il leur semblait qu'il ne pût rien leur arriver au cœur après qu'ils avaient vu Waterloo, et qu'on avait dispersé leurs régiments. Ce fut une triste époque où l'avenir s'ouvrit, pour nous autres jeunes gens, par une déception et un désespoir.

C'était un soir de cette année, dans le mois de septembre, quelques jours après cette ordonnance de dissolution de la Chambre de 1815, thermidor de la terreur royaliste qui arrêta, dans son enthousiasme de proscriptions et de servitude, le dévouement emporté des introuvables. Un homme et une jeune fille étaient assis au coin de leur feu,

Lussay et Henriette, tous deux tristes : Lussay avec humeur, Henriette avec résignation : ils ne se parlaient pas. Il y avait entre eux un malheur qui les séparait. Il y a des malheurs qui rapprochent et qui confondent deux âmes dans les mêmes regrets, et le plus puissant de ceux-là est ordinairement la perte d'un ami commun, d'un cœur où les affections tendent de chaque côté et se rencontrent. Madame de Lussay était morte. Pourquoi Henriette et son père ne pleuraient-ils pas ensemble? C'est qu'il était survenu une autre infortune où l'un accusait et où l'autre ne s'avouait pas coupable : la faute ne s'était pas encore effacée dans le pardon. Chacun pensait à sa situation sans s'occuper de celle de l'autre, plongé dans cet égoïsme de réflexion où l'âme repasse une à une chaque espérance qui lui échappe, où elle se repaît de tout ce qui lui est malheur sans regarder si quelqu'un en a sa part : séparation cruelle d'un père et d'une fille, où chacun, enfermé en soi-même, refusait à l'autre, celui-ci l'indulgence, celle-là le repentir. Un homme survint qui apporta une distraction à cette préoccupation personnelle. Cet homme était un ami qu'on n'avait pas vu depuis longtemps : c'était d'Aspert. Il avait d'abord hésité à venir chez Lussay, car il savait que ses opinions étaient pour le pouvoir qui dominait ; mais il avait appris la mort de madame de Lussay, et il avait compté sur cette douleur pour être bien accueilli. Il entra. Un coup d'œil suffit pour lui montrer qu'il y avait désunion entre ces deux êtres qui se jetèrent avec chaleur dans ses bras, mais sans y mêler leurs embrassements, sans s'y rencontrer. D'Aspert remarqua qu'Henriette était pâle, son sourire lent, ses yeux près de pleurer, et toute sa personne pleine d'une dignité pure qui n'était pas d'une jeune fille, mais qui n'était pas d'une femme heureuse. C'est assurément une sublime chose qu'une âme résignée; il y a dans ce sentiment de force passive qui n'est employée qu'à souffrir, dans ce martyre du cœur, subi sans plainte et sans combats, un charme qui touche, à mon gré, plus profondément que les luttes les plus énergiques de la passion.

C'est pour cela que je voudrais vous peindre l'étonnement attendri du vieux d'Aspert, lorsque cette jeune Henriette de vingt ans lui dit en pressant dans ses mains blanches et effilées les rudes mains du soldat toutes calleuses du sabre :

— Bonjour, mon ami ; oh ! je suis heureuse de vous voir ! je suis bien heureuse !

Il vint une larme aux yeux de d'Aspert, mais il n'osa embrasser Henriette comme autrefois ; et, sans rien savoir, sans rien comprendre de ce qui peut s'exprimer par des paroles, sans qu'elle lui eût demandé un asile, sans qu'il sût si elle en avait besoin, il lui répondit par une sympathie indicible de cœur à cœur :

— Eh bien ! me voilà, me voilà ; soyez tranquille.

Puis on causa.

— J'avoue, dit le général, que je craignais de ne pas vous trouver à Paris. On m'avait dit, à Poitiers, que vous comptiez être nommé à la préfecture de Vienne.

— Non, dit Lussay ; c'est monsieur Prémitz qui l'a obtenue. Il est parti depuis quelques jours. Il avait suivi le roi à Gand avec la duchesse d'Avarenne.

— Et l'on ne vous a pas trouvé assez pur? dit d'Aspert.

— Ce n'est pas cela, reprit l'ancien chirurgien ; c'est moi qui ai refusé ; moi, à qui tout avenir d'ambition est fermé, non pas que j'y tienne pour moi, mais je voulais pour Henriette...

Puis il s'arrêta, et reprit vivement en s'adressant au général :

— Mais vous, d'Aspert... vous, que devenez-vous ?

— On m'a rangé dans la quatorzième catégorie des officiers ; autant valait me mettre à la retraite, et j'ai reçu en outre l'ordre d'aller habiter le département où je suis né.

— Vous n'êtes pas heureux non plus, dit Lussay avec amertume ; aussi vous avez l'air triste.

— Oh ! dit d'Aspert, ce n'est pas cela qui me rend triste ; j'ai vu tomber tant de gens plus haut placés que moi, que je ne me sens pas le droit de me plaindre ; et puis nous ne sommes plus les hommes de la France, comme elle n'est plus notre France à nous. J'étais résigné à aller m'ensevelir au Tremblay, dans le coin de terre que j'ai acheté près de l'Étang. Ce qui me rend triste, c'est un malheur à moi, un malheur à moi tout seul; car il a cela d'affreux que je ne puis pas même le confier.

— Oui, dit Lussay; mais il n'a pas cela d'affreux qu'il puisse être deviné un jour, et, qu'une fois découvert, il soit une source de honte et d'infamie.

L'accent de Lussay était sombre en parlant ainsi; il avait la tête baissée et son regard ne désignait personne; mais il y avait une telle amertume dans cette douleur, qu'elle ne pouvait partir que du cœur d'un père, et d'Aspert leva les yeux sur Henriette. Elle ne parut pas confuse, mais elle pleurait, et d'un signe de la tête elle dit à d'Aspert :

— Oui, c'est moi.

D'Aspert lui tendit la main, et, se retournant vers Lussay, il lui dit :

— Eh bien! qu'est-il donc arrivé?

— Ce qui est arrivé! Ce qui est arrivé! dit Lussay en se levant avec emportement; est-ce que je sais, moi? c'est un crime, voyez-vous, d'Aspert, un crime horrible, non pas pour ce qui est arrivé, mais pour l'obstination à jouer l'innocence; pour cette insupportable obstination à ne pas dire : Je suis coupable... mon père, pardonnez-moi... Et puisque vous êtes là, voyez-vous, d'Aspert, je puis le dire... je puis l'avouer... je lui aurais pardonné... j'aurais pleuré avec elle... mais elle n'a pas voulu; elle m'a fait des contes; elle m'a dit... c'est une folie insolente! elle m'a dit... Mais, voyez-vous, ne parlons plus de cela; quand j'y pense, j'en deviens fou... Me dire : Je suis innocente... me dire la tête haute : Je suis pure... me dire...

A ce moment un cri d'enfant se fit entendre, Henriette se leva; d'Aspert laissa tomber sa main en retirant la sienne; elle lui dit d'une voix qui pleurait :

— Oh! général!

— Où allez-vous? dit Lussay avec colère.

— Soigner mon fils, répondit Henriette avec une fermeté soudaine et presque dédaigneuse.

Les deux hommes demeurèrent seuls. D'Aspert, plus embarrassé qu'il ne l'avait jamais été, plus triste qu'il ne l'était en entrant, ressentit une douleur poignante à cette nouvelle qu'il venait d'apprendre. A côté de toutes ces gloires déchues, de toutes ces existences souveraines dispersées dans l'exil, de cette grande nation resserrée à la France d'autrefois et bordée d'ennemis qui l'insultaient; à côté de tout cela, cette enfant perdue, cette jeune fleur flétrie le fit pleurer. Il se dit en son cœur et avec cette désespérance profonde qui y entre si avant, qu'elle devient un caractère : — Tout s'en va donc, mon Dieu ! il n'y a donc rien en quoi se fier ! Pauvre France et pauvre fille ! Puis il ajouta tout haut : — Mais enfin, ce n'est pas une chose sans remède. Il y a un coupable, un homme avili qu'on peut forcer, la loi à la main... Vous avez dû le tenter?

Lussay secoua la tête.

— Un homme qu'on peut forcer... l'épée à la main. Voulez-vous, Lussay, que je... ?

Lussay se prit à rire avec ironie.

— Enfin, on peut le tuer, cet homme ! dit d'Aspert.

— Il n'y a personne, s'écria Lussay... Vous me regardez... j'ai l'air d'un fou, n'est-ce pas?... Non, il n'y a personne.

— Elle refuse de le nommer?

— Mais non, dit Lussay avec rage... Non, il n'y a personne... Vous ne comprenez pas... tenez, je vous l'ai dit, quand j'y pense, j'en deviens fou.

— Voyons, dit d'Aspert, calmez-vous... remettez-vous et dites-moi la vérité.

Lussay avait une contenance singulière. On voyait qu'il voulait faire le récit qu'on lui demandait; mais il semblait qu'il ne pût pas trouver de commencement à ce récit. Son esprit se portait sur une idée, puis l'abandonnait, sautait sur une autre pour la quitter aussitôt. Ce qu'il avait à dire était si incohérent, qu'il se refusait à le reproduire. Pendant ce temps Henriette rentra.

— Tenez, la voilà, dit Lussay; qu'elle vous le raconte elle-même si elle peut, si elle l'ose ; adieu... Écoutez-la... Je vous reverrai ce soir si vous avez assez de patience pour m'attendre, ou demain... quand vous voudrez... Adieu.

Il prit son chapeau et sortit. D'Aspert et Henriette demeurèrent seuls. La belle et malheureuse fille avait suivi son père des yeux, mais son regard était froid et résolu. D'Aspert s'en étonna, et lui dit avec un ton de reproche :

— Comment n'avez-vous pas pitié du désespoir de votre père ?

— Général, lui dit-elle tristement, j'ai à peine assez de force pour moi-même. Mon père ne m'a pas comprise ; je ne sais si un autre me comprendra. Puis elle ajouta en poussant un profond soupir : — Je vais tout dire. Ma mère vous a aimé, général, et peut-être avez-vous tenu dans son cœur aussi longtemps que la vie. Je le sais, moi qui l'ai vue souvent pleurer. Je vais vous parler comme je vous parlerais si elle était là. Je vous ai espéré et attendu longtemps. Vous allez décider de mon sort ; seulement je vous demande votre parole d'honnête homme de me dire, quand j'aurai fini, ce que vous pensez de moi. Si vous me refusez votre absolution, j'attendrai celle de Dieu. Mais ne me trompez pas, général, point de fausse pitié pour l'enfant que vous avez vue naître, pas de phrases douteuses, point d'espérances déguisées. Ne comptez pas sur un amendement amené par l'avenir. Si ce que je vais vous conter n'est pas tout ce que j'ai dans le cœur, si vous avez un doute, un soupçon que je veuille vous tromper ou cacher quelque chose, dites-le-moi... je ne vous en voudrai pas ; peut-être serai-je plus malheureuse, mais enfin je saurai à quoi m'en tenir. Je m'arrangerai pour le malheur de ma vie, car je n'ai pas même la consolation de pouvoir mourir volontairement, et je laisserai à faire au temps. Il faudra bien qu'il me tue ou qu'il m'endurcisse. En vérité, je crois que cela commence.

Henriette était debout en parlant ainsi ; le général la considérait avec une stupéfaction presque craintive. Jamais la femme ne lui avait apparu dans cette sainteté de douleur qui la rend si belle et la fait si touchante. Il ne put répondre à Henriette et lui fit signe de s'asseoir. Elle essuya quelques larmes qui lui étaient venues, lui obéit et commença ainsi :

— Lorsque vous avez quitté Paris, il y a dix-huit mois, vous me laissâtes malade ; les inquiétudes que ma maladie donna à ma mère achevèrent de détruire sa santé ; et malgré ce que mon père appelle ses soins, elle mourut.

Henriette avait prononcé ces dernières paroles avec un sarcasme singulier et rare dans sa bouche. Elle sécha quelques larmes qui lui étaient demeurées aux yeux, et continua :

— La perte de ma mère me fut une assez violente douleur pour que je pusse attribuer à ce désespoir l'état de souffrance où j'étais habituellement ; cette souffrance se manifestait par des accidents que mon père expliquait par des raisons médicales fort probables et par des exemples fréquents d'une situation pareille à la mienne. Je m'explique assez, je pense : si vous saviez tout ce qu'il m'a fallu abdiquer de pudeur, moi qui n'ai jamais reçu un baiser d'amour, vous vous étonneriez peut-être de ma retenue. Mais je m'écarte, revenons. Mon état, qui était fort naturel, paraissait à mon père et à son ami le docteur R... un état dangereux et qu'il fallait faire cesser. Un jour, qu'ils m'avaient tourmentée par des remèdes capables de me tuer dans la position où j'étais, je me déshabille pour me coucher ; j'étais devant une glace, ma chemise m'échappe, je me vois nue... Vous rougissez, général, vous rougissez de ce que je vous parle si hardiment ! Oh ! ce n'est rien ceci, écoutez. Je me vois nue, j'avais déjà perdu la finesse de ma taille, je ne pus m'empêcher de me dire : C'est une singulière maladie que la mienne, voici encore un des symptômes qui annoncent qu'une femme est mère ! Cette idée me traversa la tête comme une pensée sans but ni portée ; je ne me cachai ni de cet accident ni des autres ; je n'avais aucune raison de m'alarmer. Cependant mon père m'interrogeait des yeux ; je le voyais quelquefois observer d'un air inquiet ma taille, ma démarche ; il ne me disait rien, mais j'étais blessée de ses soupçons. Cependant il avait de quoi les justifier : des spasmes, des maux de cœur, des défaillances. Tout autre m'eût condamnée à sa place. Il arriva, un soir que nous étions l'un près de l'autre, que je poussai un cri de surprise ; il me demanda ce que j'avais ; je lui répondis avec une naïveté qui le confondit :

— C'est singulier, il me semble que j'ai senti remuer quelque chose en moi.

Mon père devint pâle ; il s'écria :

— Ainsi c'est donc sûr !

— Quoi ? lui dis-je.

— Quoi ? répéta-t-il ; puis il me regarda comme si j'étais folle ou comme si je le narguais insolemment ; ses bras tremblaient, il me mesurait d'un regard terrible. Je le compris, je me levai et lui dis avec assurance :

— Mon père, il faut en finir. Je vous ai confié jusqu'à présent le soin de ma santé, qu'elle soit perdue ou non, peu m'importe. Mais il arrive aujourd'hui que vous me soupçonnez d'un crime que je ne devrais pas même comprendre ; je vous prie de faire venir un médecin qui nous soit complétement étranger.

— Étranger ! me dit-il ; faut-il que tout le monde apprenne...

— Ah ! mon père, m'écriai-je avec indignation en l'interrompant, il n'y a pas de barbare qui refuse à un accusé le moyen de se défendre.

Le lendemain, un médecin que je n'ai jamais revu vint ici ; je me présentai à lui avec un désir si instant d'en finir, que je m'aperçus à peine de l'immodestie des questions qu'il me fit et de l'examen qu'il me fallut subir.

— Eh bien ? dit mon père avec anxiété.

— Eh bien ! dit le médecin avec assurance, madame est grosse.

Mon père se tut ; mais il me sembla que son regard eût dû me tuer. Quant à moi, je me pris à rire en les regardant tous deux.

— Grosse ! repris-je, vous êtes fou !

Mon père me prit les deux mains et fit signe au médecin ; ils me regardèrent tous deux avec une attention continue : le médecin étranger répondit aux regards de mon père :

— Non, il n'y a aucun signe d'aliénation. Ce ne peut être qu'un parti pris d'effronterie.

A mon tour je fus troublée d'une crainte indicible, car mon enfant palpitait dans mon sein.

— Grosse ! répétai-je, grosse ! mais pour être grosse il faut avoir...

— Infamie ! s'écria mon père avec violence ; elle continue son impudente comédie.

Je me sentis désespérée ; je tombai à genoux.

— Mais non, mon père, je vous l'atteste, jamais, jamais je n'ai été coupable.

Je crus que mon père allait me battre. Le médecin lui dit quelques mots à l'oreille, puis il me fit asseoir à côté de lui et me parla doucement. Cette conversation, général, il est impossible que je vous la redise. Aujourd'hui que je suis mère, que je puis vous parler comme une mère, je frémis de me la rappeler. Imaginez-vous une jeune fille de vingt ans à qui l'on suppose l'ignorance d'un enfant, et que l'on interroge sur ce qu'on croit lui être arrivé. Figurez-vous tous ces détails qu'on me demandait, ces peintures qu'on m'a faites, ces tableaux d'amour médical qu'on me dessinait par la parole, par le geste ; tout cela, pour en finir par cette phrase :

— Est-ce là ce que vous avez vu, senti, souffert ? Et moi qui leur répondais non... non... non... toujours et à tout. Moi, pauvre fille déshonorée par un malheur inouï, dégradée par une investigation épouvantable, salie par un interrogatoire plus hideux que le crime, si je l'eusse commis, je n'y ai pas succombé, tant le sentiment de mon innocence m'a rendue forte. C'est à votre tour de me regarder avec stupéfaction, général. Vous raisonnez, vous cherchez, vous voulez expliquer... il n'y a rien à expliquer. Sur mon âme, je n'ai pas eu d'amant... sur ma vie, je n'ai jamais appartenu à un homme...

— Et vous êtes mère ! dit le général.

— Et je suis mère ! dit Henriette. Écoutez bien : je n'ai rien à dire pour ma défense ; car enfin je ne crois pas aux miracles. J'ai dû chercher dans mes souvenirs : dans mes souvenirs il n'y a rien, pas une caresse, pas une intention, pas un regard échangé avec un homme, pas une heure de solitude : alors...

— Alors, dit le général, il faut qu'il y ait un crime.

— Ah ! s'écria Henriette, merci, mon Dieu, merci ! vous l'avez pensé, vous qui n'êtes pas mon père, vous avez pensé qu'il y avait un crime...

— Et le crime, ce me semble, n'était pas si difficile à expliquer, surtout pour votre père, pour qu'il n'y ait pas pensé.

— Ou pour qu'il ne l'ait pas avoué, dit Henriette d'une voix où se mêlaient un affreux désespoir et une horrible colère.

— Avoué ! s'écria le général, avoué !... Quoi ! Henriette... vous osez...

— Eh ! que sais-je ! reprit celle-ci comme une folle ; car enfin, moi, je suis innocente ! je l'ai dit en me traînant à genoux, en frappant la terre du front, en demandant grâce et pitié, et on ne m'a pas écoutée. J'ai adjuré le ciel ; j'en ai appelé à l'ombre de ma mère ; j'ai offert de mourir, j'ai prié ; et on ne m'a jamais répondu que par des sarcasmes, des mépris, des accusations : on n'a pas voulu me croire... Eh bien ! pourquoi voulez-vous que je croie les autres, moi, moi seule, entendez-vous ? Moi, dans le for intérieur de mon innocence, repoussée, insultée, méprisée, que dois-je de respect aux autres ? qui me garantit que le crime qu'on m'impute n'est pas le leur ?...

— Henriette ! s'écria le général.

— Monsieur ! reprit celle-ci avec une violence croissante, oh ! j'ai beaucoup appris, je sais beaucoup, j'ai profité au moins de l'infamie qu'on me jetait pour écouter ce que jadis je n'eusse pas osé entendre, pour chercher ce que j'aurais fui. Oui, monsieur, il y a des pères infâmes qui séduisent leurs filles ; il y en a, j'en connais... je me les suis fait nommer ; et ceux-là n'avaient pas ce pouvoir fatal qui pourrait expliquer mon crime et mon innocence... Enfin...

A ce mot elle s'arrêta, et, tombant à genoux devant d'Aspert, elle reprit en laissant échapper ses larmes : — Ah ! général ! général ! pardonnez-moi ! Non, je ne crois pas ce que je vous dis... non, je ne le crois pas... Mais enfin, je suis innocente, et l'on m'accuse, et je succombe, et je suis perdue, et l'on me maudit... Eh bien ! j'accuse, je maudis à mon tour, je hais, je méprise : on m'en a donné le droit. Pardonnez-moi.

— Et pourquoi donc accuser votre père plutôt qu'un autre ?

— Un autre, dit Henriette tristement et en se relevant... J'y ai bien pensé ; car vous comprenez bien que toutes les heures de ma vie n'ont qu'un but, c'est de trouver un indice soit en dehors, soit en moi ; un geste, un regard, un souvenir qui m'éclairent, qui me mettent sur la voie. Cet autre, le seul que vous puissiez supposer et sur lequel j'ai arrêté souvent l'ardente investigation de ma pensée ; cet autre, que nous comprenons tous deux sans qu'il soit besoin de le nommer, n'a jamais été seul avec moi. Je ne suis pas sortie une fois de la maison de mon père sans être accompagnée; et, dans toutes mes sorties, il n'y a pas un moment de rencontre avec cet homme, pas une lacune vide dans mes souvenirs; car vous ne sauriez vous imaginer ce qu'une tension constante peut rétablir de détails futiles, de circonstances inaperçues dans la mémoire ; dans notre maison, il n'a pu surprendre mon sommeil, se glisser près de moi la nuit, à l'insu de tous les domestiques, car je les ai interrogés. Oui, général, j'ai tout fait : je suis descendue jusque-là. Qu'ai-je à ménager?... que peut-il m'arriver qui ne soit à mon avantage?... Et si rien ne peut m'ôter la flétrissure que j'ai au front, du moins je puis faire tomber cette accusation d'impudent mensonge qui est peut-être plus odieuse; car, s'il est vrai qu'il y ait un pardon pour la faute dont je pourrais être coupable, il ne saurait y en avoir pour l'impudente hypocrisie avec laquelle j'essayerais de le nier.

— Et maintenant, dit le général, comment se passent vos jours ? que faites-vous ? que devenez-vous ?

— Je vis dans cette chambre... je garde mon enfant... Oui, c'est le mot, je le garde ; car mon père, dans un premier transport de colère, a parlé d'hospice d'enfants trouvés, et quelquefois ses colères se réveillent si soudaines, si emportées, qu'il pourrait profiter d'un moment d'absence pour me l'enlever ; et cet enfant, il ne doit pas me quitter. Hélas ! pauvre malheureuse, n'ayant plus de mère, déshéritée de l'amour de mon père, chassée de l'estime des hommes, destinée à vivre seule sans qu'amitié ni amour me vienne jamais consoler, il doit m'être permis de m'élever une espérance de tendresse et d'affection, de chercher, dans le malheur où l'on m'isole, une consolation qui m'échappera peut-être, mais la seule dont je puisse me faire un avenir ; oui, général, peut-être que mon fils ne me méprisera pas et ne me maudira pas... lui seul peut-être me croira quand je lui dirai la vérité... car vous-même, je le vois à votre air pensif et préoccupé, vous revenez déjà de ce mouvement de pitié qui vous a fait croire à mon innocence ; vous reculez devant la pensée de l'expliquer par un crime inouï ; vous cherchez des raisons vulgaires à ce qui serait surnaturel. Vous m'abandonnez aussi... vous m'accusez déjà...

— Henriette, dit le général après un moment de silence, Henriette, voulez-vous être ma femme ?

A ce mot, le visage d'Henriette s'exalta d'un étonnement soudain, d'une joie indicible ; elle porta la main à son cœur et à son front, comme si elle eût voulu retenir sa pensée et son bonheur ; elle tomba à genoux, et, penchant sa tête sur ceux du général, elle fondit toute son âme en sanglots et en larmes. Elle voulait parler, mais les sanglots arrivaient toujours avant la voix ; elle voulait le regarder, mais les pleurs lui voilaient sans cesse les yeux ; elle ne pouvait que prendre ses mains et les couvrir de baisers, les serrer convulsivement avec des cris étouffés. Le général la replaça sur un siége, elle se calma un peu.

— Ainsi, lui dit-il, vous acceptez...

Henriette sourit tristement, et, secouant doucement la tête, elle répondit par mots entrecoupés :

— Non... non... général... je ne puis pas... je ne dois pas... j'ai tout ce que je voulais... un ami qui me croit enfin, qui me pardonne d'être malheureuse. Maintenant que vous me croyez innocente... je puis baisser la tête et vous le dire... Je sais bien que je suis une fille perdue... c'est un malheur... mais un malheur irréparable aux yeux du monde... vous ne devez pas le prendre par générosité... je ne veux pas, je ne dois pas... non... Oh! je voudrais être pure comme les anges du ciel, pour me mettre à vos genoux et vous dire : Voulez-vous de moi?

— Henriette, dit le général, chacun a ses malheurs à soi, ses fautes dont il souffre cruellement, et qu'il voudrait bien verser dans un cœur ami. Et moi aussi, j'ai un malheur terrible dans ma vie... j'ai une faute, j'ai un crime dont je suis coupable, moi, et que je ne voudrais pas emporter jusqu'au tombeau sans que quelqu'un m'eût dit ce que je dois vous dire : Je vous plains et je veux vous consoler.

— Oh! parlez, parlez, s'écria Henriette. Je ne vous offre pas mes consolations, quoique le malheur comprenne seul le malheur; mais je souffrirai avec vous.

— Non, dit le général, non... je ne puis rien vous dire... il n'y a qu'une personne à qui je veuille me confier... c'est celle qui partagera l'avenir de ma vie, de mon nom... celle-là, je lui dirai tout... Allons, Henriette, répondez : voulez-vous savoir mon secret?

— Je serai votre fille, dit Henriette avec un sourire céleste où rayonnait encore la joie de son âme; je serai votre fille... Parlez-moi, mon père.

— Ma fille! reprit le général avec amertume... non... ce titre vous porterait malheur... cela ne se peut pas. Je vous en prie, à votre tour, ayez pitié de moi; un mot, un seul mot, et je parlerai.

Deux grosses larmes tombèrent des yeux d'Henriette; elle tendit la main à d'Aspert, et lui dit avec un accent où étaient passés toute la reconnaissance du cœur, tout le dévouement d'une vie donnée sans retour :

— Eh bien! parlez, parlez, mon ami; je veux vous entendre. Elle rapprocha son siége de celui du général, et, levant sur lui des yeux sereins et confiants, elle lui dit encore : — Parlez, parlez...

— Henriette, dit le général, ce mot est un serment.

— Oui, répondit Henriette, un serment qui vous appartient; un serment dont vous ferez ce qu'il vous plaira, que demain vous pourrez laisser tomber en oubli sans que je vous en veuille, et que vous pourrez me rappeler sans que je le craigne... Oui, je me donne à vous, pour être votre femme... ou votre amie... Vous m'avez dit un mot qui m'a liée éternellement et sans retour; vous m'avez dit : Je vous crois innocente !

D'Aspert se recueillit un moment et dit :

— Eh bien! voici ce qui m'a donné cette tristesse que votre père a remarquée, ce qui sera le tourment et le doute éternel de ma vie. J'ai un fils, ou plutôt j'avais un fils, car maintenant je ne sais plus ce que je dois croire : cet enfant m'a été enlevé par sa mère. Il est inutile que je vous dise son nom et les raisons qui l'avaient déterminée à cet enlèvement : c'est un secret qui ne m'appartient pas et que j'ai juré de taire à tout jamais. Je retrouvai cet enfant et résolus de le garder. Mais, autant pour obéir aux intentions de sa mère que pour le mettre à l'abri des tentatives qui pourraient encore me le ravir, je décidai de le faire élever sous un nom tout à fait étranger. A la même époque, un ami, un capitaine qui servait sous mes ordres fut tué. Dumont était un honnête homme, mais d'une sévérité qui le faisait redouter partout. Cette sévérité, contenue vis-à-vis des soldats par la surveillance des supérieurs, allait jusqu'à la cruauté la plus déraisonnable, lorsqu'il avait affaire à des gens qui n'avaient aucune protection à réclamer. Ainsi, dans un petit village des environs de Rome, il s'était attiré la haine des Italiens, à ce point qu'un soir qu'il se promenait à quelque distance des maisons, il fut assailli et égorgé par les habitants du pays. Le capitaine Dumont avait un fils, ce fils...

— Est Charles Dumont, n'est-ce pas? dit Henriette.

— Écoutez, reprit d'Aspert; cette aventure est si fatalement compliquée, que je ne sais plus qu'espérer ni que penser. Ce fils de Dumont disparut pendant qu'il venait, d'après les conseils de son père mourant, me demander protection et appui. Divers rapports m'assurèrent qu'il avait été enlevé par les mêmes hommes qui avaient assassiné son père, et je ne doutai pas qu'il ne fût mort comme lui victime de leur haine. C'est alors que me vint l'idée de donner à mon fils le nom de cet enfant perdu. Pour des raisons que je me suis engagé à taire, mon fils avait été élevé dans l'ignorance de ce qu'il était; il ne connaissait ni le nom de sa mère, ni le mien. Je lui dis qu'il était le fils de Dumont, il le crut.

— Ainsi, Charles Dumont, ce brave jeune homme, est votre fils?... ah! vous devez en être fier.

— Ne m'interrompez pas, Henriette, dit le général, je ne saurais que vous répondre, et vous aller en juger. Par des circonstances inouïes, le lendemain du jour où j'avais retrouvé mon fils, où je l'avais présenté sous le nom de Charles Dumont, et où je devais le remettre à un brave sergent pour le conduire en France, un ordre supérieur m'enjoignit de quitter Rome; il ne s'agissait pas moins que d'une accusation capitale pour avoir soustrait une femme émigrée à son jugement. Je ne voulus pas emmener mon fils dans un voyage où ma liberté pourrait être menacée, et je le laissai à Rome, à mon domestique, avec ordre de le remettre au sergent Bazil. Je trouvai celui-ci à Terracine; je lui donnai mes instructions, et je me rendis auprès du général en chef. Le soin de ma justification, l'espèce de disgrâce que je subis alors et qui me fit nommer plus tard de l'expédition de Saint-Domingue, m'empêchèrent de revenir en France. J'appris de Bazil qu'il avait trouvé à Rome, à la porte de mon palais que le peuple avait saccagé en mon absence, un enfant qui s'était dit le fils du capitaine Dumont. Le reste de mes instructions avait été fidèlement observé. Dans la conviction où j'étais que le fils du capitaine avait été assassiné, ce rapport me suffit, et je fis élever à Paris cet enfant sous le nom de

Charles Dumont. Je ne revins en France qu'en 1804 ; six ans s'étaient écoulés. Je n'avais vu mon fils que vingt-quatre heures ; sa figure ne m'était pas si ineffaçablement restée dans la mémoire que je ne pusse être trompé ; d'ailleurs, de l'âge de dix à seize ans, les traits d'un enfant prennent d'ordinaire un tel développement, qu'ils changent presque tout à fait. Je revis cet enfant. Est-ce mon cœur, est-ce l'orgueil que j'éprouvais d'être le père d'un jeune homme dont on vantait les talents et l'heureux caractère ? je crus reconnaître mon fils à la tendresse qu'il m'inspira ; je n'en doutai pas. La reconnaissance qu'il m'exprima me fit mal. J'aurais voulu lui dire qu'il devait à un autre devoir que celui d'une ancienne amitié les soins que je lui prodiguais ; j'en fus empêché par une raison qui, dès lors, commença mes inquiétudes. Je confiai à l'ami qui avait surveillé mon fils en mon absence, et qui était avocat, le secret de sa naissance et le projet que j'avais de lui rendre son véritable nom. Mon ami demeura terrifié à cette nouvelle. J'avais commis un crime sans m'en douter, et je l'en avais rendu complice. Persuadé que c'était véritablement le fils de Dumont que je lui avais envoyé, il avait fait toutes les démarches nécessaires pour établir son état en cette qualité. Il avait provoqué une assemblée de famille : un tuteur avait été nommé ; la succession de Dumont, si petite qu'elle fût, avait été liquidée et recueillie au préjudice de ses neveux ; l'enfant avait été placé au lycée avec un extrait de naissance lui donnant ce nom : c'était une véritable usurpation d'état. C'est alors que mon ami me jeta un doute effrayant dans l'esprit : si le fils de Dumont n'était pas véritablement mort, nous aurions donc livré à la misère, à l'isolement, un enfant que le modique patrimoine de son père eût protégé auprès de la munificence impériale, puisque cette seule recommandation avait valu à l'enfant qui passait pour lui une bourse dans un lycée. Je tremblais à cette pensée ; mais j'étais si persuadé de la mort du fils de Dumont, que je rassurai mon ami. Il me dit alors que ce qu'il y avait de plus prudent était de continuer à agir comme par le passé. Quant à ce qui concernait la fortune, sous prétexte d'arrangements et de partage, nous la rendîmes aux vrais héritiers, et je passai pour le plus généreux des amis. J'en fus honteux, mais je dus me taire.

— Eh bien! dit Henriette, ce crime est-il fait pour troubler votre repos? A qui avez fait tort? à personne. Et n'êtes-vous pas sûr, en votre conscience, que si le fils du capitaine Dumont eût vécu, vous auriez fait pour lui tout ce que vous paraissez avoir fait?

— Mais, reprit d'Aspert à voix basse, s'il vit, si véritablement je lui ai enlevé son nom, sa fortune, son avenir... ou plutôt si j'ai perdu mon fils... si j'ai été puni de mon mensonge par mon mensonge lui-même!...

— Que voulez-vous dire? s'écria Henriette.

— Vous ne me comprenez pas! s'écria le général, et moi-même, dans ce chaos d'événements, de doutes, d'incertitudes, je ne sais si je me comprends. Laissez-moi finir. Jusqu'à l'année dernière, rien n'avait troublé ma conviction, lorsqu'à cette époque, le sergent Bazil se présenta chez moi. Il me raconta qu'il avait été mandé à la police pour y répondre sur le compte du jeune Dumont. Il me lut le rapport qu'il avait fait et dont je connaissais les circonstances; mais ce que j'appris de lui dans la conversation, ce que j'ignorais, c'est qu'en traversant la Campagne de Rome, l'enfant s'était expliqué très-clairement sur ses souvenirs d'enfance, et avait reconnu des lieux qu'il disait avoir parcourus avec son père. Dans l'intention première où j'avais été de laisser croire à mon fils qu'il était Charles Dumont, jamais je n'avais reporté son attention sur ses premières années, assuré que, n'en parlant jamais, le souvenir s'en effacerait tout à fait, ou en deviendrait si confus, qu'il n'exposerait jamais mon secret par ses révélations. Ce que j'appris de Bazil me fit frémir, car, si par hasard ce jeune homme était vraiment Dumont, qu'était devenu mon fils? avait-il péri dans le pillage de mon palais? Sans doute le crime que je croyais avoir commis disparaissait, mais j'avais perdu mon enfant. Cette perplexité était affreuse, d'autant plus affreuse que je ne pouvais en sortir. Mon fils ou le fils de Dumont, ce jeune homme enfin, que je ne sais plus comment appeler, était prisonnier en Russie, et je le croyais mort.

— Il ne l'est donc pas ?

— Non, s'écria d'Aspert, grâce au ciel ; quel qu'il soit, il vit et va nous être rendu. Je l'interrogerai, je chercherai dans ses souvenirs la vérité fatale ; fatale dans tous les cas, car, d'un autre côté, j'ai tout lieu de croire que le fils de Dumont n'avait pas été assassiné comme je l'avais cru.

— Et comment avez-vous eu ces nouvelles informations ?

— Le voici. Après le pillage de mon palais, je fis un procès à la ville de Rome pour qu'elle eût à m'indemniser des pertes que j'avais faites. Ce procès, je l'avais gagné, et l'avocat m'en avait remis les pièces, que je n'avais jamais regardées. Il y a peu de jours, obligé de présenter mes titres au ministre de la guerre, je parcourais tous mes papiers lorsque je trouvai le procès-verbal qu'on avait dressé le lendemain du pillage de ma maison. Il en résultait qu'un enfant s'était présenté porteur d'une lettre ; que cette lettre était du capitaine Dumont, et qu'il m'y recommandait son fils ; on y ajoutait que le véritable fils de ce capitaine ayant été arrêté dans le palais et reconnu pour tel sur la déclaration du nommé Durand, le nouveau venu avait été chassé comme un petit vagabond, et que l'autre avait été mis en liberté sur sa réclamation, pour attendre, avait-il dit, le sergent qui devait, d'après mes ordres, le conduire en France. L'irritation que les autorités de Rome ressentaient de ma conduite, leur haine pour les Français, expliquent, si elles ne l'excusent pas, la légèreté avec laquelle on abandonna des enfants étrangers qui m'intéressaient. Quoi qu'il en soit, voilà ce qui arriva, ce que j'ai appris, ce qui me désespère ; car maintenant, quel est l'enfant désolé et pleurant que Bazil a trouvé sur la pierre de la porte de ma maison ? Est-ce mon fils revenu et qui répétait la leçon que je lui avais faite ? Est-ce le véritable Charles Dumont que son abandon et son désespoir avaient ramené à cette porte déserte où il devait trouver un asile ? Je ne sais ; ma tête se trouble à nouer ces circonstances et à les expliquer. La seule chose qui en jaillisse, claire et terrible, c'est que j'ai déshérité un enfant de son nom ou de sa fortune, ce qui est un crime horrible ; ou que j'ai perdu mon fils, ce qui n'est pas un malheur moins horrible ; et, maintenant qu'il va revenir, je ne sais que décider. Je ne sais si j'aurai le courage d'interroger ce jeune homme. Il me faut perdre la plus douce illusion de ma vie, ou me créer un remords terrible ; apprendre que je n'ai plus d'enfant, ou m'assurer qu'un autre a payé de son avenir ou peut-être de sa vie l'avenir et la vie de mon fils. Cette incertitude est affreuse. Des deux côtés il y a crime et malheur. — Vous le voyez, Henriette ; moi aussi, j'ai besoin d'un cœur qui me plaigne, qui me console, et surtout qui me seconde dans ce qui me reste à faire pour réparer le mal que j'ai fait.

— Hélas ! dit Henriette, d'après tout ce que vous venez de me dire, vous devez être plus malheureux que coupable, car tout semble prouver que celui que vous avez cru votre fils ne porte que le nom qui lui appartient.

— Vous avez raison, dit d'Aspert ; et, si je garde mon incertitude, c'est que l'amour paternel parle dans mon cœur plus haut que l'honneur ; c'est que je crains de voir la vérité ; c'est que je n'ai pas une horreur aussi grande pour la pensée d'avoir perdu un étranger que pour celle d'avoir perdu mon fils. Quelquefois j'ai voulu interroger la duchesse...

D'Aspert se tut soudainement. Henriette lui dit :

— De qui parlez-vous ?

— Ah ! dit le général, de quelqu'un qui était à Rome ; qui eût pu être informé de ce qui s'y était passé ; mais je ne veux ni ne dois lui rien confier. Cette pensée est celle d'un homme qui s'attache à la plus faible lueur d'espoir qui lui apparaît.

Henriette vit bien qu'il lui cachait quelque chose ; mais elle ne se sentait pas le droit de l'interroger ; elle se tut, et le général poursuivit sa supposition sur madame d'Avarenne. Il s'imagina son fils errant après le pillage de sa maison, rencontré par le domestique de la duchesse, ramené à sa mère, élevé plus secrètement encore qu'il ne l'avait été. Il bâtit toute une histoire, et allait peut-être se résoudre à tout confier à madame d'Avarenne, lorsque Lussay rentra. Il était sombre et semblait honteux de reparaître devant d'Aspert. Celui-ci, en le voyant entrer, se leva, et, allant à sa rencontre, il lui dit d'un ton solennel :

— Lussay, sur mon honneur, votre fille est innocente : êtes-vous aussi assuré de n'être pas coupable ?

— Que voulez-vous dire ? répondit Lussay.

— Je suis certain qu'on a exercé contre elle une violence infâme ; que cette violence a été pratiquée pendant ce sommeil magnétique qui n'a plus de souvenir dans la veille, pendant ce sommeil de fer qui fait l'âme et le corps esclaves de celui qui l'impose et dont vous avez la puissance.

— Mais, s'écria Lussay dont tout le visage devenait livide à ce mot, mais c'est moi qu'elle accuse ! Infamie !

Il s'élança comme un furieux vers sa fille ; d'Aspert l'arrêta.

— Elle n'accuse personne, dit-il, elle répond : Je ne suis pas coupable. Pouvez-vous le dire avec la même confiance ?

— Ah ! s'écria Lussay, ce coup me manquait ; cette nouvelle accusation devait être son dernier crime !...

— Elle ne s'adresse à vous qu'autant que vous ne pourriez la rejeter sur un autre, dit d'Aspert en regardant Lussay fixement.

— Un autre ! dit Lussay frappé d'une idée qui semblait lui éclairer le passé... un autre... oui, un autre... ce peut être.

Sa fille l'écoutait avidement. Lussay l'interrogea avec anxiété... mais il n'arriva rien... aucun indice... aucun souvenir... il ne s'en étonna pas. Mais, après un moment de silence, il s'écria :

— Eh bien !... je le saurai !... je le saurai !... Il faudra qu'il me réponde !

— Le voudra-t-il ? dit d'Aspert.

— Oh ! je l'y forcerai bien, dit Lussay.

— Eh bien!... reprit d'Aspert, je réclame ce droit; j'ai plus que vous l'habitude des armes.

— Des armes! dit Lussay en souriant; ce n'est pas ainsi que je l'obligerai à parler... J'ai un moyen plus assuré qui ne lui permettra ni détours, ni mensonges, ni subterfuges.

— Encore des folies! dit d'Aspert.

— Général, répondit celui-ci, ce sera une lutte terrible; mais je sens que je n'y succomberai pas. Si ce que vous appelez mes folies ont perdu ma fille, permettez du moins qu'elles lui servent à la venger; et, si ce but ne vous semble pas suffisant, permettez, avant tout, qu'elles servent à me justifier.

— Vous n'en avez plus besoin, dit d'Aspert. J'ignore les secrets de votre prétendue science, mais je sais qu'il y a dans l'accent de l'homme une puissance inimitable qui atteste la vérité plus haut que les paroles; cette puissance était dans la voix de votre fille quand elle m'a dit : Je suis innocente; elle était dans votre désespoir et dans votre colère, lorsque je vous ai jeté mon accusation à l'improviste. Je suis sûr qu'il y a un autre coupable.

— Merci, dit Lussay, merci; je vous crois aussi... vous venez de m'éclairer d'un jour terrible et consolant aussi, puisqu'il me fait voir Henriette malheureuse, mais pure... Viens, ma fille, viens; pardonne à ton père... pardonne-lui... Si tu savais ce que c'est que de croire à la honte de son enfant!...

Henriette se jeta en pleurant dans les bras de son père; elle y demeura longtemps, comme pour y reprendre toutes les caresses qu'elle avait perdues. Enfin d'Aspert dit à Lussay :

— Et maintenant ne voulez-vous pas lui permettre d'embrasser son mari?

Lussay ne comprit pas; le général s'expliqua tout à fait. Ils furent heureux ce soir-là, heureux un moment, pendant lequel ils oublièrent le passé et ne s'occupèrent point de l'avenir.

IX

DESCRIPTION

Voici un titre de chapitre le plus honnête du monde; il avertit le lecteur du danger qu'il va courir, et lui permet de le franchir à pieds joints, ou de s'y engager à volonté. C'est une rareté par le temps qui court, où le titre est une escroquerie très-habituelle de la littérature moderne. Certes, il m'appartient moins qu'à un autre de moraliser à ce sujet; il me semble bien que j'ai, quelque part, couvert d'un titre collectif, qui avait l'air d'annoncer un ouvrage presque maritime, *le Port de Créteil,* une douzaine de petites histoires où je ne me rappelle pas qu'il y ait le moindre port, la moindre barque; je ne sais même s'il y a une goutte d'eau dans toutes ces histoires; à moins que quelqu'un de mes lecteurs ne se soit laissé aller à verser des larmes sur la dépravation des gens de lettres et des libraires. Et, à propos de cette dépravation, je pourrais vous dire, en forme de réflexion... Mais ici permettez-moi d'ouvrir une parenthèse.

(Je prends date pour la réflexion que je destine à remplacer la préface. La préface n'est plus lue, je le sais; le public se déplaît à ce commentaire en avant du livre, où on lui dit la pensée philosophique qu'on a eue, le but qu'on s'est proposé en écrivant. Précaution admirablement utile dans une littérature comme la nôtre, qui n'a ni but ni pensée. Le public, bien averti que tel livre, où l'espèce humaine est dégradée dans ses exceptions les plus déplorables, n'est qu'une manière de faire aimer la vertu; le public, avide de ce qu'on lui annonce, cherche la morale promise, l'attend, la poursuit et achève l'ouvrage sans l'avoir trouvée; ce qu'il n'eût certes pas fait sans cet avertissement. La préface a eu encore pour but de dire au lecteur : Remarquez que ceci est un livre d'études sérieuses et fortes, et que, sous peine de passer pour un esprit léger et ignorant, vous ne pouvez pas avouer qu'il vous a ennuyé. La préface a été la vengeance de toutes les pièces tombées; la préface a remplacé l'analyse critique; la préface a été la vie de l'auteur; la préface a été un plaidoyer en faveur d'opinions devenues rouges, de blanches qu'elles étaient; la préface a été une chose sublime et universelle; mais enfin la préface a eu son temps. Le public la redoute, la fuit, l'abhorre presque à l'égal de la dédicace. J'y veux substituer la réflexion. La réflexion comme je l'entends n'est, à vrai dire, que la préface dispersée, le poison fondu dans un liquide plus étendu et que le lecteur prendra sans défiance, sans le dégoût qu'il éprouve pour la préface condensée. Si ceci n'est pas une idée nouvelle, tant pis pour le public; car c'est un monstre dévorant et vite rassasié que le public de nos jours. Il lui faut tous les matins deux volumes neufs à absorber, et cependant, à la cinquième ou sixième édition d'une idée, il n'en veut plus, il la trouve froide, usée, *lavasse,* et il la rejette. Le pâté d'anguille n'irait pas aujourd'hui jusqu'au troisième jour. Je ferme ma parenthèse, car cette dernière idée me ramène tout droit à la réflexion que je voulais faire sur la dépravation des gens de lettres et des libraires.)

Je pourrai donc vous dire que leur dépravation, celle du moins par laquelle ils mentent impudemment au public par le titre insolent de leurs ouvrages, que cette dépravation n'est point de leur fait. Observez en effet les engouements et les dédains de notre monde. Qu'il paraisse un livre anglais ayant pour dénomination *roman historique* : tout ce qui a patience pour lire de vieilles histoires, et puissance pour les dramatiser, se rue à fabriquer des romans historiques; car le roman historique est très-demandé, très-goûté, très-recherché. — Pouah ! dit le public au troisième essai, chassez ces pâles imitateurs, ce *servum pecus* d'Horace qu'ils n'ont jamais lu, je n'en veux pas : tirez, tirez, ils ont écrit partout.

Se fait-il des contes fantastiques en Allemagne, passionnément accueillis en France? Vite nous courons au conte antastique. — Qu'est-ce que c'est que ça? (prononcez qui-

queqça) s'écrie encore ce sublime public. Quoi! ce monsieur qui se promène et qui vient de dîner fait des contes fantastiques ! cet autre qui a des gants et qui lorgne cette danseuse en fait aussi ! C'est indécent ! le conte fantastique veut une âme rêveuse et des habitudes poétiques ; supprimez, supprimez le conte fantastique. Et la marine, cette brave marine qui a lofé, cargué, filé, berlingué, voyez de quel air on l'accueille aujourd'hui : on en a jusqu'aux écoutilles, on n'en veut plus. Il y a tel lecteur qui aimerait mieux voir tomber dans l'eau toute la marine française que d'avaler une page maritime. Il en a été de même du conte, de la nouvelle, de la chronique : on en voulait d'abord, au point qu'il n'y en avait jamais assez chez les libraires. Faites, faites des contes, messieurs de la plume. L'éditeur, ravi, les commandait par quarterons, comme des œufs frais ; les gens de lettres en étaient si charmés, qu'ils passaient volontiers les quatre au cent. Mais bah ! ouf ! hif ! haf ! patatras ! Pendant que les in-octavo s'imprimaient, le conte, la chronique, la nouvelle, s'abîmaient dans le gouffre de l'ennui public. C'était un livre perdu d'avance, repoussé de la famille du lecteur, comme un enfant posthume né après le dixième mois. Alors éditeur et auteur s'ingéniaient ; on inventait un titre qui ne laissât nullement percer le conte, la nouvelle, la chronique, et, avec un peu d'imagination, l'un l'appelait le..., l'autre la..., celui-ci un..., celui-là une..., etc., etc., vous savez tous les titres qui vous ont dupés? Eh bien! en bonne conscience, est-ce la faute du métier ou celle du public? C'est celle du public assurément, qui n'a pas compris que l'exploitation d'un genre n'est pas l'imitation des ouvrages de ce genre, et qui, proscrivant sur le titre, se fait attraper sur le titre et le mérite bien.

Il y a des obstinés qui, plutôt que de reconnaître leurs torts, sont gens à nous dire : Eh! messieurs, que n'inventez-vous quelque chose d'original, quelque forme nouvelle, hardie, inattendue, qui ne vienne pas de l'étranger ou ne soit pas renouvelée d'un vieux bouquin? Mais, entre nous soit dit, et sans aborder la grande question de savoir s'il y a du neuf en littérature, puisque nous en sommes à parler franchement, les mille ou douze cents lecteurs ou cabinets de lecture qui achètent un roman valent-ils bien la peine qu'on se mette en frais d'original et d'invention? Non, ma foi! Oh! l'impertinent, s'écriera le lecteur, l'insolent auteur! — Bien plus impertinent et insolent que vous ne croyez. D'abord, et avant tout, vous n'êtes plus assez nombreux, vous qui aimez la littérature rien que pour elle, pour qu'on vous fasse un bon livre purement littéraire. La masse emploie son temps aux idées appliquées aux choses, et il n'y a plus profit et honneur, si ce n'est à parler politique, machines ou affaires; et ensuite il n'y a pas de peuple moins fait pour les idées originales que le nôtre. Nous n'avons pas d'homme, quelque peu marquant, qui n'ait été bafoué jusqu'à en mourir, du moment qu'il est sorti de la ligne battue. Vous souvient-il pas que Chénier, faisant un rapport littéraire à l'Institut, n'eut pas assez de moqueries pour l'auteur d'*Atala* et du *Génie du Christianisme,* et pas un mot pour madame de Staël, oubliée dans ce rapport comme si elle eût été morte, ou plutôt comme si elle n'eût jamais vécu? Lamartine n'a-t-il pas été nié jusqu'à ce que ses amis l'eussent fait adopter comme un reflet de Byron? Je ne parle pas d'Hugo, il lutte encore; ni de Dumas, qu'on déchire, preuve qu'il existe, quoi qu'en dise le *Journal des Débats.* Que demandez-vous donc alors? des gens pour les siffler quand ils se seront donné beaucoup de peine? vaut autant l'être avec la peine de moins. Voilà pourquoi vous avez tant de mauvais ouvrages... Voilà pourquoi vous avez ce livre. J'ai ajouté ce dernier mot pour épargner ce soin à ces lecteurs tout chatoyants d'esprit qui écrivent leurs réflexions en marge d'un volume loué quatre sous, ce qui gâte le volume, ce qui, par conséquent, n'est point d'une scrupuleuse probité.

Il me semble voir la colère ou le mépris du lecteur en lisant toutes ces réflexions; il me semble surtout le voir véritablement indigné contre un auteur qui, à la première ligne de ce chapitre, se vante de l'honnêteté de son titre pour y manquer à la ligne suivante. Eh bien ! ceci est encore une dernière et excusable ruse, non pas pour vous faire lire ces doléances, mais pour vous empêcher de les lire. A ce mot *description*, la plupart auront sauté le chapitre et continueront de lire l'ouvrage avec l'indulgence dont il a besoin, et l'auteur aura le petit orgueil de se vanter d'avoir dit la vérité au public sans qu'il lui en soit arrivé malheur. Or je continue, et croyez bien que, si je décris, ce n'est pas pour tenir la promesse du titre, mais parce que cela entre dans le plan que je me suis tracé, car cet ouvrage a un plan, quoique vous fassiez semblant de ne pas vous en douter.

LA FORGE

Lorsque le ballet ayant pour nom *les Filets de Vulcain* fut représenté à l'Opéra, il y eut une salve d'admirations parlées, hurlées, écrites et imprimées pour la décoration qui représente la forge du fils boiteux de Jupiter, si divinement représenté par Mérante. Eh bien ! parleurs, hurleurs, écriveurs et imprimeurs, méritaient d'être tous envoyés à Charenton, non pas pour y être mis à la maison des fous, mais pour y voir la forge établie par MM. Wilson, Mamby et compagnie.

Mon Dieu ! que ces colonnes d'airain qui reflétaient mal une teinte rouge, que ces caves toutes de métal où l'on allumait un pot à feu pour figurer un fourneau, et où l'on brûlait une lance à flamme violette pour représenter une barre de fer qu'on allait forger, étaient d'un pauvre et mesquin effet ! C'était pourtant le cas de faire grand, de faire prodigieux, hors nature. L'atelier d'un dieu ! il fallait qu'il valût au moins l'atelier d'un serrurier de campagne. Hélas ! c'était et c'est encore au-dessous de la forge d'un maréchal ferrant. Imaginer que c'était là que se fabriquait la foudre, et trouver des gens pour le croire, c'est bien digne du public que vous savez. O belle et magnifique forge de Charenton ! vaste et sublime création de l'industrie! trop lourde pour le sol français, et qui t'es abîmée dans la banqueroute, rien ne garde le souvenir de ton infernal aspect; la peinture même n'a pas été tentée de te reproduire. Imaginez-vous une nuit bien noire, si des gens qui passent leurs nuits à la clarté des réverbères municipaux savent ce que c'est qu'une nuit noire dans la campagne, lorsque tout n'a plus qu'une couleur, arbres et maisons, verdure et fleurs éclatantes; lorsque la vue n'a plus de mesure, et que l'arbrisseau qui est à deux pas vous semble un immense chêne lointain, tandis que la tour qui domine le coteau paraît un tronc dépouillé qui borde la route. Pendant une nuit pareille, si vous étiez allés visiter cette forge de Charenton, il vous eût semblé, à quelque distance, voir brûler cent flambeaux énormes et rugissants. Vous auriez vu ses quatorze pompes à feu avec leurs cheminées de cent coudées, dont la flamme sortait avec un souffle furieux et lançait au ciel des colonnes d'une fumée sombre que le vent étendait comme un rideau noir sur la campagne; puis ses soixante fourneaux avec leurs gueules de feu par le bas et leur plumet de feu au sommet de leurs cheminées de briques, tout ce feu rugissant autour de vous et s'éclairant d'étoiles d'un blanc qui dévorait le regard, à l'endroit où le soufflet jetait à la flamme son air humide à dévorer. Puis partout le fer, fondu ici, martelé là, mais partout rouge et flamboyant, versé comme une lave dans les moules immenses où il devenait le toit d'une maison, ou la carcasse d'un bateau, ou livrés aux rainures inégales du laminoir qui, prenant un bloc de fer enflammé, en faisait d'abord un rouleau de six pieds, gros comme un homme, puis un tronc d'arbre comme un peuplier équarri, puis une branche légère comme une colonne gothique, puis une énorme corde souple et qui sortait en serpentant de la terrible pression des cylindres, puis une barre déjà amincie à l'épaisseur du bras, puis une baguette, puis un ruban; toujours rouge, toujours enflammé du blanc jusqu'au cerise. Et, parmi toutes ces machines en travail, des hommes colosses remuant ces blocs de feu avec des tenailles de six pieds, et jetant ces masses brûlantes, soit au laminoir, soit au marteau mécanique qui battait en mesure et sans discontinuer, et sous lequel ils les retournaient pour en faire des enclumes, des socs de charrue, des masses de fer; tandis que d'autres, attachés ou suspendus aux leviers immenses des machines, accompagnaient de vastes chaudières où bouillait le fer en fusion, pour le verser hardiment dans la gueule béante d'un moule, et tout cela sur un sol noir de scories, noir du charbon de terre que d'autres hommes lançaient incessamment dans la bouche affamée des fourneaux. Oui, vraiment, cela était beau, jamais aspect ne m'a tant surpris et épouvanté; car, dans cet ensemble terrible, il n'y avait pas une seule de ces machines qui n'eût consumé ou broyé en moins d'une seconde celui qui s'en fût trop approché. Mon Dieu! que ces anciens qui inventaient la colonne corinthienne à la vue d'un palmier, la fable des géants à propos du mont Etna, et le masque de Jupiter sur la figure humaine, eussent fait une admirable chose de la forge de Charenton!

Mais il y a forge et forge : celle dont je vous dois la description ne ressemblait point du tout à celle-là.

— Pourquoi donc décrire la forge de Charenton?
— Pour m'amuser.
— Mais cela ne nous amuse pas.
— Qu'est-ce que ça me fait?

Au bord d'une route longée par un bois, on prenait, à droite en venant du village de l'Étang, un chemin assez large pour le passage de deux charrettes, assez étroit pour que les arbres croisassent leurs branches au-dessus. A l'entrée de ce chemin était une misérable auberge, avec son paquet de houx pour enseigne. On suivait ce chemin, une lieue environ, sans rencontrer d'autre habitation que quelques pauvres cabanes de charbonniers, assises à côté de leurs fosses fumantes, avec une vue bornée, par l'épaisseur de la forêt, à une circonférence de quelques toises. Tout à coup, au détour du chemin, on apercevait un plus vaste horizon : c'était une vallée en entonnoir, dont le fond elliptique était occupé par un lac magnifique. De tous les bords du lac, la forêt s'élevait en amphithéâtre, excepté au pied du chemin, où le lac, maintenu par une étroite chaussée, s'enfuyait ensuite dans un ravin, en s'élançant par douze gorges ou chutes d'eau de douze roues immenses qui faisaient mouvoir les machines des ateliers élevés sur pilotis en avant de la chaussée. Au bout de la chaussée, une maison au toit perpendiculaire, avec la tourelle angulaire où tourne l'escalier qui semble avoir été oublié dans le plan régulier du bâtiment. A quelque distance, dans trois ou quatre clairières ménagées sur le flanc des coteaux, des sortes de petits forts en briques : ce sont les hauts fourneaux de la forge.

Parmi tout cela des charrettes chargées de bois, de minerai, de fonte ; des femmes, des enfants, quelques chiens de garde, tout un monde enfin, mais un monde à part, renfermé dans cet étroit espace, qui compte les jours où il franchit les bois qui l'isolent, et plus encore ceux où un étranger pénètre jusqu'à lui.

Il faut descendre d'abord le chemin chargé de scories qui semble tomber à pic dans le lac et qui ne se détourne qu'à quelques pieds de la chaussée, sans qu'un garde-fou ou une haie protégent l'imprudente voiture qui ne suivrait pas habilement ce tournant. Ensuite on prend la chaussée, que l'on sent frémir sous la roue et sous l'effort des eaux qui se précipitent par leurs douze percées, et l'on arrive sur l'autre rive du lac. A droite et du côté des ateliers, un amas de chaudières : c'est la demeure des forgerons ; à gauche, sans grille, sans cour, sans parterre, sans gazon qui la précède, la maison à la tourelle : c'est le logis du propriétaire, c'est la maison du général d'Aspert.

En entrant vous trouvez une vaste salle ; il n'y a pas d'antichambre ; c'est la salle à manger : elle est pavée de dalles grises ; une large table de chêne luisante en occupe incessamment le milieu ; tout autour, des chaises de jonc à claire-voie, avec des coussins au siége et au dos, attachés par des rubans de fil ; aux murs, deux baromètres, une pendule dans sa gaîne, quelques cartes de géographie, l'Europe presque entière publiée sous l'empire avec la dénomination naïve et sublime de *théâtre de la guerre*, les gravures des tableaux de Greuze, l'enfant de Prudhon, la première lithographie de Charlet, deux grenadiers défendant leur drapeau; dans l'angle, un tour qui communique à la cuisine; aux deux côtés d'une porte qui ouvre sur le jardin, en face de la porte d'entrée, deux buffets larges et saillants jusqu'à hauteur d'appui, puis plus étroits et montant jusqu'au plafond. Çà et là des servantes avec leurs vases profonds en fer-blanc pour recevoir les bouteilles, et enfin une immense cheminée où l'on entre debout, au manteau de chêne sculpté, avec ses deux bancs latéraux, et au-dessus la double crémaillère de chêne, où reposent quatre ou cinq fusils de chasse, une carabine et une espingole. Si vous traversez la pièce dans sa largeur, vous arrivez, par une porte semblable à celle par laquelle vous êtes entré, dans ce qui s'appelle le jardin; si vous prenez à droite, c'est le salon que vous trouvez. La cheminée immense s'y voit encore, mais plus coquette et plus riche en sculpture; tout autour des lambris peints en gris avec leurs plinthes épaisses, leurs cimaises saillantes, distribués en panneaux ou cadres aux angles arrondis et tournés en fleurs sculptées. Une tapisserie splendide tend tout l'appartement: ce sont les tableaux de l'histoire d'Alexandre. On en parle comme d'un présent de Louis XV à l'ancien propriétaire de cette forge, pour la remarquable exécution de la ferrure des écluses du canal du Languedoc; le meuble, voilé d'ordinaire de chemises d'un basin à côtes, vient de la même source; on le cite dans le pays: il y a fait connaître le nom des Gobelins. Au milieu du salon, une table carrée avec un tapis à dents et à franges, deux consoles incrustées de cuivres superbes, avec des marbres jaunes sur leurs pieds de satyres; deux vastes fauteuils, différents du meuble, en velours vert avec des crépines d'or, leur petit traversin qui soutient les reins, et leurs oreillettes avancées pour la tête; un guéridon d'ébène, des tables à jeu noires et cuivrées; un trictrac d'écaille incrusté tout autour et au dedans de bois de rose, d'ivoire et de nacre; sur la cheminée, une pendule aux colonnes torses avec des magots dorés, des chandeliers dont la tige contournée s'étale en douze ou quinze tulipes qui reçoivent les bougies; des glaces dont les joints sont dissimulés sous des guirlandes de fleurs. Un plafond peint à l'huile, où l'Amour se promène avec des colombes, et duquel pend un lustre avec ses ornements dorés et ses aiguilles en cristal de roche. Puis enfin, au milieu de tout cet ameublement somptueux, quelques raquettes, des volants, des cerceaux, un métier à tapisserie, et dans un coin un petit bonheur-du-jour qui, à son départ de Paris, devait être le seul meuble sortable de la maison, et qui, parmi ces riches et grands restes du luxe de nos pères, se montre honteux et mesquin, comme serait un couplet de vaudeville dans une tragédie de Pierre Corneille.

Encore une pièce, et tout est fini; derrière ce salon, en entrant par une porte basse couverte d'une portière, un boudoir, mais un boudoir de l'époque. Le divan aux larges coussins, une tenture de mousseline brodée sur un fond bleu Marie-Louise, une psyché, une console romaine, une toilette à colonnes, un piano d'Érard, des chaises en gondole, un tapis d'Aubusson, et des glaces partout où on avait pu en mettre avec leurs cadres dorés. Voilà tout ce qui est nécessaire aux détails de notre histoire. Le reste de la maison avait aussi son luxe différent de celui d'aujourd'hui, mais nous n'y conduirons pas nos lecteurs. Une demi-douzaine de chambres à coucher à chaque étage. Le jardin, à proprement dire, n'était qu'un parterre d'un demi-arpent. On n'y avait pas fait un bois pour l'ombrage, la forêt était là; il n'y avait pas non plus de bassin avec des poissons rouges, on se contentait du lac. A dix pas, sur le côté, était un autre corps de logis : là se trouvaient les bureaux de la forge et quelques logements convenables. Ensuite commençaient les magasins, puis la forêt recommençait. Là se passa un drame.

X

PERSONNAGES

Là demeuraient bien des personnes dont on s'est occupé dans ce livre : d'Aspert, Lussay, Henriette; et plus tard, cet être douteux qui n'a encore paru que par son nom dans nos récits, le prisonnier russe, le commandant Dumont. Cependant, quoiqu'il n'y eût qu'une année de passée depuis qu'ils demeuraient au Tremblay, ce n'étaient déjà plus, du moins pour les premiers, les caractères que nous avons connus, ou plutôt le manque de caractère qui les confondait autrefois dans tout ce monde de Paris, dans tout ce peuple de l'empire, sur lequel le grand homme avait déteint un peu de sa grandeur, de son éclat, de ses larges pensées.

Quand une direction vigoureuse est imprimée à un siècle, quand une volonté forte le dirige, il se revêt d'une couleur uniforme, d'une habitude générale sous laquelle disparaissent les individualités qui n'ont pas assez de puissance pour y résister. Voyez le siècle de Louis XIV : tous ses généraux, tous ses courtisans, ses hommes de lettres même, ont une tournure, une physionomie de famille qui les fait ressembler tous au maître; il faut descendre aux nuances pour les distinguer. Remontez au siècle du Sardanapale Henri III, et voyez, sous ces libidineuses faiblesses, que de caractères originaux se dessinent, que d'individualités pour l'histoire et le drame! Suivez et remarquez comme plus tard la partie forte du règne de Henri IV efface les saillantes figures de la Ligue; puis observez comme elles renaissent sous Louis XIII, prince faible que les courtisans et un ministre se disputent; comme elles fourmillent sous la Fronde; comme elles disparaissent enfin sous le grand roi.

Le grand empereur fit de même que le grand roi : il absorba, dans le cours impétueux de son règne, les restes déjà dégradés de la révolution; et, à part lui, il n'y eut plus de grandes figures que celles qui lui ressemblaient le plus, soit par le courage, soit par la hardiesse de leurs fortunes. Ainsi, la plupart des généraux de l'empire marchant au son du tambour, qui réglait le pas à la France, eurent presque tous un caractère uniforme de courage, de dévouement militaire qui suivit le drapeau tant que le drapeau fut debout. Mais dès qu'il fut tombé, il y eut une déroute complète; ce ne furent plus les hommes d'autrefois. Ce grand sentiment d'être les vainqueurs de l'Europe, qui les revêtait d'une force étrangère, s'en alla avec le chef, et chacun redevint soi, et soi tout seul. Aussi souvenez-vous comme ceux dont la fortune valait mieux qu'ils ne valaient, s'estimèrent peu et se vendirent pour peu de chose; comme tous, grandis à l'improviste sur le sol de la France, se laissèrent disperser au cri de : Rompez vos rangs! prononcé par la restauration; vrais soldats obéissants, sans qu'il leur vînt à l'idée qu'avec leur armée de la Loire, leur vieille armée de cent vingt mille hommes, ils pussent résister et capituler; tandis que trois nobles Vendéens avaient commencé la révolte avec cent cinquante paysans. Quelques-uns survécurent à cette universelle disparition, à toutes ces existences rentrées dans l'ombre depuis que le flambeau qui les éclairait s'était éteint : ce furent ceux à qui la tribune ou la proscription fournirent encore un champ pour la lutte et l'activité. Presque tous les autres, réduits à eux-mêmes, s'en allèrent vivre ou mourir dans l'obscurité : mourir ou vivre sans différence. Cet excitant surnaturel qui les avait soutenus vingt ans, épuisé sans retour, ils s'affaissèrent dans les regrets hargneux, dans les occupations mercantiles, dans la paresse, dans l'ennui, dans le *Constitutionnel*; ils sentirent leurs blessures et leurs rhumatismes : ils étaient finis.

D'Aspert fut un de ces hommes. A le voir général de la république, chargé de vouloir et de commander sous la responsabilité de sa tête, il semblait un de ces esprits puissants qui agissaient sur l'Europe. Sous l'empire, réduit à comprendre et à obéir, mais à comprendre le génie et à obéir à des ordres sublimes, il fut une de ces intelligences au corps de fer que le hasard paraissait avoir créées pour Napoléon ; mais, sous la restauration, il redevint Jean d'Aspert ; il serra ses épaulettes, pendit son épée au chevet de son lit et se fit maître de forges. Il avait acheté la forge du Tremblay et y avait amené Henriette, qu'il avait épousée à Paris. Il avait gardé cette susceptibilité d'enfance qui lui faisait détester la supériorité nobiliaire, et ce courage de soldat qui n'eût peut-être pas bravé l'aspect d'un échafaud, mais qui, une épée ou un fusil à la main, ne comptait plus la mort que comme un ennemi vulgaire, cent fois rencontré et cent fois vaincu. La goutte était venue avec la non-activité, et il passait souvent des mois entiers dans son fauteuil. Il n'était ni revêche ni grondeur, mais il était triste et ennuyé. Une chose le désespérait aussi. C'était la malveillante et haineuse calomnie qui l'avait accueilli à son retour. Pour ceux de son temps qui, étant nés pauvres, n'étaient pas devenus riches, c'était un fripon ; pour ceux qui n'étaient arrivés qu'à être greffiers ou notaires, c'était un sot ou un ignorant parvenu par l'intrigue. Il y en a qui disaient qu'il ne savait pas lire, particulièrement deux propriétaires de mérinos, qui étaient abonnés au *Mercure*. Ce peuple, loin de tirer vanité de ce frère devenu comte de l'empire, ne l'appelait de ce titre qu'avec dérision. Les paysans, les ouvriers seuls, dont beaucoup avaient été soldats, l'adoraient et lui savaient gré de sa bienfaisance, que les avares propriétaires du canton traitaient d'impudente ostentation. La familiarité avec laquelle il les avait accueillis avait été traduite en air d'impertinente protection, et ils préféraient aller se faire toiser d'un regard hautain par la duchesse d'Avarenne, quand elle venait à son château de l'Étang, plutôt que de se voir tendre la main au Tremblay. Aussi d'Aspert ne voyait-il personne, si ce n'est monsieur Bizot et sa femme, qui, à moitiés ruinés en 1814 et 1815 par la baisse de la rente, avaient été obligés de se retirer en province, et qui avaient choisi celle où ils devaient rencontrer des connaissances ; ils habitaient à une lieue à peu près, dans un bourg où il y avait un notaire. L'enfant magnétique était mort ; on disait que Bizot s'en était réjoui.

Lussay demeurait avec son gendre, mais il n'était guère pour lui une société ; préoccupé d'une pensée dont il ne faisait part à personne, il vivait solitaire dans ce qui lui restait de famille. Silencieux, déjà vieillard, mais sec, pâle, nerveux, actif, sa manie de magnétisme ne l'avait pas quitté, et comme d'Aspert haïssait jusqu'au nom de cette prétendue science, il ne lui en parlait jamais ; le docteur baron allait donc dans les chaumières, magnétisant, étudiant, expérimentant, sans que d'Aspert voulût connaître la cause de ses absences perpétuelles. Aussi faut-il le dire, le général en était réduit à souhaiter Bizot, Bizot qui écoutait, qui croyait, qui était libéral, qui jouait le piquet et le trictrac avec assez de talent et de passion pour que la partie fût dramatique.

La solitude a cet effet que, lorsque les sentiments fervents de la jeunesse ou les énergiques luttes du monde sont passées, elle attache avec fureur aux puérilités qui restent à la vie. Si la profusion d'intérêts qui vit dans Paris n'affranchit pas les gens usés de ces goûts passionnés pour les petites choses, combien cette tendance doit être bien plus entraînante en province, combien plus dans la retraite d'une maison de campagne ! Hélas ! j'ai connu dans un coin de village un homme qui avait été chef de la police sous Fouché, sous Rovigo, et qui n'avait le soir à nous conter que les quinolas forcés, la veille, chez le curé ou le percepteur. Nous avions un colonel qui avait été en Egypte et en Russie, et qui n'avait souvenir que d'une partie de trictrac à écrire, gagnée bredouille, et où il avait pris quarante-huit trous sur un jan de retour. Pour d'autres c'est la chasse, pour d'autres c'est la pêche ; j'en ai vu qui élevaient des serins... O misères !

Mais si la solitude a cet effet sur les âmes vieillies et les sens amortis, elle exalte aussi à un point extraordinaire ceux à qui il reste quelque chose à dépenser dans le cœur et l'esprit ; ceux surtout qui sont riches d'une jeunesse non encore éprouvée. Ainsi étaient Henriette et Charles Dumont.

Henriette, prise dans le monde, innocente de cœur avec

une honte au front, sans avoir aimé, sans avoir brûlé ni de son âme ni de ses sens, avait vingt-trois ans. On était en 1818. Elle était arrivée dans la solitude du Tremblay avec une vie entière à passer, à commencer même. Le soin de son enfant, la reconnaissance qu'elle avait pour d'Aspert l'avaient d'abord occupée et lui avaient suffi. La nouveauté des travaux du général, qu'elle accompagnait souvent dans les ateliers, l'avait intéressée quelque temps ; mais lorsque le général devint goutteux et sédentaire, toutes ces journées qui se passaient à côté de lui, l'œil sur une tapisserie, avec la pensée inoccupée, lui parurent longues à subir. Les mille choses qu'elle tentait pour les remplir dénotaient combien le temps lui pesait. Jusqu'au commencement de cette année 1818, Dumont, jaloux de continuer une carrière si brillamment commencée, était demeuré à Paris à solliciter de l'emploi. Il n'était arrivé dans la capitale qu'après le départ de d'Aspert et de sa femme, de façon qu'il leur était à peu près inconnu. Cependant le général, se sentant incapable de continuer la surveillance de son exploitation, dit un jour à Henriette :

— J'ai, depuis quelques jours, un projet que je désire mettre à exécution, et sur lequel je veux te consulter. J'ai besoin de quelqu'un qui me remplace : Charles use à Paris sa jeunesse à se présenter dans les antichambres ; je veux le faire venir. Qu'il soit ou qu'il ne soit pas mon fils, je l'aime comme s'il l'était ; il partagera mon affection avec le tien ; je lui donnerai la moitié de ma fortune et garderai l'autre à ton enfant : et, lorsqu'il sera ici, je chercherai à éclaircir un mystère qui me tourmente.

Le général parla ainsi ; mais il y avait bien plus d'habitude de phrases toutes faites que de vrai besoin d'une affection et de désir de s'éclairer, dans ce discours. Un homme lui était nécessaire ; il préférait son fils adoptif, voilà tout. Il y avait sur la naissance de ce jeune homme un doute qui l'avait torturé ; il n'y pouvait paraître indifférent et il en parlait, voilà tout encore ; mais ce n'était plus cette anxiété douloureuse d'autrefois, cette épouvante d'avoir compromis le sort de son fils ou celui d'un étranger. La goutte avait pris beaucoup de place dans la sensibilité du général; le piquet et le trictrac avaient nui à l'intérêt de son enfant. Cependant Henriette accepta avec joie; elle parla avec chaleur du besoin de découvrir la véritable existence de Charles. Elle laissa voir qu'elle désirait qu'il fût le fils de d'Aspert. C'est que peut-être, sans s'en rendre compte, elle s'apercevait du désintérêt de son mari aux choses de cœur; c'est qu'elle avait deviné qu'ils n'étaient plus au même point que le jour où elle s'était donnée à lui; qu'arrivé à considérer sans émotion la situation extraordinaire où il était vis-à-vis de Charles, il pourrait bien regarder avec déplaisir celle où il était vis-à-vis d'elle. En effet, quelquefois le général, quand il pensait, et cela ne lui arrivait pas souvent, se dépitait de sa singulière position, entre un jeune homme qui peut-être était son fils, et un enfant dont le père était inconnu. Il se rappelait la promesse de Lussay, et voyant que Lussay laissait dormir aussi son ressentiment de père, il se disait qu'il avait tort de s'occuper de choses qui ne pouvaient être que du chagrin; alors il désirait Bizot, l'envoyait chercher, et retrouvait dans un piquet de six rois le calme qui l'avait un moment abandonné.

Cependant Charles fut mandé; il annonça son arrivée pour un temps éloigné, et l'on attendit patiemment sans trop d'inquiétude et sans nul empressement. Madame Bizot seule s'informa s'il était aimable, s'il était beau, s'il pinçait de la guitare. A toutes ces questions, personne ne pouvait répondre. D'Aspert disait qu'il était brave, et Henriette, qui avait vu les lettres qu'il écrivait à son mari, assurait qu'il semblait fort instruit. Lussay, qui l'avait vu quelquefois lorsqu'il quitta l'école et partit pour l'armée, se rappela que c'était une sorte d'Hercule, sur lequel le magnétisme serait probablement impuissant. Tandis qu'on l'attendait, le malaise du général augmenta; il en fut réduit à ne plus quitter son fauteuil, et ses affaires souffrirent de cette maladie. Il se fâcha presque contre Charles; il le trouva ingrat, et lui écrivit une lettre qui lui eût paru dure quelques années auparavant, et dans laquelle il lui disait de faire un choix, d'accepter ou de refuser nettement ses propositions, presque avec le ton dont on se sert vis-à-vis d'un commis. La lettre partit, et le lendemain, l'humeur de d'Aspert s'aigrissant avec la goutte, il accepta les propositions d'un régisseur, assurant que Charles était un Parisien qui refuserait. Ce ne fut que sur les représentations d'Henriette qu'il attendit le temps nécessaire pour laisser arriver une réponse. Mais il n'en fit pas moins préparer le logement du régisseur, en grondant contre les jeunes gens, en se souciant à peine de l'intérêt qu'il avait pris à celui-ci.

Un soir, c'était déjà dans le mois de septembre, le vent des équinoxes soufflait avec violence et s'engouffrait dans la vallée du Tremblay; il était dix heures; Bizot et sa femme étaient à la forge; la soirée avait fini de bonne heure, car on avait causé au lieu de jouer; chacun s'était retiré dans sa chambre; le général, très-souffrant et privé de sommeil depuis quelques jours, avait pris, d'après le conseil de Lussay, un grain d'opium pour se faire dormir. L'opium a une telle réputation de faire dormir, que d'Aspert l'avait accepté, quoiqu'il lui eût été conseillé par Lussay. Celui-ci avait regagné aussi son appartement, où il reposait de fatigue, car toute la journée il avait couru les cabanes et les villages des environs. Monsieur et madame Bizot dormaient côte à côte d'ennui l'un de l'autre. Une seule lumière veillait dans la maison: c'était la chambre d'Henriette. La conversation lui avait laissé de l'émotion. Cependant ce n'était rien qui, en apparence, dût exciter le souvenir d'une femme jeune et belle. Le délai pour la réponse de Charles était expiré le jour même, et le général avait annoncé avec humeur qu'il en finirait le lendemain avec le régisseur. On avait aussi beaucoup parlé d'une sourde agitation qui se manifestait parmi les ouvriers et les charbonniers de la forêt. Il paraît qu'on avait lu le *Constitutionnel*, tout haut, dans les cabarets, les orateurs, c'est-à-dire les liseurs, montés debout sur les tables. Lussay avait crié à la révolution; d'Aspert, dont les affaires allaient plus mal tous les jours, dont les produits diminuaient sensiblement, et qui n'arrivait jamais à confectionner à temps les fournitures qui lui étaient demandées ; d'Aspert avait dit qu'il n'y avait rien d'étonnant à ce qu'on pensât à se révolter contre un gouvernement qui ruinait l'industrie ; on s'était échauffé, on s'était dit des mots piquants. Lussay avait été jusqu'à faire entendre qu'il n'était pas étonnant que ceux qui ne devaient leur élévation qu'au mouvement désordonné de la révolution en accueillissent favorablement les moindres symptômes. Le général avait répliqué que chacun s'était élevé selon ses talents ; Lussay avait haussé les épaules, et d'Aspert avait répliqué sèchement qu'il n'y avait eu de désappointés que ceux qui prenaient pour talents des rêveries absurdes ; Lussay avait répondu : Absurdes pour ceux qui ne les comprennent pas ; d'Aspert avait dit amèrement : Les résultats font foi de leur sublimité. Un regard d'Henriette les avait arrêtés tous deux. Pendant ce temps, Bizot s'était imperturbablement nettoyé les dents avec son cure-dent ; madame avait bâillé, car elle n'avait pas parlé, et elle aimait à s'occuper. On s'était quittés, sinon fâchés, du moins désireux de se séparer.

Henriette, retirée chez elle, pensait à ce qui venait d'avoir lieu ; elle ne pouvait donner à ses réflexions un texte bien formel ; elle n'analysait pas dans toute sa portée ce changement fâcheux de son mari ; elle ne voyait pas dans ces petites contrariétés d'opinion un germe de désunion ; mais elle était inquiète ; elle eût désiré un événement étranger à tous ces intérêts et qui eût absorbé l'attention des autres et la sienne propre, une de ces histoires qui s'ajoutent à la pluie et au beau temps, pour éviter des conversations qui ne peuvent être que surabondamment ennuyeuses ou dangereusement intéressantes. Tout cela, et peut-être aussi ce vent d'automne qui brasse le sang dans le cœur, l'avait tellement agitée, qu'elle avait ouvert sa fenêtre pour demander du calme au froid de la nuit. Le vent éparpillait ses cheveux et chassait sur la surface du lac des feuilles qui traversaient l'air comme des êtres animés. Peu à peu la pensée d'Henriette s'était absorbée dans la contemplation ; elle regardait les nuages et écoutait les plaintes du vent. Sa tête s'était appesantie ; elle sentait le sommeil la gagner, et n'avait ni la force ni la volonté d'aller l'attendre dans son lit : il lui eût fallu quitter cette place, cette harmonie sauvage, ce spectacle. Tout à coup elle tressaille ; il lui a semblé que le pas d'un cheval a résonné à quelques pas de la maison ; elle écoute et n'entend plus rien. Le vent tourbillonnait dans la vallée, et déjà la pluie, qu'elle n'avait pas sentie, tombait froide et tamisée sur sa tête. Elle veut se retirer, lorsqu'une haleine de vent forte et continue passe dans la direction du chemin de la forêt à la maison, et apporte une seconde fois ce bruit de pas, mais distinct, pressé, sonore sur la terre durcie par les scories dont on la couvre; c'est un voyageur : un voyageur à cette heure ne peut être qu'un charbonnier qui regagne son chaume. Mais c'est le pas actif d'un cheval vigoureux, et non point celui des misérables animaux qui portent le charbon de la forêt. Peut-être est-ce un de ces hommes qui parcourent secrètement le pays pour l'insurger. Le vent passe ou roule dans une autre direction, le bruit se tait et la violence des mugissements de la forêt remplit l'air. Henriette se décide à rentrer ; elle ferme sa fenêtre et les doubles volets qui la protégent. Elle va se coucher, elle détache sa robe ; mais l'air qui s'engouffre dans le large tuyau de la cheminée lui apporte encore le bruit de ces pas, mais plus rapprochés ; on les dirait au sommet de la montée, et véritablement ils y sont, car ils se ralentissent comme ceux d'un cheval qu'on retient prudemment. Il n'y a plus de doute que ce ne soit quelqu'un qui vienne à la forge; elle est près de rouvrir sa croisée pour voir qui ce peut être ; mais l'orage redouble et éclate, les arbres crient; on n'entend plus rien qu'un mugissement uniforme. C'est peut-être une illusion : que de fois le vent a apporté, durant la nuit, de pareils bruits partis de plus d'une lieue et qui semblaient résonner à quelques pas ! Elle achève de se déshabiller et s'apprête à monter dans son lit, lorsqu'un cri terrible, suivi d'un bruit sourd, domine tous les retentissements de la tempête.

— Dieu ! mon Dieu !... c'est le voyageur qui a manqué le tournant.

Elle ouvre sa croisée ; la nuit est profonde, le bruit horrible ; on n'entend plus rien ; elle attend un nouveau cri, une plainte, mais rien ne perce l'ouragan ; elle cherche à se bien rappeler : c'était peut-être le craquement d'un arbre brisé et jeté dans le lac ; de temps en temps le vent se tait, et nulle voix ne profite de ces moments de calme pour appeler ; elle referme sa croisée ; elle se couche et s'endort.

Elle dormait depuis une demi-heure, lorsque les aboiements terribles des chiens de garde l'éveillent en sursaut. Pour cette fois, elle ne se trompe pas : le cheval piétine à la porte de la maison. Henriette se lève, rouvre sa fenêtre et demande timidement qui est là ; on ne répond pas. Elle tâche de découvrir la cause de ce silence, et finit par reconnaître que le cheval est seul ; sans doute le cavalier est noyé. L'idée de lui porter secours ne lui est pas plutôt venue, qu'elle pense à la mettre à exécution. Elle passe une robe, chausse ses pantoufles, jette un manteau sur ses épaules et descend pour éveiller quelqu'un. Elle était dans la salle à manger dont nous avons parlé, lorsqu'elle entend une voix qui semble s'adresser au cheval qui est à la porte ; elle ne doute pas que ce ne soit le voyageur ; elle défait de ses blanches mains les barres de fer qui défendent la porte à l'intérieur et l'ouvre aussitôt. Le vent, qui s'engouffre tout à coup dans la salle ouverte, éteint la lumière qu'elle portait, et Henriette se trouve dans l'obscurité en face d'un homme qui est appuyé sur son cheval. Henriette se sent presque peur ; cependant elle dit aussitôt :

— Qui est là ? que cherchez-vous ?

L'étranger, au lieu de répondre à la question qu'on lui faisait, dit tout haut, mais avec une expression d'étonnement :

— C'est une femme !

— Oui ! dit rapidement Henriette que cette réflexion effraie ; mais il y a du monde de levé ; je vais appeler.

— Non, dit cet homme en l'arrêtant par le bras, n'appelez pas ; il vaut mieux que je parte, que je n'entre pas. Et, comme il disait cela tristement, à côté du froid de la main qui la tenait, Henriette sentit couler de larges gouttes tièdes. Elle tressaillit.

— Vous veniez ici? dit-elle. Qui êtes-vous? que vouliez-vous?

L'inconnu ne répondit pas encore cette fois; il réfléchit et reprit:

— Mais peut-être me trompé-je. Est-ce bien ici la demeure du général d'Aspert?

— C'est ici, dit Henriette.

— C'est ici, dit l'inconnu, qu'une fenêtre a été ouverte et fermée deux fois?

— C'était la mienne.

— Alors, adieu, je pars. Non, je n'entrerai pas ici... c'est une maison de malheur.

— Ah! s'écria Henriette, que toute cette nuit avait troublée et que ce singulier entretien épouvantait, pourquoi maudissez-vous cette maison?

— Cette maison est maudite depuis longtemps, dit l'étranger; maudite, non pour ceux qui dorment sous son toit, mais pour celui qui voudrait y entrer, malgré tant d'avertissements.

En disant ces mots, il s'élança sur son cheval. Henriette, glacée d'une terreur indicible, fit un pas pour le suivre, en lui disant:

— Qui êtes-vous, monsieur? qui êtes-vous? au nom du ciel!

— Prenez garde, dit l'inconnu, ne me suivez pas; vous glisseriez dans mon sang et vous tomberiez.

Il partit au grand trot de son cheval. Henriette, demeurée immobile à sa place, l'entendit s'éloigner; elle referma la porte, remonta chez elle à tâtons, et, après avoir rallumé sa bougie à la lampe qui veillait chez elle, elle regarda ses mains... elles étaient couvertes de sang.

XI

UN NOUVEAU VENU

Quand le jour commença à se montrer, Henriette, que l'émotion avait brisée, se laissa aller au sommeil ; elle dormit assez tard. Enfin, un bruit extraordinaire dans la maison l'éveilla, et, parmi les voix qui parlaient bruyamment, elle reconnut celle de son mari qui l'appelait avec une espèce d'impatience joyeuse. Elle se leva sur son séant, et, rappelant ses idées encore engourdies, elle se demanda si ce qui lui semblait s'être passé durant cette nuit était un rêve ou une réalité ; elle regarda ses mains, elles étaient blanches et pures ; elle courut à la cuvette où il lui semblait qu'elle les avait lavées, il n'y avait rien. Elle crut se rappeler que, dans son effroi de ce sang, elle avait jeté par la fenêtre l'eau dont elle s'était servie ; elle y regarda, elle regarda aussi à la place où elle croyait avoir eu cet entretien ; mais elle remarqua que, par une habitude assez commune dans les forges, mais inusitée au Tremblay, on avait affermi le terrain détrempé par la pluie en y répandant de la cendre de charbon. Elle allait peut-être se livrer à une plus minutieuse recherche de ses souvenirs, lorsqu'on l'appela de nouveau. Elle descendit, bien persuadée qu'un rêve affreux l'avait poursuivie. En entrant dans la salle à manger, son mari lui cria :

— Henriette ! Henriette ! c'est Charles Dumont... enfin c'est lui !

Charles Dumont avait trente ans ; toute sa personne avait quelque chose de posé qui n'était ni calme ni froid ; cet air n'était pas une nature, c'était un parti pris de ne rien laisser arriver au visage des mouvements du cœur ; rien n'attestait dans la souplesse de sa taille la force athlétique dont Lussay avait parlé ; son visage n'avait de remarquable que la beauté de ses yeux et l'éclat de ses dents. Il s'inclina devant Henriette ; elle lui rendit cérémonieusement son salut.

— Eh bien! dit d'Aspert, est-ce ainsi que vous faites connaissance ? tu reçois Charles comme s'il était un étranger, toi qui m'as tant pressé de le faire venir!

— Ah! dit Charles, madame a daigné souhaiter ma venue?

— Elle devait être un plaisir et un avantage pour mon mari; à ce titre je devais le désirer.

— C'est bon! c'est bon! dit d'Aspert, vous vous ferez tous ces compliments une autre fois. Quand tu es arrivée, il nous racontait comment il était parvenu jusqu'ici : il a voyagé toute la nuit à travers la forêt; il s'est égaré, et, lorsqu'il a enfin trouvé la forge, il était mouillé comme s'il était tombé dans le lac.

Henriette tressaillit et regarda Charles Dumont; elle ne trouva rien de particulier sur son visage, quoiqu'il l'observât en ce moment.

— Et comment a-t-on logé monsieur? dit Henriette.

— Lorsque je suis arrivé, madame, répondit Charles, tout le monde dormait ici; j'ai trouvé un ouvrier éveillé; il m'a demandé si je n'étais pas le régisseur qu'on attendait, je lui ai dit que c'était moi; il a appelé un domestique qui m'a conduit dans un corps de logis où j'ai trouvé un appartement préparé.

— Ce n'était pas pour vous! dit Henriette, il n'est pas convenable; il y en a dans la maison.

— Dans la maison! dit Charles avec une légère altération dans la voix; non, c'est inutile, je me trouve très-bien où je suis, mieux que je n'ai jamais été; d'ailleurs, pour la surveillance des ouvriers, cela me sera plus commode pour entrer et sortir à toute heure, surtout lorsqu'ils travailleront la nuit.

— Comme tu voudras, dit le général, car l'établissement a besoin de surveillance : tout va de travers; on perd la moitié des journées.

— J'ai cru le voir, dit Charles, aussi j'ai donné déjà quelques ordres.

— Ah! s'il n'avait pas fait un temps si affreux, dit d'Aspert, j'aurais essayé de sortir pour te montrer moi-même mes ateliers ; mais, dans ce maudit pays, dès qu'il a plu un quart d'heure, on enfonce dans la terre jusqu'à la cheville.

— Pas du moins devant la maison, dit Charles ; j'ai tâché de la rendre abordable : j'y ai fait répandre quelques tombereaux de cendres et de scories.

— C'est vous, dit vivement Henriette, qui avez fait couvrir la terre de ces cendres?

— C'est bien noir, n'est-ce pas, madame, répondit Charles, comme s'il disait quelque vérité solennelle ; mais cela vaut mieux que... — Il s'arrêta, regarda Henriette... elle le dévorait des yeux. — Cela vaut mieux que de la boue.

Henriette crut un moment que cette phrase allait finir par ces mots : — Vaut mieux que du sang.

— Beaucoup mieux, dit madame Bizot, qui, n'ayant pas pris part à la conversation depuis deux minutes, croyait avoir suffisamment fait preuve de discrétion et laissé assez de place aux épanchements de famille. Puis elle ajouta : — Profitons-en pour faire un tour de promenade avant le déjeuner.

— Oh! dit d'Aspert, madame Bizot, madame Bizot, ne nous enlevez par Charles sitôt... plus tard, plus tard, vous en ferez ce que vous voudrez... et il se laissa aller à rire. Bizot, le mari de madame Bizot, rit en écho. — Voyons, reprit le général, Henriette, donne-moi ton bras; toi Charles, aussi ; je vais tâcher de me traîner jusqu'à la porte.

On l'aida à se lever; il remit à sa femme la canne qui lui servait à la fois d'appui et de signal; car c'était avec cette canne qu'il frappait violemment le parquet lorsqu'il voulait appeler; et, appuyé sur les deux bras qu'il avait demandés, il sortit de la salle à manger. Arrivé devant la porte, il quitta le bras de Charles, et, soutenu seulement par sa femme, il montra de la main les divers ateliers qu'on voyait de toutes parts fumer autour de la maison. Charles l'écoutait et suivait attentivement ces désignations. D'Aspert, animé par sa description, avait quitté aussi le bras d'Henriette et s'était avancé de quelques pas, sans appui ni aide; et Henriette, profondément préoccupée, creusait avec le bout de la canne de son mari la place sur laquelle ils étaient. Charles, en écoutant d'Aspert, avait passé à côté d'elle; il lui arrêta la main et lui dit à voix basse :

— Pourquoi creuser ces cendres pour demander un secret à la terre?

— C'était donc vous? dit Henriette en le regardant d'un air de surprise et presque d'épouvante.

— Pourquoi, dit Charles, demander son secret à un homme? Homme et terre ne vous apprendraient peut-être qu'un secret de sang.

Henriette demeura stupéfaite; Charles s'éloigna pour se replacer à côté de d'Aspert; et madame Bizot, qui guettait l'instant favorable de faire les confidences, s'empara du bras d'Henriette en lui disant tout bas :

— Il est vraiment fort bien. Quelque chose de distingué et de résolu, de jolis pieds, des mains charmantes. Il paraît qu'il s'est blessé à la main droite, car elle est enveloppée dans une soie noire

Par une idée soudaine, Henriette regarda son bras à l'endroit où Charles venait de le saisir : il y avait du sang. Elle poussa un cri et laissa tomber la canne de son mari. Il se retourna à ce cri; Henriette était pâle et tremblante.

— Eh bien! qu'as-tu? dit le général. Madame Bizot, Charles, secourez-la... elle est pâle à mourir... Voyez, voyez, elle me quitte, elle emporte ma canne; je ne puis faire un pas pour aller à elle. Bizot, donnez-moi votre bras... Allons, il n'y a que vous qui preniez soin de moi!

Que de paroles indifférentes qui n'arrivèrent que comme des sons à l'oreille de Lussay et des Bizot, et qui tombèrent brûlantes et acérées dans le cœur d'Henriette! elles lui parurent avoir une signification fatale. Ce mari abandonné et laissé sans appui fut comme un emblème vivant de l'avenir. Elle en eut peur; elle voulut y résister et lui donner un démenti; elle ramassa la canne, elle se rapprocha de d'Aspert et lui présenta le bras.

— Vous avez du sang à la main, lui dit-il.

— Ce n'est rien; je me serai blessée, piquée, répondit-elle en cachant furtivement sa main dans la poche de son tablier.

Elle mentait. Pauvre femme qui croyait, en marchant à côté de son mari, se rapprocher de lui, se mettre sous sa protection contre une émotion inouïe, contre un sentiment de curiosité et d'effroi qui la dominait et qui lui faisait faire un mensonge ! La séparation était commencée. Elle créait un secret entre elle et l'étranger à l'insu de son mari. Quel secret? dira-t-on ; des mots indifférents commentés par l'imagination et qui semblaient se rapporter à un rêve; une folie qu'elle aurait eu honte de raconter un instant avant. Ce n'était rien ; mais c'était quelque chose puisqu'elle le cachait. C'était quelque chose, car ce n'était plus honte qui l'empêchait de parler, c'était peur, c'était peut-être pitié. Mon Dieu ! que cette femme aurait voulu être seule ! quel bienfait pour elle que la solitude! Henriette en était encore à ce point où la solitude porte bon conseil.

On annonça que le déjeuner était servi.

On rentra, on se mit à table, on causa beaucoup. Charles perdit dans la conversation cette teinte singulière qui avait frappé Henriette. Il débita toutes les nouvelles de Paris avec une bonne grâce parfaite ; dit les véritables modes à madame Bizot; le nombre exact des abonnés du *Constitutionnel* à monsieur Bizot; rendit compte à monsieur de Lussay de quelques ouvrages nouveaux ; au général, de la position de ses anciens camarades. Il s'acquitta de ces mille devoirs de civilité réciproque qu'on se doit entre gens assis à la même table, avec une aisance pleine de savoir-vivre. Il parut charmant et distingué à tout le monde; Henriette ne le trouva plus que commun. Le général enchanté finit par lui dire :

— Tu nous conteras l'histoire de ta captivité.

— C'est une triste histoire, répondit Charles ; une suite de misères, où le froid et la faim jouent le premier rôle.

— Eh bien ! celle de ta jeunesse, car c'est à peine si nous la savons, reprit d'Aspert en clignant des yeux et regardant sa femme d'un air d'intelligence.

— C'est une pauvre histoire, répondit encore Charles, celle d'un écolier.

— Eh bien, ajouta d'Aspert, en annonçant de l'œil à sa femme toute la finesse de l'à-propos, tu nous parleras de ton enfance.

— Mon enfance, dit Charles en devenant pensif, mon enfance, c'est une histoire presque oubliée. J'ai toujours été surpris de cette absence de mes premiers souvenirs. Quelques faits çà et là, quelques noms de l'identité desquels je ne répondrais pas. C'est que je crois vraiment que ces souvenirs d'enfance, qu'on dit si forts, n'ont une si longue durée et ne se gravent si profondément dans le souvenir que parce qu'on les renouvelle sans cesse. La conversation d'une mère ou d'un père avec son fils, celle d'un camarade d'enfance, en retournant souvent en arrière, y recreusent l'impression qui s'efface et la rendent durable. Mais moi, orphelin et errant, je n'ai ni père ni mère, je n'ai pas eu d'amis d'enfance. J'ai oublié... oublié.

En parlant ainsi, Charles s'était presque attendri; tout le monde l'écoutait dans un doux silence : il y avait deux cœurs qui palpitaient en suivant ses regards penchés vers le passé, comme vers un abîme où il ne voyait plus. Charles s'aperçut qu'on l'observait, il reprit avec effusion :

— Beaucoup oublié! excepté que vous m'avez recueilli et protégé, général, et Dieu me maudisse, ajouta-t-il avec force et d'une voix qui fit frissonner Henriette, car c'était la voix qu'elle avait entendu dans la nuit, Dieu me maudisse si j'oublie jamais que je dois vous respecter comme un père!

D'Aspert lui tendit la main, et la dernière larme de cœur qui eût échappé à la goutte et à la province coula de ses yeux. Les Bizot trouvèrent ce mouvement sublime. Henriette pensa qu'il était exagéré, s'il ne cachait pas une intention secrète. Pourquoi pensait-elle cela?

— C'est bien, c'est bien, dit d'Aspert, nous t'aiderons un peu et nous repasserons ensemble nos souvenirs ; qui sait si nous n'y trouverons pas quelque événement bizarre, singulier, inattendu?

— Ah! dit Charles, ma vie est tout unie. Je n'y sais pas d'événements qui ne soient dans la vie de tout le monde, et surtout dans celle d'un soldat.

— Comment! dit Henriette, pas un?

— Pas un, du moins, que je puisse conter; car, si dans ma vie il y a des heures fatales... elles ne m'appartiennent pas; je ne puis les dire à personne.

— Il y en a peut-être une bien éloignée, dit d'Aspert, revenant toujours à son but.

— Ou peut-être bien rapprochée, dit Henriette en regardant Charles.

— Qui sait? reprit-il, peut-être je suis un fou et j'ai cru à des fantômes. Ne riez pas, madame Bizot, je crois aux revenants, j'en ai vu... vous en avez vu, vous en voyez peut-être un. Est-ce que je n'ai pas passé pour mort? et me voilà. Qui sait d'où je reviens? peut-être de la tombe où l'on m'a cru, où l'on me croit sans doute encore. Et si vous soupçonniez tout ce que savent les morts!...

— Mon Dieu!... mon Dieu!... qu'avez-vous, madame d'Aspert? s'écria madame Bizot.... comme vous voilà pâle!

— Rien... rien, dit-elle en souriant cruellement... Je suis malade, j'ai passé une si mauvaise nuit!... une nuit si affreuse!...

— Et puis, dit d'Aspert, qui lui-même avait été troublé de ces paroles de Charles, qui semblaient faire allusion à cet enfant nécessairement disparu, de quoi diable viens-tu nous parler de morts et de revenants, dans un pays qui semble leur terre natale, et dans une maison où les plafonds ont dix-huit pieds de haut? Voyons, voyons, dis-nous plutôt ce qui t'a d'abord empêché de venir tout de suite.

— Mais des affaires, dit Charles.

— Quelles affaires si graves pour te retenir? Je connais les tiennes, et je n'en vois pas de nature à te faire retarder le plaisir de nous voir.

— Dites donc, général, reprit Charles en riant et lorgnant madame Bizot... que vous n'en voyez plus de cette nature-là.

— Très-drôle! très-drôle! s'écria Bizot, qui n'avait pas

encore parlé et qui éclata de rire. Ah ! farceur, farceur... c'est bon... c'est bon... il faut que jeunesse se passe.

C'était le premier mot qu'il eût compris ; monsieur Bizot ayant ri, d'Aspert en rit aussi ; madame Bizot parvint à rougir, Henriette fut blessée. Pourquoi ? Cette plaisanterie ne la touchait nullement ; le regard qu'il avait adressé à madame Bizot, impertinent pour celle-ci, était une marque que Charles ne les traitait pas du même ton. Cependant elle trouva la plaisanterie grossière, elle la trouva surtout déplacée ; elle dérangeait assurément quelque chose dans les idées d'Henriette ; peut-être un portrait qu'il fallait défaire. On eût dit une déception. La conversation continua longtemps après le déjeuner et autour de la table. On but du champagne par extraordinaire ; Charles fut d'une gaieté charmante et déplut de plus en plus à Henriette. Quatre heures après son arrivée, elle le tenait pour un de ces hommes vulgairement distingués qui font les délices des salons. « Il ne nous sera bon à rien, se dit-elle. Il s'ennuiera bientôt dans notre solitude. Il lui faut des bals, des concerts, des soirées, cet éternel échange d'idées qui les renouvelle dans les têtes les plus vides, tant on en jette chaque jour sur la place de Paris. Ici, où chacun n'a de ressource que soi-même, il sera bientôt à bout de sa provision, et il deviendra... qui sait ? » Henriette regarda autour d'elle et répugna cependant à le descendre, du premier coup, à la goutte d'Aspert ou à l'obtusité de Bizot. Pendant qu'elle pensait ainsi, le général avait fait apporter les registres de la forge ; il les montrait à Charles, qui les examinait sérieusement. Henriette fut toute surprise de lui entendre nommer avec une facilité toute marchande les livres dont il s'occupait. La main-courante n'était pas à jour ; le journal, le grand-livre, le livre de caisse étaient en désordre ; les articles étaient mal passés ; on avait jeté à profusion, à l'article Profits et pertes, les dépenses qu'on n'avait pas pu justifier. D'Aspert écoutait et admirait sans trop comprendre ; quant à Bizot, il trépignait de satisfaction... — C'est cela... c'est cela ! criait-il.

Madame Bizot s'avisa de dire tout bas à Henriette :

— Mais c'est un homme précieux.

— Oui, répondit celle-ci, avec un accent et une façon de voix qui jouaient admirablement le ton goguenard du populaire parisien; oui, militaire aimable et bon calculateur.

Madame Bizot, étouffée d'admiration, ne comprit pas et reprit :

— Et peut-être il joue de la guitare !

— Je vous jure, s'écria Henriette avec une solennité sardonique, je vous jure qu'il en joue; il doit en jouer.

Si elle avait osé, elle le lui aurait demandé. C'est une chose remarquable combien les femmes aiment peu les hommes généralement instruits et détestent particulièrement les hommes utiles. Soit que leur tact plus délicat leur apprenne tout de suite qu'un esprit qui embrasse trop de choses n'a de supériorité dans aucune, soit que leur intelligence fine, mais étroite, se fatigue à suivre ces hommes dans tout ce qu'ils savent, elles préfèrent d'ordinaire ceux que distinguent une spécialité très-tranchée, un talent transcendant, une qualité portée au plus haut degré, mais isolée : comme si leur amour, manquant d'étendue, ne s'élevait à la hauteur de l'objet aimé qu'à la condition de ne s'adresser qu'à une seule chose. Quant à leur haine pour les hommes utiles, elle s'explique de soi : l'utilité emporte avec elle une foule d'occupations, de pensées, d'efforts où elles n'entrent pour rien. Elles ne viennent alors qu'en partage dans la vie; et venir en partage, ce n'est pas être aimée, d'après les femmes. L'égoïsme de l'amour, je n'ose pas dire l'égoïsme de la femme, compte comme ennemi tout ce qui ne l'intéresse pas, et crois qu'elles préféreraient un homme qui donnerait une heure par jour à une rivale, à un homme qui donnerait quatre heures à des affaires d'intérêt. On entre en lutte avec une rivale; on lui fait du mal, on la perd, on la tue; enfin on s'occupe : mais une balle d'indigo ou un report, c'est mortel; on n'y peut rien. Remarquez aussi comme elles font choix dans les vices. Rien ne leur répugne comme un avare; et elles pardonnent au joueur qui leur impose la misère, quand l'autre ne les condamnait qu'à la privation. Ce n'est pas, quoi qu'elles disent, parce qu'il y a un drame violent, une sorte de grandeur dans les luttes du jeu ; c'est parce que ce vice a la chance de leur ramener leur amant par la ruine ; de le leur ramener bien esclave, bien repentant, tout à elles. Ceci soit dit pour la plupart des femmes, pour celles qui obéissent à la nature égoïste du sexe. Puis il y a celles qui suivent les modes en fait d'amants ; les femmes qui ont aimé les abbés, les mousquetaires ; les femmes qui ont aimé les encyclopédistes, celles qui ont aimé les jacobins, les farauds, les sous-lieutenants, les capitaines de hussards et les colonels en demi-solde. Les sous-lieutenants datent de Michu, les capitaines de hussards d'Elleviou ; c'est M. Scribe qui a fait le succès des colonels. Combien ont possédé de jolies têtes blondes et roses qui se détournaient avec mépris de quelque beau jeune homme, vers leur moustache requinquée, sous l'inspiration d'un couplet du Gymnase ! Combien ont épousé de fortes fournisseuses et qui devraient une bonne commission à Scribe et à Gonthier ! Il y a les femmes à imagination, à qui il faut un homme comme elles le rêvent, qui n'en admettent pas d'autre dans la possibilité de leur amour, et qui, ne trouvant jamais ce qu'elles inventent, finissent par se livrer à quelque goujat qu'elles habillent dans leur tête de toutes les qualités qu'elles exigent ; maraud qui, à la première épreuve, leur reste nu dans les mains.

Je ne saurais vous dire à laquelle de ces classes appartenait Henriette ; mais je crois qu'il y avait dans elle un peu de ces trois espèces de femmes. Et d'abord, prête à se donner tout entière de ses sentiments et à chaque instant de sa vie, elle répugnait à l'idée de n'occuper la pensée d'un amant qu'aux heures de loisir : vierge de cœur, elle ne trouvait pas la partie égale avec un homme qui parlait légèrement d'affaires d'amour. En second lieu, la mode du militaire n'eût pas été passée, qu'il n'était pas rationnel qu'avec un mari général elle écoutât un galant commandant. Ceci était de l'Empire, dans les jours de règne de l'aide de camp. A l'époque dont nous écrivons, lord Byron jetait au monde *le Corsaire, Lara, Hugo* et *Parisina,* enfin toute sa fatale poésie : les hommes pâles, avec de grands yeux qui vibraient, commençaient à être de prix. Charles était d'abord entré dans la connaissance d'Henriette avec quelque chose de cette tournure surnaturelle; mais l'illusion n'avait pas duré au delà d'une heure, et Henriette était arrivée à ce point de faire deux choses devant lesquelles elle avait reculé jusque-là : la première, de dire à son mari sa rencontre de la nuit; la seconde, de faire venir son fils sur-le-champ.

Mais, avant d'aller plus loin, quelle femme, dira-t-on, est cette Henriette qui pense tout cela, qui s'engoue et se dégoûte d'un homme à la première vue et le pèse si exactement pour ce qu'il peut lui être? C'est qu'Henriette ne pensait pas un mot de tout cela; c'est que rien de tout cela n'était dans son cœur, si ce n'est comme la fleur large et éblouissante est dans sa graine imperceptible; c'est que ce germe, que nous avons développé avant le temps, n'était peut-être pas tombé dans son âme, ou que nous l'y avons fait éclore très-imprudemment, lorsque peut-être il y devait mourir. Non, Henriette n'avait rien calculé, rien raisonné; elle avait senti du bien-être et du malaise tour à tour, mais sans y donner de motif, sans le voir, sans le soupçonner, et cependant toujours avec peur de ce bien-être, avec sécurité dans son humeur. A travers tous ses instincts, l'instinct du repos, l'instinct du devoir lui demandait que Charles lui déplût; il lui déplaisait : aussi, à l'instant même, ses actions reprirent leur marche naturelle, leur cours habituel. Elle décida, nous l'avons dit, qu'elle allait faire venir son fils, et que, le jour même, elle dirait au général ce qui s'était passé durant la nuit.

Elle sortit un instant et rentra bientôt, en tenant un enfant charmant par la main. L'entrée d'un enfant appartenant à une jeune femme est presque toujours un moment agréable pour elle. Il n'est pas de rustre si mal avisé qui ne le trouve gentil, qui ne veuille le caresser, le baiser, l'effaroucher de ses favoris roux ou lui demander une *risette*. Mais quand Henriette parut, un embarras terrible s'empara de tout le monde. Lussay, qui n'était guère de ce qui se passait autour de lui, devint sombre et sembla réprimer un mouvement de rage ; d'Aspert rougit avec humeur. Quant à madame Bizot, elle était trop femme pour venir au secours d'une amie en présence d'un homme qui pouvait choisir entre elles : Bizot seul fut convenable ; sa bêtise avait quelquefois du cœur.

— Eh ! eh ! cria-t-il, mon gros Henri, que te voilà superbe avec tes souliers rouges ! Comment ! tu ne dis pas bonjour à papa ?

Henriette avait été suffoquée de l'effet qu'avait produit son entrée. Tout son malheur s'y était retracé dans l'embarras de son père et de son mari, dans le perfide silence de madame Bizot. Elle espéra que les exclamations de Bizot donneraient un cours naturel à la conversation, qu'on embrasserait l'enfant et qu'il n'en serait plus question ; mais Henri, les yeux fixés sur Charles, n'avait point répondu à l'appel qu'on lui avait fait ; il n'avait pas été embrasser le général ; il s'était enveloppé dans la robe de sa mère ; et, en montrant Charles du doigt, il s'était écrié en tremblant :

— Qui ça, maman ? qui ça ?

Henriette, troublée, confuse, le cœur serré, le rouge sur le front, se sentit près de défaillir. Elle porta un regard de prière autour d'elle, et, ne voyant personne venir à son aide, elle trouva en elle seule la force que Dieu envoie souvent à ceux qu'on abandonne ; elle releva la tête et répondit à la question de l'enfant plutôt pour ceux qui étaient là que pour lui :

— C'est votre frère, Henri, c'est le premier enfant d'adoption du général.

Et, en disant ces mots, elle posa ses yeux avec une dignité triste, mais forte, sur le visage de Charles, qu'elle n'avait osé envisager jusque-là. Charles regardait l'enfant aussi avidement que l'enfant le regardait, et deux larmes de celles qui viennent furtivement aux yeux et tombent sur le visage avant qu'on ait pu les cacher, deux larmes lui traversèrent le visage. Il les sentit, et de sa main blessée il les voulut effacer : pour les mieux cacher, il prit l'enfant et l'embrassa. Mais sa blessure, ouverte par ce mouvement, avait aussi coulé sur son visage, et quand il remit l'enfant à terre, il était tout barbouillé de sang.

— Vous avez mis du sang à mon fils! s'écria Henriette en le prenant avec un effroi indicible.

— Moi? dit Charles épouvanté, moi?... oui, c'est moi...

— Ce n'est rien, rien, dit le général, qui avait pris l'enfant qui avait essuyé son visage, et qui l'embrassait en le calmant.

— O général, général... lui dit Charles avec une effusion touchante... vous êtes le père des orphelins... Malheur, malheur à celui qui serait ingrat! malheur à qui oublierait ce qu'il est et ce que vous êtes!

Lussay était sorti; madame Bizot se mordit les lèvres d'un air peiné; ce sentiment la dépassait: d'ailleurs, il avait tourné en faveur d'Henriette. Le général fut attendri; il prit l'enfant sur ses genoux, et n'eut plus de honte d'être un honnête homme; Bizot pleura, et Henriette n'eut plus envie de faire à son mari la confidence qu'elle avait résolue.

XII

UN TRAIT DE CARACTÈRE

Ce jour si marqué d'émotions contraires fut suivi de jours paisibles et uniformes. Dans la première quinzaine qui suivit son arrivée, Charles ne s'occupa qu'à redonner aux travaux de la forge l'activité qu'ils avaient perdue. Il annonça aux ouvriers que les journées commenceraient à cinq heures du matin et finiraient à sept heures du soir pour ceux dont les travaux n'avaient lieu que le jour; il leur marqua deux heures de repos, fixa le prix des journées, établit un livre de présence que les ouvriers devaient signer en entrant et en sortant, ou qu'un contre-maître signerait pour eux, en annonçant que les heures d'absence seraient déduites du prix de la journée. Quant à ceux dont les travaux duraient nuit et jour, au lieu de leur laisser faire alternativement vingt-quatre heures de service, il les divisa par escouades qui se relevaient de six heures en six heures. Ceci fit d'abord murmurer les ouvriers, qui ne travaillaient presque jamais pendant la nuit, où les ateliers n'étaient pas surveillés, et qui se trouvaient avoir le lendemain une journée de libre. Mais un d'entre eux, un chef de fourneau, renommé par sa force et son courage (il avait été soldat et maître d'armes), et précieux par la brutale intrépidité avec laquelle il exécutait les travaux les plus dangereux, ce chef les calma en leur disant que c'était ferveur de jeune homme, qui ne durerait pas huit jours. On eut l'air de se soumettre et l'on fut exact le premier jour; le second on vint quelques minutes plus tard; le troisième on gagna un quart d'heure le matin et autant le soir; à la fin de la semaine, c'était comme avant. Quant aux ouvriers qui devaient se relever de six heures en six heures, ils avaient le soin de laisser tomber le feu des fourneaux une heure à peu près avant de quitter le travail; ceux qui rentraient perdaient une heure à le rallumer; le produit de la quinzaine fut déplorable. Charles ne dit rien. Le jour de *la paye* arriva.

Chaque ouvrier était accoutumé à recevoir le compte rond de ses journées : ils furent étrangement surpris lorsque l'un se trouva diminué de cinq sous pour deux heures passées à dormir; celui-là d'une demi-journée qu'il avait employée à rebêcher son petit jardin : aucun ne reçut la somme à laquelle il s'était accoutumé sans la gagner. Il y eut quelques observations, mais timides; Charles, qui payait lui-même, les repoussa sévèrement. On se tut; mais les ouvriers demeurèrent en masse à la porte du bureau. Ils s'entretenaient vivement, mais à voix basse, lorsque leur espoir, leur chef, le maître d'armes parut; il s'informa, haussa les épaules au récit qu'on lui fit, et entra dans le bureau, son vieux bonnet de police sur la tête et un vieux brûle-gueule à la bouche. Charles le regarda fixement et lui dit :

— Il paraît que votre tabac est bon.

— Pas mauvais, répondit insolemment l'ouvrier.

— En ce cas, dit Charles, vous ferez bien de le garder pour vous tout seul ; je n'aime pas la pipe.

— C'est juste, dit le soldat ; les officiers des écoles, ça n'aimait ni la fumée de la pipe, ni celle du canon.

— Voilà votre compte, dit Charles, qui n'eut pas l'air d'avoir entendu.

L'ouvrier prit l'argent en montrant de l'œil à ses camarades le succès de sa hardiesse ; il le compta, et le reposant froidement sur le bureau, il répondit :

— Ce n'est pas mon compte.

— Voyons, dit Charles. Votre nom ?

— Pierre Aubert, dit la Contrepointe, répondit le maître de fourneau en jouant de l'avant-bras en guise d'épée.

— Eh bien ! dit Charles, Pierre Aubert, dit la Contrepointe, douze journées à quarante sous...

— Ça fait vingt-quatre francs, continua Pierre, vingt-quatre bons francs, ou je ne m'y connais pas.

— Moins soixante heures d'absence, c'est-à-dire cinq journées qui font dix francs. Voilà quatorze francs, c'est votre compte.

— C'est le vôtre, dit le sacripant, mais ce n'est pas le mien ; il me faut mes vingt-quatre francs. Je ne suis pas habitué à être traité comme un péquin.

— Nous n'aurons pas de discussion, dit Charles : voilà vos vingt-quatre francs. Vous ne travaillerez plus à la forge.

— Nous verrons, grogna Aubert en empochant l'argent.

— Eh bien ! tas d'imbéciles, dit-il en sortant, j'ai ma somme.

— Oui, répondit un des ouvriers, mais tu n'es plus de la forge, tu es renvoyé.

— Renvoyé ! moi ! renvoyé par un blanc-bec, répliqua la Contrepointe en sacrant, crois ça et bois de l'eau. Allons donc, nous le ferons marcher. Viens-nous-en au cabaret, je vous conterai comment on réduit ces *frusquets*-là.

Charles avait entendu ; mais il avait continué à payer sans se déranger. La Contrepointe s'était éloigné. Le tour des ouvriers à escouade était venu ; leur compte fut encore plus réduit. Charles leur déduisit non-seulement les heures perdues, mais le prix du charbon gâté par leur faute : ce fut un hourra général. Charles leur répondit simplement :

— C'est à prendre ou à laisser.

— Nous aimons mieux, dirent quelques-uns, faire comme la Contrepointe, avoir toute notre paye et quitter.

— Vous quitterez et vous n'aurez pas votre paye, dit Charles ; Aubert n'a fait tort qu'à lui en ne travaillant pas ; vous avez fait tort à l'établissement ; si je vous payais, je volerais le général.

— Mais vous avez payé Aubert en le renvoyant.

— Je lui ai fait l'aumône en le renvoyant ; car vous pouvez l'avertir de ne plus mettre les pieds ici.

Les ouvriers intimidés et n'ayant plus leur soutien, prirent leur argent et coururent rejoindre leurs camarades au cabaret. Ils leur contèrent ce qui était arrivé et ce que Charles avait dit de la Contrepointe.

— Sacré nom de nom ! s'écria-t-il, le gringalet, l'aumône à moi, l'aumône ! Je lui mangerais plutôt le ventre que d'en recevoir l'aumône. Ah ! cré nom ! nous verrons... foi de maître d'armes, je lui arrache son ruban rouge, s'il me regarde seulement lundi quand je serai à l'atelier.

— Tu y retourneras donc ?

— Si j'y retournerai ! ah ! je te réponds que j'y serai de bonne heure. Nom de nom ! je ne sais ce qui me tient d'aller lui couper la figure avec mon marteau.

Charles ne crut pas devoir prévenir le général de ce petit événement ; d'ailleurs il passa presque toute la journée du dimanche à remettre les registres à jour et à répondre à la correspondance. Pendant toute cette première quinzaine, il avait à peine paru à l'heure des repas ; il n'était guère resté dans le salon que pour y lire ou y faire une partie d'échecs avec Lussay. Cette impression romanesque du premier jour, qu'il avait produite sur Henriette, s'était peu à peu effacée. Doux, poli, prévenant, il avait repris un caractère uni et facile qui en faisait tout simplement un commensal aimable. Aucun de ces mots à double entente, aucun de ces regards significatifs du premier abord, pas un effort pour éviter un entretien particulier avec Henriette.

Ils s'étaient trouvés seuls presque tous les jours. La première fois, elle était tremblante de ce qu'elle pensait qu'il allait lui dire, ne doutant pas qu'il ne s'empressât de saisir cette occasion; il causa de choses indifférentes. La seconde fois, elle trouva qu'il était extraordinaire qu'il ne s'expliquât pas sur cette nuit singulière, sur ces paroles mystérieuses prononcées entre eux; puis elle y songea moins, et enfin elle crut s'être trompée. Elle chercha une explication à ce mystère dans la préoccupation de sa pensée; et, au bout de quinze jours, Charles était le dernier homme qui lui parût devoir la troubler. Les Bizot étaient retournés chez eux. Ils devaient revenir : on s'était arrangé pour passer l'hiver ensemble.

Le lundi vint. A la pointe du jour, tous les ouvriers arrivèrent. Charles était à la porte des ateliers, inscrivant lui-même l'heure de l'entrée. La Contrepointe se présenta; mais il passa sans regarder Charles, et en sifflant d'un air fort insolent : Charles le laissa passer. En s'installant à son fourneau, il se mit à l'ouvrage en disant aux autres :

— Il a caponné ! vous êtes un fagot de mollasses qui ne savez comment vous y prendre !

Après l'entrée des ouvriers, Charles parcourut les ateliers, et, par un soin qu'il n'avait jamais eu jusque-là, il avait attaché un ruban à la boutonnière de son habit. Les ouvriers le regardaient avec curiosité, quelques-uns avec impertinence. Enfin, il arriva à l'atelier d'Aubert. Comme par un enchantement, tous ceux qui étaient à portée de voir cessèrent leur ouvrage et regardèrent du même côté. La Contrepointe, en voyant venir Charles de loin, s'était mis à siffler, et puis, quand celui-ci fut dans son atelier, le drôle se mit à entonner, d'une voix de Stentor, une chanson de volontaires de 92, commençant ainsi :

> Il était un bataillon
> Dont l'Ariége est le nom,
> Un petit corps de chasseurs
> Ma foi, qui se peignent dur...

Charles l'arrêta, le considéra un moment et lui demanda d'une voix calme :

— Que faites-vous là ?

Aubert fit semblant de ne pas entendre et enfila le second couplet de sa chanson. Charles répéta sa question.

— Ça se voit assez, il me semble, répondit l'ouvrier.

— Je vous avais dit que vous ne travailleriez plus ici.

— C'est possible, mais je ne l'ai pas cru.

— Allons, dit Charles qui s'était décidé à être maître de lui, assez d'insolence et sortez.

— Et qui est-ce qui me fera sortir? dit la Contrepointe en regardant tous les ouvriers qui se pressaient aux portes.

— Mais, dit Charles, tous ces braves gens si je le leur ordonne.

— Peut-être, répliqua Aubert, à condition que je ne leur défendrai pas.

Charles savait bien que la conduite de cet homme était un parti pris d'insolence; mais sa nature bouillante l'emporta, et il s'écria :

— Allons, chassez-moi cet homme !

La Contrepointe sauta sur une énorme tenaille et cria:

— Le premier qui avance, je le casse !

Tous les ouvriers demeurèrent immobiles.

Charles les regarda d'un air de mépris et dit :

— Alors ce sera moi qui le chasserai. Et il s'avança vers Aubert.

— Ne me touchez pas! dit celui-ci en se reculant, ne me touchez pas!

— Je le veux bien, dit Charles, mais sortez à l'instant.

— Je ne veux pas! dit Aubert.

— Ah! tu ne veux pas! s'écria Charles en avançant encore.

— Je vous ai dit de ne pas me toucher ! s'écria la Contrepointe en levant sa tenaille à deux mains.

Mais, avant qu'il eût achevé ce geste, Charles avait saisi la tenaille et l'avait arrachée à Aubert.

— Sortirez-vous? s'écria-t-il.

—Non! sacré nom! je ne sortirai pas! répondit celui-ci

furieux et pensant qu'il n'avait été désarmé que par surprise ; non, il ne sera pas dit qu'un blanc-bec m'aura fait reculer !

Charles s'avança vers lui, et, le regardant en face, il lui dit d'une voix terrible, mais sourde :

— Écoutez, je vous répète de sortir ; et surtout je vous avertis de ne pas ajouter un mot qui soit une insulte, car ce ne sera plus alors pour vous chasser que je mettrai a main sur vous.

— Eh bien ! qu'est-ce que j'ai dit? répliqua Aubert, j'ai dit blanc-bec ; je le répète, vous êtes un blanc-bec !

— Et je vous répète aussi, dit Charles, qu'il ne s'agit plus de sortir.

— Et de quoi s'agit-il donc ? dit Aubert.

— De me demander pardon.

— Ah ! pardon ! dit la Contrepointe en riant forcément, pardon ! demander pardon à monsieur !... Puis s'exaltant tour à tour : Pardon ! pardon ! s'écria-t-il : tenez, j'ai juré de vous arracher votre ruban ; tenez, voilà comme je demande pardon !

Il n'acheva ni son geste ni sa phrase ; Charles le saisit à la gorge par sa cravate et l'abattit à ses pieds. Aubert voulut se relever, mais il était cloué sous un arc-boutant de fer.

— Demande pardon ! lui dit Charles.

— Non ! non !

— Demande pardon ! répéta le jeune homme furieux.

L'ouvrier se débattit ; il essayait de mordre la main qui le tenait ; il raidissait ses bras contre ce bras qui lui pesait comme une montagne ; il ne pouvait rien, il rugissait et écumait. Les ouvriers semblaient terrifiés. Quelques-uns lui crièrent :

— Aubert, Aubert, demande pardon... il te tuera.

Il répondit à cette invitation :

— J'aime mieux être tué que de demander pardon à un bâtard !

Le cri de colère qui s'échappa de la poitrine de Charles fit tressaillir tous les ouvriers.

— Eh bien! soit, répondit-il. Ah! tu m'as appelé bâtard! Eh bien! j'écraserai ta langue de façon à ce qu'elle ne dise plus ce mot-là.

Et, dans un accès de rage extravagante, il le traîna vers un martinet qui, mû par un des courants d'eau, battait de son poids de six milliers sur son enclume colossale. Un cri d'épouvante universelle avertit Aubert de ce qui allait lui arriver; il se débattit, il se roula comme un serpent, il se buttait à toutes les aspérités du terrain; mais il était tenu par une main plus forte que le fer, et pas à pas il avançait vers la terrible machine.

— Demande grâce! lui criait-on de partout. Grâce! grâce pour lui! Il ne répondait que par de nouveaux efforts.

Enfin il toucha des pieds le bord de l'épouvantable machine. Charles le retourna d'un seul coup et en approcha sa tête; le malheureux vit à deux pas de son front le marteau se lever et retomber avec un bruit qui lui ébranla le crâne; il se prit à crier : — A l'assassin! à l'assassin! d'une voix si déchirante, qu'elle domina le bruit du marteau et que les ouvriers s'en émurent.

— Eh bien! lui dit Charles en le soulevant de terre, demanderas-tu grâce?

A ce moment, la foule des ouvriers s'entr'ouvrit et Henriette parut.

— Quel est ce bruit? dit-elle, que se passe-t-il?

Charles ouvrit la main et laissa échapper le misérable, qui se releva lentement.

— C'est, dit-il en reprenant un ton froid, un ouvrier insolent que je corrige.

On murmura. Aubert voulut s'éloigner, Charles l'arrêta.

— Pas encore, tout n'est pas fini entre nous. Madame, dit-il, cet ouvrier m'a insulté, il faut qu'il me demande pardon.

— Excusez-vous, dit Henriette à Aubert.

Celui-ci, tenu par Charles, et qui avait senti le cœur près de lui faillir un instant avant, répondit d'un air brutal :

— On peut être fâché, quand on se voit ôter son pain.
— Dites quand on ne le gagne pas.
— Eh bien ! soit, dit Aubert ; excusez-moi, si ce que j'ai dit vous a offensé.
— Assez ! lui dit Charles ; prenez vos habits et sortez.

La Contrepointe obéit en se frappant la tête avec désespoir ; il bouscula quelques ouvriers qui se trouvèrent devant lui.

— Je vous demande sa grâce, dit Henriette.
— Il ne la mérite pas, répondit Charles; qu'il sorte ! Quant à vous, ajouta-t-il en regardant sévèrement les autres ouvriers, quant à vous qui ne m'avez pas obéi tout à l'heure, vous voyez que je sais comment réduire les récalcitrants ! Que l'exemple vous profite !

Il sortit de l'atelier avec Henriette. Elle avait l'air sérieux et boudeur d'une femme qui vient d'être refusée.

Cette scène brutale où il fallut qu'un homme, qui avait droit d'être obéi sur ses ordres, employât la force pour obtenir obéissance, est plus commune qu'on ne pense dans les rapports des maîtres et des ouvriers, surtout dans ces positions où un appel à la loi et à la protection publique est lent à obtenir. Je l'ai dit plus haut et je le répète ici, il faut que toute force, de quelque manière qu'elle puisse s'exercer, à quelque hauteur qu'elle soit placée, ait un charme d'enivrement bien extraordinaire ; car il n'est presque personne qui ne soit tenté d'abuser de celle qu'il a. Je ne sais si la nature de l'homme est bonne ; mais s'il se trouve à sa portée quelque mal à faire avec impunité, il s'en empare si rapidement, que je commence à être de l'avis de ceux qui la disent méchante, et qui, ne pouvant nier les bonnes actions, leur donnent une mauvaise origine et prétendent que l'égoïsme est la source de toutes les vertus. Un de ces moralistes me disait un jour : — La pitié, ce sentiment qui, le premier de tous, le seul de tous peut-être, semble le plus exempt de personnalité, ce sentiment qui nous fait prendre part aux douleurs d'un autre, n'est pas, ce que dit la Rochefoucauld, un calcul de l'amour-propre ; c'est un instinct de l'amour de soi. Jetez un homme blessé, et qui se plaint violemment, sur un chemin où il passe beaucoup de monde, quelques-uns le soulageront et beaucoup s'en éloigneront. Enfermez le plus brutal de ceux qui se sont éloignés dans la même chambre que cet homme blessé, et que celui-ci continue ses cris, le second jour, le brutal le soignera. Sera-ce qu'il est devenu plus *pitoyable?* Ce sera qu'il a besoin, pour son repos, de se débarrasser de cris qui l'étourdissent. Eh bien! ceux qui l'auront soulagé dès l'abord, ce sera pour le repos d'une conscience timorée à qui l'on aura appris le sublime et archiégoïste précepte de la charité chrétienne : Faites aux autres ce que vous voudriez qu'on vous fît. Car supposez qu'au lieu d'un homme qui crie, ce soit un porc avec ses vagissements atroces, et mettez à côté la femme la plus humaine, de celles qui ne peuvent pas voir plumer une poule morte, et, au quatrième cri, elle dira : Soulagez cet animal ou achevez-le. Pourquoi l'alternative? c'est qu'elle prend soin de ses nerfs sous prétexte de pitié. Peut-être, si ce n'était la morale apprise, le code pénal, le juge, le gendarme et le bourreau, on eût dit la même chose de l'homme, s'il eût crié aussi fort et aussi désagréablement que le porc. Croyez-vous que ces barbares qui étouffaient les enragés entre deux matelas avaient pitié des malades et de leurs convulsions déchirantes? Ils avaient peur d'être mordus, voilà tout. Aussi, bien que j'estime fort la morale, je n'ai pas de mépris pour le bourreau, surtout quand je me rappelle que c'est la même main qui a frappé Louis XVI et Robespierre, la royauté et l'anarchie, ces deux grands ennemis du peuple. Du reste, l'abus de la force physique et individuelle est celui auquel ce peuple, contenu de tous côtés par les liens sociaux, se livre avec le plus de joie lorsqu'il en trouve l'occasion ; car c'est presque le seul où il puisse lutter avec avantage contre le bourgeois suzerain qui le domine. Le faquin en tilbury écrase le manant à pied qui ne se range pas ; mais aussi, comme le charretier, armé de son énorme voiture, écrase avec bonheur non-seulement le faquin en tilbury, mais l'honnête homme en carrosse ! Rencontrez la carriole du marchand de salade qui vous a cédé le pavé, le matin, devant la porte du commissaire de police, rencontrez-la sur une chaussée, à trois lieues de tout gendarme, là où le manche du fouet peut décider de la question, vous n'aurez si élégant phaéton, si beaux anglais qu'il ne faille les jeter dans l'ornière, si vous n'avez le poing bon. En vérité, il n'y a si petite force dont ceux qui la possèdent ne soient tentés de mésuser, que je comprends la retenue de beaucoup de gens à confier des pouvoirs à ceux qui n'en ont pas, et l'indifférence d'un grand nombre sur la qualité des personnes qui les exercent, se souciant peu d'être gouvernés par Blanc plutôt que par Rouge, et se laissant alors conduire par Tricolore.

Du reste, la conduite de l'ouvrier Aubert dans cette affaire est la meilleure preuve de ce que nous avançons; sans doute il y avait méchanceté dans son projet; mais si cette méchanceté ne se fût pas crue en passe d'impunité, elle eût rugi secrètement et détesté à la sourdine; elle espéra triompher par une force ordinairement étrangère aux hommes du monde, et peut-être eût-elle obtenu l'avantage si elle eût rencontré un caractère moins décidé et un bras moins vigoureux. Et véritablement, que serait-il arrivé si Charles eût été un homme d'une force ordinaire? C'est ce que lui disait Henriette pendant qu'ils regagnaient ensemble la maison.

— Mais, monsieur, disait-elle, quelle que fût la révolte de ce malheureux, était-ce de cette manière qu'il fallait le faire rentrer dans le devoir? Ne pouviez-vous ordonner à ses camarades de le chasser?

— Il me semblait vous avoir dit, madame, qu'ils avaient refusé d'obéir.

— Vous pouviez faire confirmer vos ordres par mon mari.

— Vraiment, dit Charles, et je serais revenu avec un domestique, pour garant de mon autorité?

— Oh! si c'est une question d'amour-propre, je n'ai plus rien à dire, reprit sèchement Henriette.

— Non, madame, c'est une question de prospérité ou de

ruine pour vous; pardon, je veux dire pour le général. C'était un parti pris de continuer le désordre qui règne ici et alors, madame, je suppose que cet homme eût désobéi aux ordres du général comme aux miens, qu'eût fait votre mari?

— Il eût appelé, sans doute, les autorités du pays, dit Henriette.

— Pensez-vous qu'un homme comme lui, bravé par un tel misérable, eût attendu jusque-là?

— Et qu'eût-il pu faire, lui malade? reprit Henriette.

— Il eût fait malade ce que j'eusse fait si j'avais été faible et débile, il eût brûlé la cervelle à cet homme.

— Vous l'eussiez fait? dit Henriette à Charles en le regardant avec terreur.

— Oui, madame, répondit-il. Veuillez m'écouter, car vous êtes irritée contre moi, et je vous ai blessée par un refus, au moment où je comprenais que j'allais avoir besoin de votre appui.

— De mon appui? dit Henriette.

— Oui, madame. La fortune du général se perd : les détails et les preuves de cette ruine imminente seraient faciles à vous donner. Il faut une main forte pour la prévenir, une activité soutenue ; je ne fais point vanité de ces qualités; on les apporte en naissant, et on les cultive aisément dans notre métier de soldat. Mais, pour qu'elles pussent être de quelque utilité au général, il faut qu'elles rencontrent une obéissance prompte et absolue. Cette obéissance, le général l'a obtenue longtemps, et d'abord parce que l'autorité qu'il exerçait lui appartenait et n'admettait pas de contestation; ensuite parce que de sa personne il a tout ce qu'il faut pour l'exercer, un caractère ferme, un nom qu'il a toujours fait respecter, toutes choses qui ne sont pas aussi indifférentes qu'on pense à ces classes grossières. Peut-être aussi a-t-il eu l'avantage de n'avoir qu'à maintenir un ordre établi, tandis qu'il faut que je combatte un désordre dont on s'est fait une habitude et un revenu. Que suis-je pour cela? un étranger.

— Étranger? dit Henriette avec un air de reproche poli, mais point affectueux, vous, le fils adoptif de mon mari!

— Oui, madame, dit Charles, un étranger qui n'est que le dépositaire d'une autorité qui ne lui appartient pas; un commis des ordres duquel on peut toujours appeler à un supérieur, ce qu'on ne manquera pas de faire aujourd'hui; un jeune homme dont on voulait tâter la volonté. Si j'eusse cédé, c'en était fait de ma bonne volonté à vous servir... à servir le général. Et, je vous le répète, madame, il n'y a pas de temps à perdre : les clients de cette maison l'abandonnent; ils prendront d'autres arrangements, et bientôt il ne sera plus temps de les rappeler.

— Vous avez peut-être raison, dit Henriette; voilà des motifs que vous n'aviez pas besoin de me dire pour que j'en connusse toute la force. Mais à parler franchement, monsieur, cet amour d'autorité, qui est fort juste sans doute, a été si loin, que vous avez oublié que ma qualité de femme du maître de cette forge pouvait m'y laisser quelques droits, et qu'ayant mis une prière à la place de ces droits, je devais espérer au moins qu'elle serait accueillie.

— Sans doute, madame, et dans toute autre circonstance...

— Oui, dit Henriette amèrement, dans toute autre circonstance où votre orgueil n'eût pas été intéressé, vous auriez daigné...

— Non, dit Charles dignement, dans toute autre circonstance où le salut de votre fortune... de la fortune du général n'eût pas été compromis.

Henriette sentit qu'elle avait été désobligeante et injuste; elle en voulut à Charles. Celui-ci se hâta de continuer :

— J'achève, madame, de vous expliquer ma conduite, et de vous apprendre ce que j'attends de vous. Si je vous eusse accordé cette grâce, sans doute le mal n'eût pas été irréparable; mais c'eût été une lutte éternelle entre votre pitié et ma rigueur. Je n'eusse pas puni une faute qu'on n'en eût appelé à votre intervention. Pour vous attendrir, les femmes fussent venues, on eût amené les enfants, les vieillards infirmes : vous n'y auriez pas résisté ; il n'y a plus de faute devant une femme qui parle du pain de ses enfants, devant des têtes blanches qui pleurent ; j'aurais dû résister, au lieu de m'en vouloir une fois, vous m'en auriez voulu presque tous les jours. Nous sommes destinés à vivre dans un cercle trop resserré, pour ne pas craindre les misérables motifs d'inimitié qui s'effacent dans une vie plus occupée... C'eût été de la contrariété pour vous, du malheur pour moi...

A ce mot, Henriette regarda Charles avec surprise, comme étonnée de l'entendre dire qu'il trouverait du malheur à la voir contrariée ; mais il la fit vite repentir de ce sentiment en ajoutant :

— Oui, madame, du malheur pour moi d'être obligé de quitter plus tard le soin des affaires du général, que peut-être il faudra cependant que je quitte demain, si vous ne me venez en aide.

— Comment cela ? dit Henriette.

— En ce qu'on va tenter auprès de lui ce qu'on a essayé près de vous. J'ai plaidé vis-à-vis de vous la justice de ma cause, je ne le ferai pas vis-à-vis de lui, si son équité naturelle, peut-être déjà prévenue ou plus facile à surprendre que la vôtre, ou si une amitié éclairée ne lui conseillent pas de s'abstenir dans cette affaire, et de déclarer que ma volonté lui est respectable en ce qu'il ne peut exercer des droits dont il a disposé en ma faveur ; ce sera encore la source d'une lutte à laquelle je ne m'exposerai pas. Je quitterai cette maison, et c'est à vous, madame, que je m'adresse pour prévenir ce malheur.

— Un grand malheur pour nous en effet, monsieur, le malheur de vous perdre, dit Henriette, que tout Charles contrariait dans cette affaire, paroles, idées, tenue, diction : jamais il ne lui avait semblé si déplaisant. Elle trouvait qu'il parlait majestueusement et savamment d'une misérable affaire, et elle cherchait à se fâcher. Au fond, la dernière phrase de Charles, passant pas la bouche d'un Bizot, se serait revêtue des termes suivants : — Entre nous, votre mari est un vieillard que j'aime et que je respecte beaucoup ; mais il baisse un peu, il devient bonhomme, (nous n'avions pas encore la magnifique expression de *vieillard stupide*); empêchez-le de faire une sottise.

Henriette le comprenait ; mais les expressions couvraient la pensée et la défendaient de tout reproche, et elle se mit à faire de l'épigramme à défaut d'indignation ; car elle éprouvait quelque honte de se mettre de moitié avec un étranger, et surtout avec Charles, dans cette opinion exprimée sur son mari. Charles la gêna encore bien plus lorsqu'il lui dit avec une franchise si haute, qu'elle effaça toute idée de suffisance : — Oui, madame, à l'heure qu'il est, en l'état où sont vos affaires, ce serait un malheur de me perdre. S'il s'agissait ici de choses où il fallût de grands talents et des connaissances profondes, j'aurais offert la place au premier venu ; mais il s'agit de probité et de dévouement, et de ces deux qualités, je crois posséder la première autant que personne, la seconde plus que tout le monde. Ainsi, madame, je vous en supplie, protégez-moi ; j'en appelle à votre tendresse pour votre mari, à votre raison.

— Et sans doute aussi à mon intérêt ? dit Henriette.

— Madame, répondit Charles froidement, madame, je n'ai eu cette injure ni dans mes paroles ni dans ma pensée. Quoi qu'on m'ait dit de vous, quoi que j'en aie pu croire, j'en sais déjà assez pour voir que ma cause est perdue, si ce n'est que ce motif qui vous porte à la défendre.

A ces mots, il la salua et se retira, la laissant assez incertaine de ce qu'elle devait dire et faire.

Si quelque chose semble étrange dans le ton de ces deux personnes entre elles, il ne faut pas oublier qu'au moindre air de solennité de Charles, l'histoire de la nuit où Henriette croyait qu'il lui était apparu revenait aussitôt à l'esprit de celle-ci. Enfin, elle entra chez son mari. Véritablement, l'affaire était déjà portée à son tribunal : il écoutait le terrible la Contrepointe, qui balbutia en voyant Henriette, preuve qu'il mentait.

— Oui, disait-il, général, il a voulu me forcer à lui demander pardon à genoux ; moi, un vieux militaire, parce que je lui ai dit que je ne sortirais que sur votre ordre ; là-dessus il m'a frappé, et si ce n'eût été pitié...

Henriette était rentrée à ce moment, et la Contrepointe se tut.

— Eh bien ! dit le général, si ce n'eût été pitié, tu le lui aurais rendu, n'est-ce pas ?

— Je ne dis pas ça, reprit Aubert tout décontenancé ; c'est que... Enfin, il s'en tira assez adroitement en disant :

— Au fait, madame y était ; elle a eu la bonté de demander ma grâce, et il la lui a refusée... rondement encore.

— Tu étais là, Henriette ? lui dit le général ; que s'est-il passé ? Voyons, tu dois savoir qui a tort ou raison ?

Henriette se trouvait, sur-le-champ et malgré elle, forcée de prononcer sur une chose où on lui avait presque dicté son jugement. Elle balança un moment entre le dépit qu'elle éprouvait à obéir à cette prescription et ce qu'elle sentait être la justice et la raison ; elle crut éluder et répondit : — Je passais près des ateliers ; j'ai entendu un grand bruit ; je suis entrée, et j'ai vu Aubert entre les mains de monsieur Dumont. Voilà tout.

— Et Charles le battait ?

Henriette n'hésita pas à répondre, voyant que ce qu'elle allait dire était vrai, et pourtant contraire à Charles : nuire sans mentir, c'est tout le moins que puisse une honnête femme pour sa satisfaction.

— Mais cela allait plus loin, il voulait briser la tête de ce pauvre homme sous son martinet.

— Te briser la tête, à toi ! et tu t'es laissé faire ?

— Oh ! oh ! c'est-à-dire... dit Aubert en cherchant à ricaner.

— Il paraît que monsieur Dumont est d'une force prodigieuse, reprit vivement Henriette, qui voyait venir le mensonge d'Aubert et ne voulait pas avoir de grief contre lui.

— Mais on ne tue pas un homme pour un mot : ceci est grave, ajouta le général. Tu ne lui as rien dit ?

— Rien.

— Aucune injure?

— Dame, non.

— Alors je mettrai ordre à ces emportements.

— Et vous ferez bien, dit la Contrepointe enchanté et qui crut sa cause gagnée; avec ce monsieur, vous n'auriez pas un ouvrier dans huit jours.

Henriette, à cette réponse, comprit combien Charles avait eu raison, et l'esprit de justice la gagnant aussitôt, les terribles conséquences de sa faiblesse ou de son humeur lui apparurent, et elle ajouta :

— Il faut dire aussi que cet homme a insulté M. Dumont.

— Insulté ! reprit le général, à qui ce mot sonnait mal à l'oreille en sa qualité d'ancien militaire; que lui as-tu dit? Voyons, réponds ?

— Dame, mon général, nous autres vieilles moustaches... voyez-vous... dit la Contrepointe en se caressant; c'est que, mon général, quand on a cinquante ans... Dans un moment de colère, vous l'auriez dit comme moi... On disait ça des jeunes, à l'armée...

— Eh bien ! s'écria d'Aspert impatienté, que lui as-tu dit, voyons ?

— Dame, je l'ai un peu traité de conscrit.

— Tu l'as appelé conscrit? dit le général sans avoir l'air de se fâcher.

— Ce n'est pas cela, dit Henriette que les mensonges de cet homme et sa platitude, après son insolence, indignaient.

— Qu'est-ce donc? dit d'Aspert en fronçant le sourcil.

— Eh bien ! mon général, dit l'ouvrier qui croyait avoir trouvé une issue à sa mauvaise position, j'étais hors de moi ; c'est vrai, j'ai eu tort ; mais, d'ailleurs, ce n'est pas sa faute ce qu'on dit de lui dans le pays, ce n'est pas sa faute, à ce jeune homme... eh bien ! je l'ai appelé... bâtard.

Henriette ne savait pas cette injure; elle avait entendu les ouvriers dire entre eux qu'Aubert avait appelé Charles blanc-bec, qu'il l'avait menacé de lui arracher sa croix, et elle croyait que c'était de ce mot que l'ouvrier allait s'accuser. Elle et son mari se regardèrent stupéfaits. La Contrepointe avait préféré avouer cette injure, sachant bien que l'autre était capable de tout justifier aux yeux d'un vieux soldat. Tout à coup les traits du général se décomposèrent, ses joues devinrent presque pendantes, et, d'une voix serrée à la gorge, il dit à Aubert :

— Tu l'as appelé bâtard !... Et il se leva de son fauteuil. Eh bien ! continua-t-il avec un éclat terrible, c'est un lâche de ne pas t'avoir tué tout à fait. Tu l'as appelé bâtard ! reprit-il avec un accent de colère furieuse ; et il s'avança sur Aubert la canne haute.

— Mon ami ! s'écria Henriette en se jetant devant lui, que faites-vous ? cet homme est capable de tout, ne l'approchez pas. Il a porté la main sur Charles ; il a voulu lui arracher sa croix.

— Lui arracher sa croix ! s'écria le général, lui arracher sa croix ! et se retournant aussitôt, il courut à la cheminée et en décrocha un fusil. Henriette poussa un cri terrible. La porte s'ouvrit rapidement, et Charles n'eut que le temps de s'élancer sur le général, qui se débattait et lui criait comme un furieux :

— Et tu ne l'as pas tué !... et tu ne l'as pas tué !

Le malheureux sortit, mais en disant :

— Bon, bon, ce n'est pas fini.

Quand le général fut un peu calmé, il se fit raconter l'affaire par Charles ; celui-ci la lui dit sincèrement, mais sans parler de la nécessité urgente de rétablir l'ordre, d'une manière aussi formelle qu'il l'avait fait avec Henriette ; sans parler au général de l'état déplorable de ses affaires, et surtout sans rappeler l'épithète de bâtard. D'Aspert et Henriette s'en aperçurent ; mais ni l'un ni l'autre n'osèrent le témoigner. Ils comprenaient trop que, s'il se refusait à prononcer ce mot fatal, personne ne pouvait le lui faire entendre. Il fallait d'autres temps, un entretien plus préparé pour arriver à une confidence complète. Ils s'étonnèrent seulement en eux-mêmes que le mot eût été dit et qu'il eût porté coup. Enfin d'Aspert finit la conversation en disant :

— Eh bien! sans Henriette, j'aurais donné raison à cet homme!

D'Aspert se retira, et Charles dit tout bas à Henriette :

— Je vous remercie, madame, de ne pas avoir abandonné ma cause.

Cette femme s'obstinait, Dieu sait pourquoi, à ne pas vouloir paraître avoir rendu service à ce jeune homme ; et elle répondit sèchement :

— Vous n'avez pas oublié que c'était celle de mon mari ?

— Je crois, madame, répondit Charles du même ton, vous l'avoir fait observer le premier.

Il sortit, et elle demeura à rêver.

XIII

SOIRÉE D'HIVER

Les Bizot arrivèrent quinze jours après. Ils étaient moitié en voiture, moitié en charrette. M. Bizot tout entier, en casquette, dans la calèche allemande qu'il avait achetée; madame Bizot, à côté de son mari, de sa personne seulement; presque toutes ses grâces et ses séductions étaient en charrette, dans des cartons immenses. Quand Henriette vit arriver tout ce cartonnage, elle regarda Charles, qui était à côté d'elle. Il n'y a qu'une femme pour lire, tout d'un coup, les projets d'une autre femme contre elle, dans six caisses qui encombrèrent la salle à manger en une minute. A peine les premiers compliments furent-ils échangés, que madame Bizot s'empara d'Henriette, et, brusquant la confidence qu'elle avait à lui faire, elle lui dit tout bas :

— Ma chère, je suis très-piquée contre M. Bizot ; depuis

notre départ d'ici, nous sommes assez mal ensemble, et, sans mon amitié pour vous, certes je ne serais pas revenue avec lui. Depuis quelque temps nous avons renoncé à l'habitude...

Henriette n'interrompit point madame Bizot, quoique celle-ci eût fini sa phrase en traînant ses mots de manière à annoncer qu'elle désirait être comprise sans être forcée à tout dire; et ce fut précisément parce qu'elle fut comprise qu'Henriette ne l'interrompit point; aussi fut-elle obligée d'arriver toute seule à la question, et elle reprit :

— Si, au lieu de nous donner la chambre que nous occupons d'ordinaire, vous pouviez nous faire arranger...

— Deux appartements séparés? dit Henriette avec un empressement marqué; avec plaisir; tout de suite, je vais donner des ordres.

— Oh mon Dieu ! non, dit madame Bizot; deux chambres sous la même clef; et même, si cela vous arrangeait, la chambre à deux lits.

Henriette se repentit presque de la pensée qu'elle avait eue de madame Bizot et des projets qu'elle lui avait supposés d'après sa demande; mais, en cette circonstance, la femme délicate fut dupe de la vulgaire coquette, et, pour avoir poussé trop loin ses soupçons, elle manqua de toucher au but de madame Bizot. En raison des desseins de séduction suffisamment prouvés par les cartons, elle avait cru que la séparation d'avec le mari était une précaution pour faciliter des rendez-vous: ce n'était pas là le motif de madame Bizot. Elle était trop expérimentée pour ne pas savoir que, quand on est arrivé au rendez-vous, ce n'est pas une chambre ici ou là qui embarrasse; les plus singuliers et les plus dangereux sont les plus amusants. Mais, pour arriver au rendez-vous, il y a mille petits chemins que madame Bizot savait mieux qu'Henriette. Ainsi elle savait qu'il y a des hommes, et Charles lui paraissait de ce nombre, qui traitent l'amour, même l'amour des sens, comme une chose assez recherchée pour n'être pas très-affriandés d'une femme qui *couche* avec son mari, surtout quand le mari est un Bizot qui dit le soir à dix heures :

— Allons, ma femme, viens dormir, et ne fais pas comme la nuit dernière, ne prends pas les trois quarts du lit. C'est qu'elle est comme ça, ma femme, elle se carre, elle me pousse, et ferme encore, etc., etc., etc.

A moins d'être un Bizot garçon, on laisse cette femme au Bizot mari. La belle savait cela : presque toutes les femmes qui mettent un peu d'élégance dans leur galanterie, ou un peu de galanterie dans leur amour, savent cela. Il n'y a que les grosses mères et les âmes à passions violentes qui ne s'en doutent pas : les premières, par grossièreté ; les secondes, parce que, pour elles, la possession est la moindre des choses de l'amour. J'ai connu des femmes qui se seraient tuées pour leur amant, et qui ne se baignaient pas pour lui. Il y a à Paris une femme, je ne connais que celle-là, qui écrit des lettres sublimes avec des ongles noirs. Dieu sait où cela l'a menée.

Bientôt commencèrent les soirées d'hiver, soirées si longues, si difficiles à remplir, même à Paris, avec l'auxiliaire des bals, des concerts, des théâtres ; époque où les intrigues se nouent et se dénouent dans les passes d'une contredanse, où la valse et le galop tournent les têtes et emportent le cœur, où le sang bouillonne au fouet du violon, au milieu de cet air chaud, humide, vaporeux, qui oppresse déjà la poitrine comme un désir tout chargé du parfum des femmes et des fleurs. C'est là que les passions s'allument et flambent tout imprégnées de volupté, mais de volupté douce, légère, près de s'évaporer au matin pour se renouveler le soir.

En province, au château, dans l'habitation isolée d'un riche campagnard, que ces soirées ont un autre aspect ! et quel autre charme bien plus dangereux elles concentrent sur le peu de ceux qui les remplissent ! C'est, si je puis m'exprimer ainsi, c'est un air couvé où tout germe dans une proportion extraordinaire ; où rien ne s'évapore au dehors, ni paroles, ni souvenirs, ni regards ; où chacun rapporte le lendemain tout ce qu'il a emporté la veille, sans en avoir laissé des lambeaux aux occupations d'un autre monde, aux plaisirs d'un autre salon. Terrain fertile où tout retombe pour le fertiliser, comme dans les forêts vierges de l'Amérique, qui se nourrissent de leurs feuilles mortes, de leurs branches brisées, de leurs émanations; où tout ce qui vient d'elles retourne à elles; si grandement et si magnifiquement supérieures à nos forêts civilisées qui prêtent quelque chose à tout le monde, au passant son chemin, au propriétaire ses coupes réglées, au chasseur son gibier, et son bois mort au pauvre.

Là, quand on est destiné à s'aimer, quand un homme et une femme doivent risquer de se perdre l'un pour l'autre, il faut qu'ils y succombent. Pas un jour de perdu : tous les jours on se revoit; point de plaisirs qui séparent, point d'intérêt où se prendre pour se retenir, point de temps à donner à la mode, à la pièce nouvelle, aux aventures des autres, aux devoirs de bienséance. Toute la pensée, tout le temps appartiennent à la même chose.

Charles et Henriette étaient destinés à s'aimer. Destinés pourquoi? Dieu le sait. Était-ce que leur vie avait quelque chose de bizarre et de particulier qui les faisait se rechercher? y avait-il dans leurs caractères, dans leurs inclinations une conformité qui les attirât l'un vers l'autre, ou une différence qui leur rendît leur présence nécessaire? Était-ce leur supériorité sur tout ce qui les entourait, leur jeunesse parmi des vieillards, leur isolement, qui les jetaient ainsi l'un à l'autre? Non, ce n'était rien de tout cela. Ils devaient s'aimer, parce que. Vous qui me lisez, ne vous étonnez pas; il n'y a pas faute d'impression, la phrase est finie. Ils devaient s'aimer parce que. Il n'y a qu'un fat et un académicien capables d'ajouter quelque chose à cette sublime raison de l'amour.

Partout où ils eussent pu échanger un regard, une parole; partout où ils eussent pu sentir leur présence, ils se seraient aimés. Leur nom prononcé par une bouche étrangère, leur nom commun à tant d'autres, ce nom dont ils auraient entendu appeler la veille un laquais ou une fille perdue, ce nom prononcé pour les désigner les eût frappés à cet instant. Oh! sans doute, ce n'eût été ni avec cette rapidité ni avec cet excès qu'ils se fussent mutuellement envahis. Dans le monde, le monde eût gardé ses droits ; dans une tranchante inégalité de condition, la distance eût usé quelque chose de leur temps ; avec des absences, il se fût rencontré des retards, le chemin eût été plus long, il eût fallu vaincre ou tourner les obstacles ; mais le but eût été le même, et ils l'eussent atteint également.

Ils avaient deviné tout cela ; ils avaient deviné qu'ils s'aimeraient. Non pas que ce mot amour fût venu les éclairer tout de suite sur l'avenir de leur réunion et de leur rencontre. Ils n'avaient rien calculé, rien analysé, rien prévu ; mais ils avaient cherché à se détester. Le fils adoptif d'un homme de bien et sa femme qui cherchent à se détester, c'est un pressentiment du crime de s'aimer ; et il y avait crime pour eux, crime épouvantable, car l'ingratitude était la première condition de leur amour. Et, au fond de tout cela, une ombre plus noire et plus terrible encore, une ombre qui, si elle venait à s'éclairer, pouvait laisser le mot inceste écrit dans leur vie.

Pauvres jeunes cœurs ! qu'au jour où commencèrent ces soirées d'hiver, ils étaient loin d'avoir aucune de ces idées lugubres ! Comme ils étaient contents d'eux ! comme ils se croyaient à l'abri l'un de l'autre ! comme Henriette était bien pour Charles la femme qu'on lui avait dépeinte à Paris, une rusée hypocrite qui avait surpris la bonhomie du général ; plus tard, nous saurons la main qui a tracé ce portrait. Comme il riait de sa crainte de venir à la forge, quand une voix railleuse lui avait dit : — Vous lui ferez la cour, et, le bonhomme mort, vous épouserez la veuve avec l'enfant venu sous une feuille de chou ! Comme cette prédiction, rendue plus effrayante par des demi-révélations, grandie par l'imagination de Charles et par une sorte de sorcellerie employée à son égard, et dont le secret dormait dans son cœur, comme il la trouvait ridicule, cette prédiction ! comme ses appréhensions lui paraissaient puériles ! C'était tout à fait une femme ordinaire, qui n'avait pas même la portée d'une intrigante supérieure ;

une petite fille qui a fait un enfant et qui le fait endosser à un mari.

Pour Henriette, assurément Charles n'était plus ni ce jeune homme distingué qui avait souvent mérité dans sa jeunesse, et lorsqu'elle était encore enfant, les éloges charmants de sa mère ; ce n'était plus ce jeune sous-lieutenant décoré sur le champ de bataille, changeant d'épaulettes à chaque campagne ; un de ces soldats intrépides qui, si vite qu'ils montent, pourraient planter chaque échelon de leur fortune dans un trou de blessure ; ce n'était plus le pauvre prisonnier errant dans les froids déserts de la Russie, ni ce jeune homme à l'existence incertaine et qui devait porter avec lui l'arrêt d'un autre. C'était tout simplement un assez bon garçon, rangé, exact dans ses devoirs, ayant de l'honneur, un poignet de fer, quelques idées plus brutales que bien entendues d'ordre et de discipline, bien élevé, poli, avec qui on peut vivre en toute sécurité.

Ils en étaient là tous deux, désarmés de leurs préventions l'un contre l'autre, et ne s'étudiant plus pour se trouver des défauts. Alors ils laissèrent l'amour les surprendre par son charme le plus invincible. Ne se croyant pas dangereux, ils se laissèrent aller à eux-mêmes, ils se laissèrent aller à se plaire, autre puissance que l'amour, presque aussi forte et bien plus séduisante, qui, lorsqu'elle est seule, ne mène pas aux grandes extravagances, mais qui seule suffit mieux que la passion aux longues intimités.

Deux mois s'étaient écoulés depuis l'arrivée de Charles ; les affaires du général allaient si manifestement bien, qu'on avait augmenté le nombre des ouvriers. D'Aspert, ravi de tout ce qui l'entourait, ne trouvait pas un moment dans toutes ses longues journées pour souhaiter troubler la quiétude où il vivait. Il redoutait un événement. L'éclaircissement qu'il avait tant désiré sur l'état de Charles lui en paraissait un qui devait avoir un résultat désagréable, et il faisait semblant de n'y plus penser, c'est-à-dire il en écartait la pensée quand elle lui venait.

Indubitablement, il y avait eu quelqu'un de sacrifié, un

enfant dévoué au malheur dans l'affaire de Rome; mais, comme Charles pouvait être l'un ou l'autre, il semble qu'il fût à la fois l'un et l'autre; et, comme d'Aspert ne savait si c'était son fils ou le fils du capitaine Dumont qu'il devait plaindre, il se servait de son incertitude pour n'en plaindre aucun. Il ne risquait pas sa pitié.

Lussay restait le même : presque toujours absent, devenu indifférent à tous les sujets de conversation, mais les suivant avec cette facilité d'un homme qui a beaucoup vécu, il y fournissait sa part d'instruction et d'esprit, jamais de gaieté et d'abandon. Il nourrissait quelque chose en lui. C'était un silence de l'âme qui devait éclater tôt ou tard; rien ne dénotait que l'instant de l'explosion fût proche ou éloigné : c'était l'homme à part de ce petit monde.

Quant à Bizot, il bizotait. *Bizoter*, que veut dire ce mot ? je ne sais; mais, tenez, entre nous, j'ai connu M. Bizot; je l'ai vu à Paris, je l'ai vu en province, et nous n'avions trouvé rien de mieux pour exprimer sa façon d'être, que de créer le mot *bizoter*. Il se levait, s'habillait, descendait, déjeunait, se promenait, regardait, répondait, ne demandait jamais rien, ne refusait jamais rien, lisait si on lisait, causait si on causait, se chauffait si quelqu'un avait froid, jouait toutes sortes de jeux, même au volant; prenait souci de ce qui alarmait quelqu'un, s'informait avec un curieux, se tenait coi avec un indifférent; espèce d'écho de tout ce qui agissait autour de lui, n'ayant d'original que d'être comme tout le monde : capable de fuir avec un lâche, d'avancer avec un brave, rendant volontiers autant qu'il recevait, soit en esprit, en politesses ou en égards; usant de ceux qui usaient de lui, ne fuyant et ne cherchant personne, très-heureux en compagnie, très-heureux tout seul. Je l'ai vu discuter passablement économie politique, danse et haricots; enfin, pour le résumer en un mot, c'était monsieur Bizot. Mais comme rien n'est complet en ce monde, il avait un trait à lui, un trait qui le distinguait : il était un peu musicien. Il devait être un peu musicien, cela se conçoit; mais c'est là qu'il manquait à cette inexistence de toute particularité : au lieu de jouer un peu du violon, ou de la flûte, ou du violoncelle, ou même du basson, il jouait de la lyre. Oui, monsieur Bizot jouait de la lyre, espèce de guitare bâtarde où il faut arrondir les bras et faire saillir la hanche : invention de l'empire pour poser les femmes à la grecque.

Reste madame Bizot. Madame Bizot se soignait corps et esprit. Toujours étroitement lacée, étroitement chaussée, parlant étroitement, riant de même, tandis qu'il lui eût mieux valu laisser voir ses belles dents blanches, lancer à brûle-pourpoint ses regards agaçants, montrer un peu ses jolies jambes, un peu sa gorge si rebondie. Elle voulait se distinguer; et, quoiqu'elle fût trop Parisienne et trop bien tournée pour être gauche, elle était gênée et avait perdu cette chance qui livre les hommes les plus délicats à une femme appétissante, un matin, par hasard, au saut du lit, ou dans un coin, le soir, quand il fait noir. Quelquefois la nature revenait, surtout quand le rire prenait à d'Aspert, que Bizot lui renvoyait la balle en grossissant l'éclat, qu'Henriette s'y laissait aller, que Charles suivait et que Lussay desserrait aux coins ses lèvres émincées.

Cela arriva un jour que le général, se sentant ingambe, déclara vouloir souper dans le salon, par un temps qui hurlait au dehors et par un feu qui flambait gaiement dans la cheminée. On apporta du champagne : on en but à force, à rasades, d'Aspert provoquant tout le monde. Il raconta des histoires de garnison ; Bizot répliqua des histoires de commis voyageur, de ces bêtes d'histoires qui finissent par un coq-à-l'âne ou par une polissonnerie, et dont on rit bien plus que de tout l'esprit possible; puis, la table levée, le général voulut danser; il se rappela qu'il avait été beau danseur. On n'était que six : Bizot et Henriette furent obligés de se doubler; seulement Bizot ne faisait le cavalier avec Henriette qu'après avoir fait la dame avec le général; alors il figurait vis-à-vis de sa femme et de Lussay qui dansait. (Lussay dansait!) Alors Bizot mettait et ôtait avec une dextérité ravissante un bonnet de femme, selon le rôle qu'il jouait; à chaque changement le général riait aux éclats. Bizot dansait congrûment en homme, entrechats et jetésbattus en avant ; puis il minaudait et tortillait en femme : c'était charmant, c'était du délire ; madame Bizot riait tant, qu'elle en faisait plier Lussay, sur qui elle s'appuyait. Puis on valsa. Henriette se mit au piano. On avait chanté la contredanse : on valsa ; Bizot avec le général, madame Bizot avec Charles. On tourna, on s'anima.

— Vois, ma femme, disait Bizot, voilà comme on s'abandonne : cher ami, cher général ! on se penche, on s'exalte.

Et il se donnait des grâces ; et sa femme, pour l'imiter, disait-elle, s'appuyait au bras de Charles, effleurait son visage, perdait ses regards dans les siens, assouplissait sa taille sous sa main, laissait frémir ses lèvres humides et entr'ouvertes, et le général, qui s'en apercevait, riait comme un fou, et Bizot riait encore plus fort, quand enfin ils tombèrent tous deux pâmés sur un canapé. Henriette s'arrêta. Les deux autres valseurs s'arrêtèrent aussi ; mais madame Bizot, emportée enfin dans sa bonne nature amoureuse, serra la main qu'elle quittait et dit tout bas, d'une voix altérée :

— Ah ! Charles !

Puis elle alla tomber dans une bergère sans ranger sa robe ni ses cheveux, jetant ses jolis pieds en avant, écartant sa collerette pour laisser pénétrer le frais, l'œil vibrant, le teint animé, si concupiscente enfin, que la jeunesse de Charles ne put s'empêcher de voir tout cela, de le regarder attentivement, de le regarder longtemps, si longtemps qu'Henriette s'en aperçut. Puis Charles s'aperçut qu'Henriette s'en apercevait, et ils devinrent sérieux tous deux. Heureusement il était minuit, sans cela la soirée aurait tristement fini.

J'ai dit que Charles et Henriette se laissèrent aller à se plaire ; voici comment. On ne se plaît pas par les choses qui touchent, c'est-à-dire par celles où il s'agit d'affection, de tendresse, et sur lesquelles on sent vivement. On se plaît par les choses indifférentes. Si la raison de l'amour est introuvable, la raison du plaire ne l'est pas. A certaines femmes on plaît par sa physionomie, par sa beauté ; à d'autres, par son esprit, par un talent préféré ; à presque toutes par un mélange heureux de toutes ces qualités, et, comme le résultat du plaire est le même que celui de l'amour, il y a beaucoup de gens qui prennent l'un pour l'autre. Ce qui fit que Charles et Henriette se plurent dès qu'ils devinrent simples et naturels, et se laissèrent aller à s'écouter sans appréhension de leurs paroles, à parler sans faste ni aigreur. Il arriva qu'eux seuls causaient bien de tout. Henriette avait sur les choses un jugement juste de ce qu'elles étaient ; Charles, un jugement naïf et fort de ce qu'elles auraient dû être ; il y avait dans elle une appréciation charmante et exquise du monde, des livres, des sentiments ; dans lui, un blâme ou un éloge brûlant, mais hors des règles tracées. Pour tous, il semblait contrarier les idées d'Henriette ; pour elle seule, qui avait un goût parfait, il avait dans l'esprit ce qu'elle n'eût osé y avoir, d'autres idées que tout le monde, plus de hardiesse et d'originalité, ce qui messied à une femme, ce qui est toujours de bonne grâce dans un homme. Il n'était pas conteur, mais quand une histoire l'avait ému, il faisait pleurer en la répétant. Toutes ces bonnes façons, qui le premier jour avaient déparé l'espèce de vampire qu'Henriette s'était créé, devinrent autant de grâces pour l'homme de salon. Il dessinait supérieurement, était fort excellent musicien ; mais sa complaisance mettait ces talents aux ordres d'Henriette, sans en faire parade, sans amener tout le monde à s'occuper de ce qu'il faisait bien. Ce fut une touchante histoire qui leur apprit comment il était musicien.

Il s'agissait de savoir si le rhythme musical nous charme par habitude apprise ou par puissance naturelle et sympathique à nos organes ; si un air, sans mesure ni mélodie bien arrêtées, ne nous serait pas très-agréable, sans la coutume qu'a l'oreille des mesures usuelles et de leurs temps. Charles soutenait que la mesure est chose naturelle à l'oreille, comme étant l'ordre de la musique, et l'ordre lui paraissant la première condition de toute beauté. Pour soutenir son opinion, il racontait qu'étant en Russie, avec quelques centaines de prisonniers traînés à travers un long désert de neige, sur une file qui durait une demi-lieue, côtoyés par une centaine de Cosaques qui galopaient de la tête à la queue de la file, comme font les chiens d'un troupeau, les harcelant du bois de leurs lances pour les faire marcher à leur guise ; il racontait qu'ils étaient arrivés à un village où ils devaient se reposer quelques heures. Charles entra dans une espèce de maison plus propre que les autres ; elle dépendait, ainsi que tout le village, d'un château qu'on voyait à quelque distance. Dans la chambre où est le poêle et où tout le monde se tenait, il y avait dans un coin un groupe singulier : il était composé d'une espèce de soldat russe, d'un paysan assez âgé, et d'une jeune fille d'une beauté touchante. Au moment où Charles arriva, elle était assise par terre et pleurait ; le soldat maugréait et ordonnait au vieillard de la frapper ; celui-ci se taisait sans refuser, mais sans obéir. Le soldat tira son sabre et menaça le vieillard ; le vieillard frappa sa fille, car c'était sa fille. La pauvre enfant se leva et, pour toute réponse, se mit à chanter. Quel air était-ce ? ni Charles ni ses compagnons ne purent le deviner. Le sauvage instructeur tempêta en criant que ce n'était pas bien ; et, prenant un cahier de musique, il se mit à chanter sans que Charles devinât davantage à quelle mélodie appartenait le gloussement du maître. L'écolière répéta, mais inexactement, et il fallut la battre ; c'était triste à voir ; puis, quand il fallut recommencer plusieurs fois, cela devint atroce. Alors Charles s'informa par le moyen d'un de ses camarades qui parlait russe, et il apprit de la mère, qui pleurait dans un coin, que le seigneur du château, ayant entendu à Moscou un certain air qui l'avait charmé, voulait le faire apprendre aux jeunes filles qui lui appartenaient, pour le lui répéter tous les jours. Il avait chargé de cette instruction le musicien présent qui avait été trompette dans un régiment ; et le sort avait désigné la fille du vieillard pour l'apprendre la première. Pendant ce récit, la pauvre enfant s'était remise à terre et se laissait battre sans murmurer. Ce n'était plus le père qui frappait, c'était le trompette. Charles s'élança au risque de sa vie, et arrêta le terrible maître d'école. Celui-ci devint furieux ; il ne put cependant échapper à la main du jeune commandant. Mais quelle fut la surprise de celui-ci, lorsqu'il vit le père et la mère supplier le trompette de continuer, et qu'il comprit par son interprète qu'on le priait lui-même de le laisser battre leur fille. C'est que, disaient-ils, si elle ne sait pas l'air pour ce soir même, peut-être le seigneur la tuera dans un moment de colère. La pitié était donc de laisser battre cette malheureuse. Alors Charles abandonna le trompette, qui sortit pour aller faire son rapport au seigneur : tout le monde tremblait pour cette jeune enfant. Charles ramassa tristement l'air qu'elle devait apprendre, et qu'il supposait quelque musique barbare du pays ; mais, en y jetant les yeux, il reconnut que c'était un air de Mozart, cette délicieuse chanson d'amour des Noces de Figaro : *Mon cœur soupire...* Sans y penser, sans se dire que la nature musicale de cette fille s'était refusée à répéter une si gracieuse mélodie étrangement défigurée, il s'approcha d'elle, lui montra le papier et lui fit signe de chanter ; elle secoua la tête sans répondre. Alors il commença l'air d'une voix si sonore et si émue, qu'elle l'écouta soudainement, comme s'il lui parlait une langue qu'elle comprenait ; elle suivait de la tête la mesure avec exactitude : puis d'elle-même elle essaya de le répéter. Et Charles ne lui avait pas dit trois fois cet air, qu'elle le chantait avec une justesse parfaite, avec une expression de reconnaissance pour son maître, qui était presque aussi charmante que la passion amoureuse de la musique. A ce moment, le seigneur arriva avec le chef de l'escorte des prisonniers, pour punir à la fois l'esclave et le Français qui avaient contrarié l'exécution des ordres du boyard. Mais ils s'arrêtèrent tous deux en entendant la voix suave de la jeune fille, en voyant le père et la mère, la bouche béante, écoutant dans le ravissement ; une douzaine de prisonniers qui se tournaient aussi vers la chanteuse, et quelques têtes qui sortaient du poêle sur lequel les Cosaques étaient couchés.

— Mais, dit le boyard, voilà mon air ; qu'est-ce que tu es venu me dire ? elle le chante aussi bien que la dame italienne de Moscou.

Il s'approcha, il se le fit répéter; et Charles lui ayant raconté l'histoire telle qu'elle s'était passée, le boyard donna au père la joie de rendre le knout au trompette qui l'avait forcé de battre sa fille.

— Eh bien! ajouta Charles, si les sons non rhythmés et barbarement assemblés étaient indifférents pour des oreilles sauvages, pourquoi cette jeune fille, qui n'avait aucune idée de musique, ne répétait-elle pas la leçon du trompette aussi bien qu'elle a répété la mienne?

L'histoire avait intéressé. Madame Bizot, qui voyait toujours la même chose au bout de toute relation entre un homme et une femme, dit à Charles en minaudant:

— Et que vous donna la belle paysanne pour prix d'une si charmante leçon?

— Un morceau de pain, madame, dit Charles d'un ton froid.

Cette réponse répara auprès d'Henriette l'attention que Charles avait donnée, quelques jours avant, aux appas de madame Bizot.

— Oh çà! dit d'Aspert, tu es donc musicien?

C'est une terrible chose que la musique, non pas tant pour son charme particulier, pour cette mollesse qu'elle glisse à l'âme, pour ce balancement du rhythme où elle l'endort, mais aussi pour tout ce qu'elle a de rapproché et d'intime, surtout dans un salon sans regards. Un homme assis devant un piano, une femme assise à ses côtés; leurs genoux se touchent. Quand on étudie attentivement, on ne s'en aperçoit pas. Une note qu'on aborde mal et qu'on cherche sur le clavier, les mains s'y rencontrent. Et si le jour pâlit ou si la lampe baisse, on n'a pas le temps de le remarquer, mais on se penche ensemble sur le cahier, on s'appuie presque l'un sur l'autre, les visages sont rapprochés, les haleines se confondent; et, s'il y en a un qui se retourne imprudemment, les joues s'effleurent, la bouche sent une mèche de cheveux, une gaze, mille fois plus qu'on n'eût rêvé, qu'on n'eût permis à son imagination de rêver.

Et ceci n'arrive point aux gens qui le cherchent; car ils avertissent de l'éviter par la maladresse qu'ils y mettent;

ceci arrive à ceux qui ne s'en mêlent pas : le hasard les sert ou les trompe. Ainsi madame Bizot, qui chantait aussi avec une jolie voix, tâchait à avoir beaucoup de ces distractions et n'en attrapait presque jamais; tandis qu'Henriette et Charles, qui se donnaient innocemment à leur musique, en rencontraient mille dont ils ne s'apercevaient pas, ou dont ils ne témoignaient pas s'apercevoir. Déjà ils se sentaient si bien ensemble, qu'ils n'avaient pas songé à se créer de petits rigorismes pour être moins bien. Et pourtant ils ne pensaient pas à l'amour, ils ne pensaient à rien ; ils se convenaient à merveille. Si l'idée de l'amour leur était entrée au cœur, ils se seraient défendus. Peut-être eût-il été encore temps; bientôt il fut trop tard.

C'était un soir, encore un soir. Le jour, on ne voyait point Charles : il était tout aux affaires ; et maintenant Henriette ne le trouvait plus mauvais, elle ne le trouvait plus ridicule. Elle estimait cet esprit d'ordre et d'activité qui lui faisait sauver la fortune du général; elle l'estimait d'autant plus que, jusqu'à Charles, elle n'avait pas cru cet esprit compatible avec ce qui fait un homme aimable et de manières élégantes. C'était donc un soir; on avait beaucoup causé ce qu'on appelle sentiment : madame Bizot tirait toujours la conversation à l'amour. Elle s'était beaucoup étendue sur toutes les manières de faire une déclaration à une femme. Charles, à son penser, n'avait plus que le choix après une si complète leçon. Le moment de la musique arriva. On avait reçu, le matin, quelques airs de la partition nouvelle d'*Emma,* ravissante musique où nous courions tous, bien jeunes que nous étions alors, avec des pleurs pour ses airs si doux et des trépignements pour la fringante ronde où madame Boulanger faisait bondir tout ce jeune parterre; car les parterres d'alors étaient jeunes et amoureux; ce n'était pas encore la boutique du perruquier ou celle du marchand de vin qui en fournissaient le public.

O misère de moi! que nous vieillissons jeunes aujourd'hui! ne voilà-t-il pas que je me rappelle, que je m'oublie à me souvenir! Hélas! que la jeune littérature de vingt ans rirait de celle de trente, si elle la lisait!

Enfin on avait reçu une partition d'*Emma*. Charles, distrait ce soir-là, s'était assis à côté du piano. Henriette s'y plaça et se mit à chanter cette cavatine :

> Qu'elle est belle ! quel sourire !
> Que d'esprit ! quels doux attraits !
> Hélas ! sans oser le dire,
> Je l'adore et pour jamais.

Les réflexions qui avaient survécu à la conversation cessée, le charme de la mélodie, peut-être aussi le sens de ces quatre premiers vers, plongèrent Charles dans une méditation distraite de ce qui l'entourait, mais non de ce qu'il entendait ; et l'air était fini, tout le monde l'avait applaudi, que, la tête penchée dans sa main, Charles répétait à voix basse, émue, et en donnant à la mesure une expression passionnée :

> Qu'elle est belle ! quel sourire !
> Que d'esprit !...

Henriette le regardait et l'arrêta.

— Eh bien, qu'en pensez-vous ?

— De quoi ? dit Charles en se remettant avec peine.

— De cet air ?

— Ah ! oui, dit-il, cet air ? oui, il est bien. C'est un air d'homme, n'est-ce pas ? Pourquoi donc le chantiez-vous ?

— Eh ! non, dit madame Bizot, c'est la soubrette qui le chante à sa maîtresse, en lui apprenant que c'est ainsi que son amant parle d'elle.

— Tant pis, dit Charles avec quelque chose de triste ; il me semble qu'il irait à merveille à une voix d'homme.

— Voulez-vous l'essayer ? dit Henriette.

— Oui vraiment, dit Charles.

Elle se leva pour lui céder la place. En passant l'un devant l'autre, ils se frôlèrent ; Charles en tressaillit. Henriette se plaça debout près de lui pour tourner les feuillets ;

elle posa sa main sur son épaule ; Charles la trouva brûlante : jusqu'à ce siége qu'elle venait de quitter, et sur lequel il l'avait si souvent remplacée, il semblait qu'elle le pénétrât de partout. Il joua la ritournelle, et voulut chanter ; il se troubla à la première mesure, il balbutia, il ne put continuer. Henriette, qui le comprit peut-être, qui redouta l'intervention de madame Bizot, dit aussitôt :

— Eh bien ! accompagnez-moi, je vais chanter.

Elle commença. Charles la suivit avec moins de trouble, puis il s'unit de sentiment au chant d'Henriette ; l'accompagnement se mêla d'amour avec la voix ; ils paraissaient unis dans une exécution intime, et enfin Charles, entraîné au moment où la cavatine revient à son premier motif :

> Qu'elle est belle ! quel sourire !

reprit cette phrase et la chanta avec une expression si pleine, si puissante, si émue, qu'elle éveilla l'attention de tout le monde, de d'Aspert, de Bizot et de Lussay, qui jouaient et qui applaudirent avec acclamation. Charles ne s'en aperçut pas, et, lorsqu'il eut fini, il laissa tomber sa tête sur sa poitrine.

Henriette, par un mouvement si rapide que nulle réflexion n'eut le temps de venir à l'encontre, lui dit tout bas en lui appuyant la main sur l'épaule :

— Faites attention, on nous regarde.

Oh ! ce sont de pareils mots qui font qu'on garde la vie malgré ses chagrins, ses déceptions, ses tortures ; ces mots, qui remplissent l'âme soudainement, la fondent de joie, l'associent à une autre ; ces mots qui sont un bonheur tant qu'on en garde un souvenir. Charles eût voulu aussi regarder Henriette ; il n'osa pas, il eut peur : il se leva.

Elle était femme, elle fut plus courageuse que lui ; elle osa le suivre des yeux. Il était si troublé qu'il chancela. Elle ne pouvait plus lui venir en aide, elle se repentit presque de ce qu'elle avait dit ; puis elle douta qu'il l'eût comprise. Bientôt elle eut la preuve qu'ils étaient déjà compromis. Charles se remit, et répondit suffisamment bien aux compliments qu'on lui faisait.

Parmi les morceaux de musique d'*Emma*, les journaux avaient tant vanté la ronde du bouquet avec son fringant tra la la, que madame Bizot la chercha et la trouva. Après l'avoir déchiffrée en silence, elle se figura les mines agaçantes de madame Boulanger, et, sur l'effet prodigieux qu'elle produisait, elle voulut en essayer. Elle appela Charles, qui s'était mis dans un coin, et le pria de l'accompagner. Il vint de mauvaise grâce : elle l'avait si maladroitement dérangé de son bonheur ! Henriette s'approcha aussi du piano, et elle entendit que madame Bizot disait à Charles :

— Voyons si vous mettrez autant de cœur à celui-ci.

Charles était si distrait qu'il n'entendit pas ou qu'il entendit mal. Il répondit tout haut :

— Mais il n'y a pas de chœur à ce morceau : admirable bêtise de l'amour.

Madame Bizot se mordit les lèvres et commença. Le premier couplet alla passablement bien ; la politesse de Charles suppléa à sa bonne volonté ; madame Bizot crut qu'elle gagnait quelque chose. Au refrain du second couplet, elle se laissa aller à un petit mouvement de tête et de hanche tout à fait souple et charmant. On cria bravo, mais sans se déranger ; les joueurs, du fond de leur trictrac ; Henriette et Charles, parce que c'était bien chanté.

Madame Bizot espérait une victoire complète ; elle voulait emmener Charles dans l'allure voluptueuse de la ronde, et lui faire chanter d'entraînement le tra la la du troisième couplet. Elle mit dans sa voix tout ce qu'elle avait de coquetterie ; Charles l'accompagnait avec expression : elle crut qu'il allait la suivre, et, arrivée à l'endroit où la phrase musicale se replie doucement pour ressaisir le refrain, elle ralentit et suspendit son chant pour donner entrée à la voix de Charles. Mais Charles se tut, et une autre voix entama le tra la la. C'était la voix de Bizot, qui se dandinait en mesure sur son fauteuil, de Bizot, qui, battu toute la soirée, prenait une revanche éclatante, et qui disait amoureusement, et avec une variation heureuse dans les syllabes, trou lou lou lou, trou lou lou, trou, trou lou lou lou lou. Six quatre, trou lou, trou lou trou, bezet, trou lou lou trou... Carne, trou lou lou, trou lou. Je prends deux trous, trou trou trou trou...

— C'est insupportable! s'écria madame Bizot; quand vous êtes là, on ne peut pas chanter.

— Hein! je marque six points.

— Je dis que vous avez l'air d'un gros benêt, avec votre dandinement et votre trou trou.

— Bah! fit Bizot en regardant le général pour voir si c'était vrai, qu'est-il arrivé?

— Votre femme a raison, dit le général avec humeur; vous empêchez ces dames de chanter, et vous m'avez fait faire deux écoles avec vos trou lou lou.

— Bon, bon, bon, dit Bizot, je me tais. Deux as. Je gagne la bredouille.

— La belle? dit le général.

— La belle? soit.

Et ils reprirent leur jeu.

Pendant ce temps, Charles avait quitté le piano. Madame Bizot eut la maladresse de le rappeler, il eut la maladresse de refuser; elle en fut piquée et en eut de mauvaises pensées: elle eut celle d'observer. Henriette s'était approchée de Charles, et, feignant de ranger quelque chose à la cheminée où il faisait semblant de se chauffer, elle lui dit:

— Pourquoi refuser madame Bizot?

— Ah! dit Charles, cette femme se jette à la tête de tout le monde.

Henriette regarda Charles d'un air éperdu. Il ne comprit pas; elle s'éloigna, tourna un moment dans le salon et sortit. Elle sortit pour pleurer. C'est que, quelque délicatesse qu'il y ait dans le cœur d'un homme, elle n'est jamais assez profonde pour atteindre aux délicatesses d'un amour de femme. Ce mot de Charles, qu'il ne croyait désobligeant que pour madame Bizot, voici comment Henriette l'avait traduit:

— Cette femme se jette à la tête de tout le monde, a-t-il

dit; et moi, mon Dieu, que viens-je de faire? que lui ai-je dit?... Malheureuse! Cette réponse qu'il m'a faite pour elle était pour toutes deux... Je me suis jetée à lui qui me semblait m'appeler, et voilà ce qu'il pense de moi, mon Dieu!...

La pauvre Henriette se disait cela en pleurant, assise dans un coin de la salle à manger, seule, dans l'obscurité. Oh! quelle transition! tout à l'heure, éclairée par le trouble de Charles sur le sentiment qu'elle éprouvait, entraînée comme lui, se livrant pour le sauver, et maintenant méprisée, descendue au rang de madame Bizot! Elle pleurait, elle pleurait amèrement. Enfin, son mari, étonné de son absence, l'appela; elle se leva toute droite comme un enfant coupable et comme s'il l'avait vue pleurer. Elle se décida à rentrer; mais, pour cacher ses larmes, elle ouvrit un buffet, y chercha une carafe, de l'eau pour baigner ses yeux et en effacer la trace des larmes. Elle était si troublée, qu'elle renversa quelques porcelaines. Charles, qui se dévorait d'inquiétude de l'avoir vue sortir, profita du bruit pour s'élancer à la porte; il l'ouvrit, et, à la clarté qui pénétra dans la salle à manger, il vit Henriette debout devant le buffet.

— Êtes-vous indisposée? qu'avez-vous? dit-il en avançant.

— Rien, répondit-elle en passant devant lui rapidement et sans le regarder.

Mais il y avait de l'amour encore dans ce mot *rien*; car il l'avait interrogée tout haut, et elle lui avait répondu tout bas. Charles ne le comprit pas ainsi. Quand on aime de tout soi, quand on aime si avant dans l'âme, on a bien plus l'intelligence de la douleur que de la joie. Charles ne vit que le geste froid, et n'entendit que le mot tout seul; ce fut son tour de souffrir. Cependant, quoiqu'il semblât que ce mot les désunît, à partir de ce moment, ils n'eurent plus qu'une même vie. Avant ce jour, ils s'aimaient chacun séparément; ils se trouvaient bien l'un avec l'autre, mais ils n'y étaient pas d'une semblable humeur; ce soir-là, ils eurent leurs joies en même temps, leur douleur en même temps, ils s'aimèrent ensemble. Madame

Bizot en devina plus qu'il n'y en avait : c'était de son caractère. Elle se garda la nuit pour réfléchir à ce qu'elle devait faire. On se retira. Henriette évita les regards de Charles qui cherchaient les siens ; il sortit désespéré.

Nous avons dit qu'il ne logeait pas dans la maison où étaient les appartements des autres personnes de cette histoire. Quand il fut dehors, il marcha rapidement pour rentrer chez lui, mais il s'arrêta. Il avait vainement attaché ses yeux aux yeux baissés d'Henriette ; il alla vers sa fenêtre pour la regarder. Espérait-il qu'elle s'y mettrait ? le froid était piquant, excessif ; cela n'était pas présumable. Mais elle était derrière le volet, il lui semblait qu'il le pénétrait de ses regards ; il lui semblait que là où elle était, elle devait tellement imprégner tout de son âme, qu'il en transsuderait quelque chose à travers ce bois ; véritablement il l'interrogeait comme une physionomie qui va parler. Il ne voyait pourtant rien, pas même le mouvement de la lumière, pas une ombre sur un rideau. Il s'était assis sur une pierre, il restait là, il attendait ; quoi ? puis-je le dire, et le savait-il lui-même ? Il était là, il attendait.

Quant à Henriette, elle était rentrée toute troublée, bien malheureuse, mais déjà plus malheureuse de l'état où elle avait laissé Charles que de ce qu'il lui avait dit.

A côté de la susceptibilité de son cœur, elle avait trop d'orgueil d'elle-même pour ne pas avoir vite compris qu'elle s'était trompée. Avant de quitter le salon, elle en était convaincue ; mais, pour consoler Charles, il eût fallu une parole, un regard. Elle eut peur d'elle, elle eut peur de madame Bizot ; elle préféra le laisser souffrir ; et puis elle lui en voulait toujours un peu de ce qu'elle ne nommait plus que sa maladresse. Elle se coucha dans cette pensée, et d'abord elle s'imagina qu'il ne se ferait pas une trop vive douleur de son silence. Elle se le représenta rentrant chez lui, puis perdant le souvenir de son chagrin dans le sommeil ; puis elle dit tout haut :

— Non, il ne dormira pas.

Elle ne dormait pas, elle.

Alors elle reprit ses craintes. Peut-être, pensa-t-elle,

avait-il eu véritablement intention de rejeter son amour comme celui de madame Bizot; et, comme l'esprit achève aisément une idée entamée, elle se repersuada bientôt qu'elle était dédaignée; sans cela il eût trouvé un mot pour s'excuser : il est vrai qu'il ne l'avait pas pu; il est vrai qu'elle l'avait évité. Mais, depuis qu'il avait quitté le salon, il aurait pu... quoi?...—Mais, à sa place, je ne sais, moi, si j'étais homme, je serais sous ses fenêtres, je voudrais la voir, l'implorer, la prier. Il y était peut-être.

Elle le pensa, puis elle n'osa le croire; elle voulut voir, et n'osa pas regarder. S'il n'y était pas, elle serait malheureuse; s'il y était, que lui dire? Elle balança longtemps. Enfin elle risqua son espérance d'amour, mais elle ne voulut pas compromettre son secret en se montrant; elle passa dans un petit cabinet sans lumière, où une simple lucarne ouvrait en dehors; elle s'en approcha; les pieds nus sur le parquet, elle souleva à peine le rideau qui voilait la vitre, et elle vit Charles assis, qui dévorait sa croisée du regard. Oh! qu'elle fut heureuse!!! Puis il lui vint au cœur toutes sortes de pitiés pour lui. Il faisait froid; il devait souffrir. Elle y pensait, sans sentir que ses pieds se glaçaient sur le parquet. Deux fois elle porta la main à la vitre pour l'ouvrir, deux fois elle s'arrêta. Cependant il restait toujours. Oh! c'était trop de cruauté de le laisser là. Il se leva; il faisait nuit, elle le voyait comme en plein jour. Il essuya ses yeux; elle pleura. Il s'éloigna, mais il ne rentra pas chez lui; il prit le chemin de la forêt : il allait livrer à la fatigue du corps l'agitation de son âme. Elle tira le verrou de la petite croisée; il n'entendit pas et disparut dans le bois. A ce moment elle l'eût rappelé devant madame Bizot. Quand Henriette quitta la fenêtre, elle avait le corps glacé, elle était malade.

XIV

LE BRIN DE SOIE

Le lendemain, lorsqu'ils se rencontrèrent, ils étaient défaits tous deux. Charles, en abordant Henriette, ne se sentit pas le courage de lui parler. Elle lui dit doucement :

— Bonjour ; je n'ai pas dormi non plus cette nuit.

Ils s'entendaient déjà plus qu'il ne fallait.

Cependant, après cette soirée, qui fut le premier événement de leur amour, ils restèrent longtemps au même point. Ils n'avaient pas l'éperon des rivalités pour les hâter, ni la crainte d'être séparés par un accident ; tout leur avenir était à leur amour. Aussi pouvaient-ils en savourer les mille délices imperceptibles, les mille malheurs inaperçus pour la plupart des hommes, pour ceux surtout qui disputent une femme plutôt qu'ils ne l'aiment. Ce fut le meilleur temps de leurs amours. Ils savaient qu'ils avaient un secret à eux deux ; mais ce secret, ils ne l'avaient pas encore nommé ; ils ne lui avaient pas encore écrit au front : amour adultère, inceste ; ils pouvaient se tromper, se dire que c'était une amitié exquise, jalouse, passionnée ; ils n'avaient pas encore de jours d'alarmes. Un mois se passa ainsi, pendant lequel madame Bizot chercha à découvrir quelque chose de nouveau. Entre deux jeunes gens qui semblaient s'être entendus, qu'il n'y eût pas quelque chose de nouveau le lendemain, ou, tout au plus tard, le surlendemain, cela lui semblait incroyable. Aussi, quand elle vit que rien n'avançait, elle se persuada qu'il s'agissait de quelque petit secret de ménage, d'une surprise à préparer au général pour le jour des étrennes qui approchait. Enfin elle recommença ses attaques ; et, grâce à elle, l'amour de Charles et d'Henriette, arrêté dans une douce et innocente confiance, se précipita dans tous les tourments du désir et de la jalousie. En femme habile, madame Bizot revint sur ses pas ; elle vit qu'elle s'était trompée en faisant de la pruderie ; que, s'il fallait sentimentalement séduire Charles, il se tournerait bien plutôt vers Henriette, qui avait plus qu'elle de cette grâce de l'âme qui plaît à l'âme. Elle revint à son allure franche et vive, et, doutant un peu qu'Henriette aimât Charles, mais bien assurée, quand cela serait, qu'elle ne s'était pas donnée à lui et qu'elle n'était pas femme à se donner, elle se décida à offrir ce que sa rivale avait refusé ou refuserait. Le tout était d'amener Charles à le désirer. Cela ne lui parut pas difficile ; elle compta sur la jeunesse du commandant et sur son célibat forcé. Il ne manquait plus que des occasions ; le hasard lui en fournit une dont elle sut largement profiter.

Avant de raconter ce qui en arriva, il faut dire que Charles et Henriette avaient déjà des engagements l'un vis-à-vis de l'autre. Peut-être, à la plupart de ceux qui liront cette histoire, le mot *engagement* paraîtra-t-il bien énorme pour le faible lien qui attachait ces deux amants, une aventure d'enfant, en vérité. Et, il faut le dire ici en passant, quoique l'âge d'Henriette ne fût plus celui de ces jeunes sentiments qui se prennent aux brins de la vie, cependant il ne faut pas oublier que c'était leur premier amour à tous deux ; et un premier amour est toujours jeune.

Un jour, un dimanche qu'on était dans le vieux et vaste salon, d'Aspert et Bizot lisaient au coin du feu les journaux et les brochures politiques ; madame Bizot travaillait avec Henriette à une fenêtre. Madame Bizot faisait une bourse en filet. Henriette brodait. Charles, qui entra, s'approcha de ces dames, et, après s'être informé, il loua leur travail, et particulièrement celui de madame Bizot, qui était fort élégant et qu'elle faisait avec des mains si jolies, qu'il était impossible de ne pas les admirer. Charles se laissa aller à quelques galanteries banales ; Henriette ne mêla pas un mot à la conversation. Un moment après, madame Bizot sortit, et Henriette dit à Charles :

— Madame Bizot sera bien heureuse quand elle saura que cette bourse vous plaît tant.

— Pourquoi? dit Charles.

— Parce que c'est à vous qu'elle la destine.

Henriette agissait un peu en femme piquée, elle trahissait le secret de madame Bizot et lui enlevait la joie de la petite surprise qu'elle comptait faire à Charles. Celui-ci vit bien que ses éloges avaient déplu à Henriette ; il s'en excusa si bien qu'elle ne lui en voulut pas. Alors ils se mirent à parler des présents que chacun préparait secrètement pour le jour de l'an.

— Que me donnerez-vous ? dit Charles en souriant.

— Oh ! dit Henriette, vous verrez ; cela doit arriver demain.

— Arriver ! dit Charles ; qu'est-ce donc ? quelque bijou, quelque meuble de Paris ? Ah ! ajouta-t-il tristement, j'avais espéré quelque chose de vous.

— De moi ? dit Henriette en rougissant.

— Oui, de vous, dit Charles, ne fût-ce qu'une fleur, ne fût-ce que ce fil de soie que vous tenez entre vos lèvres.

— Quel enfantillage ! dit Henriette. Mon présent est avec celui du général, mais un présent qui ne vient que de moi.

— Bien beau, n'est-ce pas ? dit Charles avec dédain, qu'il me faudra montrer à tout le monde, et que tout le monde admirera, excepté moi ?

— Avez-vous envie de le refuser ?

— Ah ! tenez, dit Charles, donnez-moi ce brin de soie, je vous en prie ; cela, rien que cela !

— Ce serait trop, dit Henriette d'une voix profondément troublée ; ne parlons pas de cela. Tenez, voyez, vous me faites piquer.

Elle étancha son sang avec son mouchoir et le posa près d'elle ; Charles voulut le prendre ; elle le retira vivement et le mit dans sa poche. Sa poitrine battait, ses lèvres tremblaient en tordant le brin de soie qu'elles tenaient encore.

— Quoi ! lui dit Charles, pas même cela, si peu de chose !

Henriette sourit amèrement, comme si elle eût voulu dire :

— Appelez-vous cela si peu de chose ?

Madame Bizot rentra un moment après et revint s'asseoir près d'Henriette, et Charles les laissa seules. Un moment après, Henriette fut obligée de sortir; elle se leva, et, par un mouvement machinal, elle posa sur la table ce qu'elle tenait dans ses mains et ce fil qui n'avait pas quitté ses lèvres. Charles le vit, et elle était à peine à la porte du salon qu'il se leva à son tour pour s'en emparer. Henriette s'aperçut de ce mouvement, et, revenant sur ses pas, elle reprit le fil et le roula sur son doigt en répondant de la tête à Charles, qui l'implorait du regard :

— Non, non.

Les quelques jours qui suivirent ce refus furent tristes de la part de Charles et affectueux du coté d'Henriette; elle semblait vouloir s'excuser du chagrin qu'elle lui avait fait. Enfin le jour des étrennes vint; tous les présents furent échangés avec les embrassements d'usage; ils furent riches comme ceux des gens qui n'ont qu'une ou deux occasions par an pour dépenser beaucoup d'argent. Le général avait saisi cette circonstance pour remercier Charles de ses soins : son cadeau était un bel équipage de chasse d'un grand prix; celui qu'il avait fait offrir par Henriette était un magnifique nécessaire de toilette monté en or et d'une valeur presque offensante, venu d'un autre que du général, qui le donnait visiblement par les mains d'Henriette. Lorsque tous les objets enveloppés de leurs caisses et de leurs couvertures de maroquin furent sur la table :

— Eh bien! dit le général à Henriette, où est la clef du nécessaire?

— Ah! dit celle-ci en devenant rouge et tremblante à la fois et en la tirant de son sein :

— La voici.

Elle pendait au bout du fil de soie. Oh! c'était bien le même, délustré par l'humidité des lèvres, mordu çà et là. Charles sentait fléchir ses genoux de bonheur. Il ouvrit le nécessaire, l'admira avec une joie d'enfant qui ravit d'Aspert. Puis vint le tour de Charles : il avait fait venir de Paris, pour le général, un fauteuil à roulettes, qui allait par le salon en tournant une très-facile manivelle. D'Aspert s'y promena. Le présent qu'il offrit à Henriette ne semblait attester qu'un grand soin : une corbeille à ouvrage, avec tous ses détails, où le nom d'Henriette était partout gravé. Je ne parlerai pas de ceux des autres, ni même des présents singuliers de Bizot, si ce n'est de celui qu'il offrit à Henriette. Il le lui remit presque en cachette et lui dit tout bas :

— Pardonnez-moi d'y avoir pensé. Puis, en lui serrant la main et en y glissant un petit médaillon, il ajouta d'une voix émue :

— Tout n'est pas mort dans ce cœur, est tout est permis quand on a des cheveux blancs.

Henriette ne savait ce que cela voulait dire ; elle fut tentée de croire que c'était une déclaration. Elle n'aimait pas le ridicule qu'on jetait sur Bizot, et, quoiqu'elle fût fâchée, elle se mit à l'écart pour regarder ce médaillon : c'était le portrait de son fils. Elle poussa un cri de surprise et de joie. Cela lui venait de Bizot! C'est qu'il y a des femmes qui inspirent du cœur et du goût à tout ce qui les entoure. On voulut voir, on accourut ; mais elle serra son médaillon et refusa de le montrer. D'Aspert insistait. Bizot lui dit en riant :

— Êtes-vous jaloux de moi? Laissez, laissez ; je suis bien aise d'avoir bien choisi mon présent.

— Oh! très-bien! dit Henriette, et je vous remercie, ajouta-t-elle en l'embrassant.

Bizot prit deux gros baisers, puis, laissant sonner ses lèvres comme un homme qui vient de goûter d'un excellent vin, il fit :

— Hem! hem! hem!

Henriette glissa le portrait de l'enfant dans les mains du général, qui, heureux ce jour-là, tendit la main à Bizot.

— Mais qu'est-ce donc? dit madame Bizot ; il n'a jamais voulu me dire ce que c'était.

— Ma foi, dit le général, qu'ils s'arrangent entre eux ; je ne sais, moi, ça ne me regarde pas.

La curiosité de madame Bizot en resta là ; celle de Charles

avait une si puissante distraction, qu'il ne s'occupa point de ce qui se passait. Enfin l'heure de se retirer arriva, car ceci se passait la veille du jour de l'an. On déclara qu'on laisserait tous les cadeaux dans le salon; mais Henriette voulut emporter les siens dans sa chambre.

— Pardieu! dit le général, tu auras le temps de les examiner demain.

Henriette allait insister, lorsqu'un

— Qui sait? de madame Bizot l'avertit qu'elle avait pénétré le motif de son empressement. Et elle répondit :

— C'est juste; nous les visiterons demain.

On se retira après avoir entendu sonner minuit. Charles emporta sa clef. Il eut presque regret d'être seul heureux; mais il espéra ce qui arriva. Le lendemain il entra le premier au salon; rien n'y était encore déplacé. Il attendit qu'Henriette descendît, et, quand elle parut, elle lui tendit la main, et à cette main était une bague. Une bague! quelle imprudence !... Comment échappera-t-elle à l'investigation de madame Bizot, qui, dès qu'elle entra, parcourut Henriette des pieds à la tête, et jusqu'au bout des doigts. Mais c'est que cette bague était parfaitement semblable à un anneau qu'elle connaissait à Henriette, et que celle-ci portait habituellement; seulement elle renfermait un mot et un secret. Ce secret dévissait la bague; ce mot était : *rien*, puis, si on cherchait bien, on trouvait dans un petit coin ces deux mots : *sans toi*.

Charles avait justement espéré. A peine tout le monde était-il rentré, qu'Henriette était descendue tremblante comme une coupable. Elle savait bien qu'elle était déjà loin de cette reconnaissance complète qu'elle avait vouée au général, le jour où il avait si généreusement accepté son malheur. Elle avait trop de délicatesse dans le cœur pour ne pas voir qu'elle n'était déjà plus l'épouse qui, n'ayant pas apporté à son mari sa dot de jeune fille, lui devait une conduite irréprochable en échange. Mais rien ne l'alarmait sur les suites de l'amour de Charles. Il était si bien son ami, qu'elle crut que ce ne serait jamais qu'une faute de cœur. Elle descendit donc et chercha longtemps.

Enfin elle vit cette bague, si semblable à celle qu'elle portait, qu'elle ne crut pas l'avoir à son doigt, et la retrouver par hasard; puis elle reconnut son erreur et pensa bien que ces deux bagues ne devaient être semblables que pour les yeux étrangers; elle chercha encore et trouva le secret, tout le secret. Elle emporta l'anneau, et le lendemain elle l'avait; et, pour que Charles n'en doutât pas, elle le tira un moment, en dévissa un tour et le remit. Elle avait donc accepté le serment de Charles : elle lui avait donné ce brin de soie qu'il avait tant voulu. On ne s'aime pas plus complétement, plus furtivement. Ils étaient déjà bien coupables.

XV

MALADIE

Ce calme de l'amour de Charles et d'Henriette fut bientôt troublé, comme nous l'avons dit, par les plans sensuels de madame Bizot. Décidée à ne lutter ni d'esprit ni de cœur avec celle qu'elle regardait comme sa rivale, elle ne mêlait plus rien de provoquant aux entretiens du soir, si ce n'est sa personne. Véritablement, jamais on ne fut plus fraîche, plus coquette, plus suave; une tournure exquise, et lorsqu'elle était seule avec Charles, des poses d'une grâce, d'une volupté charmantes, avec le soin de ne pas y appeler les regards. Ils y venaient quelquefois, et elle avait l'air de ne les remarquer ni pour cesser ses agaceries, ni pour aller plus loin; il ne lui allait pas de jouer la modestie; il n'allait pas à Charles qu'on lui manifestât de l'abandon. Elle réussit assez bien, car il la préféra ainsi; il se laissa aller même à quelques compliments; mais de là à ce que voulait madame Bizot, il y avait loin, surtout pour un cœur occupé.

Un accident la servit au delà de ses vœux. Charles tomba malade et fut obligé de garder la chambre; c'était des palpitations qui demandaient un repos absolu du corps. Henriette alla le voir avec son mari, avec monsieur Bizot, avec son père; mais madame Bizot y allait seule, y demeurait longtemps; enfin elle s'installa : elle avait apporté une broderie à côté du lit. Henriette en fut contrariée, puis irritée, puis malheureuse; car elle n'osait rien dire à madame Bizot, et, quoiqu'en son cœur elle sentît du dépit contre Charles lui-même, elle ne pouvait lui reprocher comme attentions ou égards envers une autre femme des soins dont il ne pouvait se défendre. Elle brûlait dans le salon de son mari, mais elle n'osait le quitter. D'Aspert ne lui parlait pas trois fois en une heure quand elle était là, mais il la faisait demander sitôt qu'elle n'y était plus. Qu'un domestique eût répondu deux fois de suite : — Madame est chez monsieur Charles,

Et elle se fût crue perdue. Elle trouva souvent de petits moyens de contrarier le tête-à-tête de madame Bizot; elle y envoyait souvent son père, plus souvent son fils; elle eut cependant la délicatesse de ne pas y envoyer Bizot. Je crois que ce fut plutôt par pitié pour lui que par égard pour sa femme; elle était reconnaissante au pauvre homme du portrait de son fils. Deux jours se passèrent ainsi; le troisième, ce tourment fut insupportable. Henriette ne faisait qu'entrer et sortir dans le salon; elle ne put y tenir, elle alla vers l'appartement de Charles. Dans le court espace qui le séparait de la maison principale, elle s'arrêta trois ou quatre fois... Que dire? quel prétexte donner à son arrivée? elle en trouverait mille, mais elle sentait bien qu'au fond madame Bizot y verrait de la jalousie; et montrer de la jalousie de madame Bizot lui semblait le pire de tous les malheurs. Cependant elle voulait savoir ce qu'elle faisait là. Il fallait que sa passion fût bien autre que ce qu'elle imaginait : elle se décida à épier.

Elle gagna un escalier dérobé, entra sans bruit dans un cabinet caché d'où elle put tout voir et tout entendre. Madame Bizot était assise sur le lit de Charles.

— Charles, lui disait-elle en souriant doucement et en le caressant du regard, vous l'aimez?

— Y pensez-vous? répondit Charles : j'ai pour elle un respect qui ne saurait se dire.

— Cela n'empêche pas l'amour, reprit madame Bizot, et véritablement Henriette mérite bien d'être aimée.

Son nom, ainsi familièrement prononcé, indigna Henriette.

— Certes, dit Charles, elle le mérite, et c'est tout ce qui fait qu'elle le mérite qui me le défend précisément : tant de touchante vertu, tant de dévouement au bonheur de son mari.

— Oui, oui, dit madame Bizot, et, à part tout cela, une des femmes les plus jolies que j'aie rencontrées.

— Elle est belle en effet, dit Charles, qui aimait l'éloge d'Henriette et qui ne prévoyait pas le parti que comptait en tirer madame Bizot.

— Mais belle, dit celle-ci, parfaite. Avez-vous vu jamais une main plus effilée, plus gracieuse?

Et de sa jolie main elle écartait, sur le front de Charles, les boucles de ses cheveux.

Charles crut devoir la remercier, et lui dit :

— Mais les vôtres sont charmantes.

— Et quelle taille souple et élégante! dit madame Bizot en se balançant doucement sur le lit pour imiter le doux mouvement de cette taille qu'elle vantait; et cela lui faisait montrer la sienne, et elle poussait ainsi doucement le corps de Charles, près duquel elle était assise.

Celui-ci ne put s'empêcher de le remarquer; et cette pression suave l'émut légèrement; il tenait encore les mains de madame Bizot, il les serra.

Henriette ne comprenait pas, et n'était honteuse que des éloges que lui donnait madame Bizot; elle les trouvait immodestes; il lui semblait qu'elle la dévoilât sans pudeur aux yeux de son amant. Mais bientôt elle crut deviner que ce n'était pas elle que madame Bizot voulait ainsi montrer à Charles ; en effet celle-ci continua:

— Et puis avec quelle grâce son cou est attaché à ses épaules! Elle a ceci...

Et, à ce mot *ceci*, prononcé avec enthousiasme, madame Bizot arracha une épingle de sa robe de chambre, et montra sa blanche gorge et ses belles épaules :

— Elle a ceci d'une pureté ravissante.

Charles ne put s'empêcher de regarder l'image gracieuse de ce qu'on lui disait si beau ; il se leva sur son séant et plongea ses yeux dans les plis de la robe de madame Bizot.

— Enfin, reprit celle-ci, j'ai un joli pied, et entre nous soit dit, je crois avoir une jolie jambe ; mais, chez Henriette, c'est d'un tour si suave !... et elle appuyait de la main sur sa robe pour dessiner sa jambe ; et, ainsi posée, elle en avait presque découvert une jusqu'à la naissance du genou.

Charles y porta la main. Sous prétexte de le dégager, madame Bizot avança sur le lit de Charles, parut manquer d'appui et se laissa tomber sur lui, son visage sur le sien, son sein bondissant sur sa poitrine. Charles l'entoura de ses bras.

Henriette fit quelques pas pour sortir, mais à peine fut-elle au haut de l'escalier dérobé, qu'elle s'évanouit.

Quand elle reprit connaissance, on l'appelait de tous côtés.

On était venu plusieurs fois la chercher chez Charles, on n'y avait trouvé que Madame Bizot. Ils avaient répondu qu'ils ne l'avaient point vue. Lorsqu'elle entendit les voix s'éloigner, elle s'échappa et rentra au salon. Son désordre, sa pâleur, lui servirent d'excuse ; elle dit qu'ayant voulu aller jusque dans la forêt, elle s'était sentie saisie d'une faiblesse qui l'avait forcée à s'asseoir. D'Aspert, son père, Bizot s'inquiétèrent ; elle se déclara décidément malade ; elle l'était véritablement. On la monta chez elle, on la mit au lit ; une fièvre de feu la saisit, et, en moins d'une heure, il fallut la saigner. Madame Bizot accourut. Quel supplice ! tout le monde était là, Henriette ne put même se détourner ; elle se contenta de se taire. Lussay demanda pour elle du repos ; elle demanda un peu de solitude : on la laissa donc. Elle se mit à pleurer sans discontinuer, sans rien penser, sans analyser ce qu'elle souffrait, ni la portée de son malheur; elle pleurait. Elle était assise dans son lit, la tête dans ses mains, elle sentit cette bague qu'elle portait; elle l'arracha de son doigt et la jeta avec colère à l'autre bout de la chambre : ce fut la première chose qui fut distincte dans sa douleur. Jusque-là ce n'avait été qu'une souffrance atroce, confuse, qui se dégageait par des larmes, et qui, lorsqu'elles furent épuisées, resta nue et visible devant elle.

— Cette bague, je ne la toucherai plus! Oh! ma vie dût-elle en dépendre, dût-on la trouver là, la prendre, l'examiner, y découvrir ce qu'elle renferme, m'accuser alors comme si j'étais coupable; eh bien! j'aimerais mieux cela que de la sentir encore dans mes mains.

Voilà ce qu'elle se disait d'abord en elle-même, en essuyant ses yeux avec colère; puis elle ajouta :

— Mais lui, il a quelque chose à moi, il faut qu'il me le rende; je le lui demanderai. Il faudra donc lui dire?... Oui, je lui dirai... Oh! non... non... jamais... Eh bien! je le lui demanderai, voilà tout... Je lui rendrai sa bague... avec mépris... sans explication... Osera-t-il m'accuser de caprice?... et quand il m'en accuserait... que m'importe?... Oui... oui... je la lui rendrai. Et mon fil... mon pauvre fil, mon pauvre fil de soie... où j'avais attaché ma vie, c'en est donc fait!... Mon Dieu! mon Dieu!... Oh! comme il m'a trompée... Comme je l'aimais!... que je suis malheureuse!...

Et elle se reprit à pleurer avec abondance, car elle en était venue à regretter le bonheur de son amour. Alors elle se leva, et, chancelante, s'essuyant les yeux à chaque pas, elle arriva près de cette bague tombée dans un coin. Là, elle s'arrêta à la considérer. Il y eut dans ce regard toute l'histoire de son amour, qu'elle se rappelait heure à heure. Les larmes et les sanglots la suffoquèrent; elle tomba à genoux, et, prenant l'anneau, elle murmura longtemps et tout bas :

— Adieu!... adieu!... adieu!

Adieu à son amour, à sa vie, à sa foi, à tout au monde.

Elle s'arrachait du cœur tout ce qu'elle avait espéré ; elle serait morte là, si elle n'eût entendu du bruit. Elle serra la bague convulsivement, et d'un bond elle fut dans son lit.

C'était Charles : il avait l'air d'un fantôme. Monsieur Bizot l'accompagnait. Henriette regarda Charles. Si celui-ci n'eût déjà eu un soupçon fatal, il aurait deviné ce qu'avait Henriette au regard qu'elle lui jeta : ce fut le mépris le plus indigné, le sourire le plus amer. Bizot, après avoir approché Charles du lit, car Charles pouvait à peine se traîner, Bizot s'éloigna jusqu'au fond de la chambre. Comme il se retournait, Henriette le montra à Charles avec une insultante dérision, et avec cette seule exclamation :

— Oh !...

Lui, Charles, il s'était appuyé sur Bizot pour monter chez elle, sur le mari de cette femme impudente.

Lâcheté ! lâcheté ! voulaient dire ce geste et cette exclamation.

Les dents de Charles claquaient, ses yeux étaient égarés, sa poitrine haletait à se briser ; on voyait bondir son cœur à travers. Il fut obligé de poser sa main sur le lit pour s'appuyer. Henriette la saisit avidement, et, y glissant l'anneau qu'elle cachait, elle lui dit :

— Tenez...

Charles s'y attendait peut-être, mais il se recula épouvanté. Henriette reprit alors à voix basse :

— Rendez-le-moi.

Quoiqu'elle ne désignât rien, ni l'un ni l'autre ne s'y trompèrent : c'était ce fil de soie, c'était cet imperceptible gage d'amour qu'elle demandait. Charles, secouant lentement la tête, répondit :

— Non... non...

— Rendez-le-moi, répéta Henriette d'une voix brève et qui s'animait, rendez-le-moi !

— Pas ainsi, dit Charles en la calmant du geste ; non... demain...

— Oh! reprit Henriette en serrant les dents convulsivement, rendez-le-moi!

Charles, encore cette fois, répondit d'une voix étouffée :

— Non... non... non...

— Oh! rendez-le-moi! s'écria Henriette en se dressant sur son séant, rendez-le-moi, ou j'appelle!

Elle se serait perdue à ce moment; elle eût réclamé ce fil en face de son mari, quand il eût dû la tuer. La question n'était pas de mourir. Charles ne répondit plus; il ouvrit sa chemise : ce geste rappela à Henriette celui de madame Bizot, et elle se mit à rire en se frappant la tête de ses mains fermées. Charles arracha le fil de son cou en le brisant. Henriette s'en saisit, et, avec une fureur aveugle, elle le cassa dans ses doigts en petits brins aussi courts qu'elle put; puis elle les sépara encore avec ses dents; puis elle les dispersa brin à brin sur son lit; puis, quand ce fut fini, elle dit à voix basse :

— Rien! plus rien!

— Plus rien qu'à mourir, dit Charles d'une voix sourde et terrible. Il attacha sur elle ses yeux d'où tombèrent deux grosses larmes, et ajouta de la même voix fatale et résolue :

— Adieu!

Il s'éloigna à ce mot.

— Charles! s'écria Henriette en s'élançant presque du lit; mais elle y retomba aussitôt en se tordant convulsivement et en s'écriant :

— O mon Dieu! mon Dieu! mon Dieu! que je suis malheureuse!

Charles s'était retourné en la voyant en cet état; il courut à elle. Bizot vint aussi; Bizot, qui depuis longtemps savait le secret d'Henriette, le bonhomme, et qui ne disait rien, et qui consentait à être ridicule; lui qui avait plus d'esprit qu'eux tous, et qui n'était ce qu'il était pour les autres que parce qu'ils ne valaient pas la peine qu'il fût autre chose. Il aida Charles à remettre Henriette dans son lit, et, pendant que celui-ci soutenait sa tête dans ses mains, il lui fit respirer des sels. Elle ouvrit les yeux, mais si ternes, si vitrés, qu'elle semblait ne pas voir. Bizot alla chercher

Lussay. Pendant ce temps, Charles voulut dire quelque chose à Henriette, mais elle ne l'entendait pas. On accourut et Charles dut se retirer.

Le lendemain, la crise d'Henriette était passée, et Charles était dans un état désespéré. Quand on le dit à Henriette, elle ne le crut pas; il lui parut que c'était une manière de se rendre intéressant. Elle n'en demanda des nouvelles ni à son père ni à Bizot, quand ils vinrent de chez lui. D'Aspert s'y fit porter; il y demeura longtemps, envoya plusieurs fois prier Henriette d'y aller : elle répondit toujours d'une manière évasive. Lorsqu'il rentra dans le salon, il était fort triste; il était assez affligé pour ne faire à Henriette qu'un douloureux reproche de son indifférence.

— C'est mal! lui dit-il, de ne pas être allé voir Charles. Lui s'est levé hier, tout souffrant qu'il était, dès qu'il a su ton indisposition, et peut-être est-ce une imprudence qui l'a mis dans l'état où il est. Monte chez lui, je t'en prie; si ce n'est une marque d'intérêt, que ce soit du moins une politesse.

Henriette ne savait que faire; elle ne trouvait pas d'excuse, et l'affliction du général était si vive, qu'il fallait bien que le danger fût pressant. A ce moment rentrèrent Lussay, Bizot et sa femme.

— Comment! dit d'Aspert, vous voilà tous! personne n'est-il resté près de Charles ?

— Non, dit Lussay, il a voulu être absolument seul.

— Seul! s'écria Henriette avec éclat, seul! quelle imprudence!

— J'y vais retourner bientôt, dit Lussay.

— Il ne faut pas le laisser seul, reprit vivement Henriette.

— Il n'y a pas de danger; il se trouve mieux, ajouta Lussay.

D'Aspert regardait Henriette d'un air surpris; ce changement soudain, ce passage subit d'une indifférence marquée à un intérêt si pressant lui paraissait inexplicable. Celle-ci ne s'en aperçut pas, et elle répondit à son père avec une sorte de désespoir :

— Il y a plus de danger que vous ne pensez !

— Quel danger ? dit d'Aspert en regardant sa femme.

— Mais s'il allait se tuer ! répondit-elle, emportée par son effroi, par son amour, par le remords de sa cruauté envers lui.

La stupéfaction de d'Aspert, de Lussay et de madame Bizot apprit à Henriette toute l'imprudence de cette révélation : Bizot la sauva.

— Non, dit-il doucement, ne craignez pas cela ; je lui ai fait entendre raison.

Cet air tranquille de Bizot rassura tout le monde ; mais on ne comprenait pas. Alors il continua en prenant paisiblement une prise de tabac :

— Imaginez-vous qu'hier, lorsqu'il est venu voir madame d'Aspert, il nous a dit, mais d'un ton très-froid et très-résolu, qu'il croyait sa maladie incurable, et qu'il ne se sentait pas le courage de mener une vie maladive et pleine de tortures physiques, et qu'il en aurait bientôt fini. Madame a pris cela pour aussi vrai que s'il l'avait déjà fait : mais il a entendu raison. Après tout, lui ai-je dit, il y a remède à tous les maux, même aux maladies de cœur. Il m'a fallu du temps ; mais je l'ai laissé plus tranquille.

— Peut-être, dit d'Aspert ; car ce désir d'être seul… Il faut y aller, Henriette, toi à qui il a dit cette folie, monte chez lui, parle-lui. C'est une faiblesse indigne : un homme de trente ans ! Mais moi, mon Dieu ! qui souffre les douleurs d'un damné !…

— Eh bien ! venez, dit Henriette, allons-y ensemble.

— Non, dit le général, vas-y seule : il t'a parlé, il t'a confié cette pensée de désespoir ; il serait peut-être humilié que nous en fussions instruits ; car vraiment on n'est pas de cette faiblesse-là ; mais il y a des hommes comme ça. Allons, va… va, je t'en prie…

— Allez-y, dit Bizot, allez-y.

Il n'y avait plus moyen de refuser. Elle quitta le salon, traversa la cour sans savoir ni ce qu'elle allait dire, ni ce qu'elle allait faire, monta l'escalier de l'appartement de Charles et entra dans sa chambre.

XVI

ENCORE UN PAS

Charles était sur son lit, les yeux ouverts et regardant fixement le plafond ; ses lèvres remuaient comme celles d'un homme qui prie. Il ne s'aperçut pas qu'on entrait. Henriette s'approcha de lui et le considéra. Tous les signes de la mort étaient sur ce visage ; l'œil n'avait plus d'âme, les traits arrêtés n'attestaient plus même la souffrance active du corps. Henriette se plaça devant lui pour se faire voir ; mais il ne la regarda pas ; tout demeura immobile, si ce n'est ses lèvres, qui remuaient incessamment. Henriette écouta ce qu'elles prononçaient : ce n'étaient ni pensées ni paroles qui les agitaient ainsi, c'était un tremblement convulsif. Henriette épouvantée appela doucement :

— Charles !... Charles !...

Il parut sourire, et il murmura sourdement, mais sans quitter le plafond de l'œil :

— Oui... oui...

— Charles ! Charles ! c'est moi ! s'écria Henriette avec terreur et en lui prenant la main.

Charles baissa les yeux et regarda Henriette d'un air qui témoignait qu'il ne la voyait que comme une vision. Il la parcourait des pieds à la tête comme si elle était enveloppée d'une ombre à travers laquelle il la distinguait mal. Enfin son œil s'éclaircit ; Henriette vit qu'il la reconnaissait. Il parut surpris et joyeux ; mais tout à coup son désespoir le ressaisit ; il laissa retomber sa tête, qu'il avait soulevée un moment, et il dit doucement :

— Ce n'est pas vous, ce n'est pas vous.

Henriette crut qu'il était dans le délire et lui dit doucement :

— C'est moi, c'est moi, c'est Henriette.

— Henriette, reprit-il en la regardant ; ah ! je vois bien

que c'est vous, réellement vous. Tout à l'heure j'étais plus heureux.

— Plus heureux, dit Henriette.

— Oh! dit Charles, c'était un rêve où je comptais mourir; mais on vous a envoyée, et vous êtes venue.

— Non, dit Henriette dont les larmes gagnaient la voix, non, on ne m'a pas envoyée; non, je suis venue pour vous voir, pour vous prier...

— Me prier? moi? dit Charles en se soulevant, me prier? et de quoi?

— D'être calme, dit Henriette; de ne pas écouter votre désespoir, de vivre.

— Qu'est-ce que cela vous fait? répondit Charles amèrement et en détournant la tête.

Henriette ne pouvait se rendre compte de ce qu'elle éprouvait. Malgré l'abattement et le danger de Charles, elle ne se sentait pas la générosité de lui dire : Je vous pardonne; d'ailleurs, elle n'avait pas le pardon dans le cœur; mais l'idée de le voir mourir lui était affreuse, et elle ne pouvait la supporter. Elle se laissa aller à un mouvement d'impatience.

— Mais que voulez-vous que je fasse? dit-elle; car enfin je suis ici, et...

— Oh! je ne veux rien, dit Charles en l'interrompant, je veux mourir.

— Mourir! reprit-elle; oh! c'est bien facile de mourir; mais il faut pourtant que je vive, moi! et pourtant, est-ce moi qui suis coupable? est-ce moi...

Elle s'arrêta et détourna la tête pour cacher ses larmes. Charles parut prendre une grande résolution.

— Écoutez, Henriette, lui dit-il, je sais que vous étiez là; — et il lui montra le cabinet. — Hier je m'y traînai, quand je fus seul; j'y trouvai ce mouchoir : j'en fus étonné. Votre indisposition, quand on me l'annonça, vint presque m'éclairer. Je résolu d'aller vous voir; votre conduite me dit tout.

— Eh bien! dit Henriette, ai-je tort?

— Il faudrait plus de temps que vous ne pouvez m'en donner pour m'entendre, plus de force que je n'en ai pour m'expliquer. Je vous demande une heure ce soir.

— Ce soir! reprit Henriette; non... plus tard... dans quelques jours, quand vous serez rétabli.

— Vous me le promettez?

— Je vous le promets.

— Et jusque-là, dit Charles, ne me direz-vous rien?

— Qu'ai-je à vous dire? Soyez heureux, c'est tout ce que je souhaite, répondit Henriette tristement.

— Heureux! répéta-t-il. Puis il garda le silence et reprit un moment après : Vous m'avez promis de m'écouter.

— Je le ferai.

Charles se tut encore; bien des idées l'agitèrent, sans doute, et l'éloignèrent de sa dernière parole, car il reprit en regardant Henriette :

— M'auriez-vous jamais aimé?

Henriette le considéra avec un étonnement qu'elle ne put réprimer; elle laissa tomber ses bras avec stupéfaction et répondit avec une vive effusion de désespoir :

— Eh! qu'ai-je donc fait, mon Dieu?

— Tu m'aimais! s'écria Charles avec transport et saisissant ses mains.

Henriette reprit toute sa dignité à ce mot :

— Oh! dit-elle, ce n'est pas à moi que vous croyez parler, sans doute? Attendez qu'elle vienne.

Elle s'éloigna du lit à ces mots. Charles désespéré la suivit des yeux.

— Je vous reverrai! lui dit-il.

— Je vous l'ai promis, monsieur, répondit-elle froidement; et elle sortit de la chambre.

Quand elle fut dehors, Henriette fut presque contente d'elle. A son compte, elle n'avait rien pardonné; tout était rompu. Elle osa regarder sa conduite et s'excuser de son intimité avec Charles. Selon sa pensée, elle s'était repentie assez tôt; elle n'avait plus rien de caché avec lui; c'était un commencement de passion arrêté avant toute faute : un hasard avait sans doute amené la rupture ; mais son honneur en profitait. Elle le croyait ainsi ; elle se le disait, ne s'apercevant pas que c'est parce qu'elle l'aimait trop qu'elle ne lui avait pas pardonné. Elle ne voyait pas que sa satisfaction ne venait que de deux motifs bien coupables : le premier, de s'être assuré son amant, et le second, d'avoir gardé en même temps son ressentiment contre lui. Aveugle qu'elle était ! elle venait d'attacher enfin le mot vrai à toutes ses actions, jusqu'à ce jour équivoques pour elle-même ! Pauvre femme qui se laissait bercer doucement à une affection secrète, mais où rien de prononcé ne l'avait alarmée, devenue mourante et exaspérée à un premier soupçon d'infidélité ; à qui on avait demandé si elle aimait, et qui avait répondu : J'aimais ; croyait-elle qu'elle ne pardonnerait pas ? que le tort de son amant était inexcusable ? que rien ne l'effacerait de son cœur ? Sans doute elle le croyait, car elle était de bonne foi dans ses sentiments ; mais ces sentiments, qui pourra jamais en sonder les replis ? qui pourra jamais marquer le chemin par où ils nous conduisent à notre perte ?

XVII

ENCORE UN

A partir de ce jour, Henriette ne fit plus de difficulté pour venir voir Charles. Les premières fois, son maintien fut triste ; dès que la vie de Charles fut hors de danger, elle devint sérieuse ; puis elle affecta d'être gaie dès qu'il put prendre part à la conversation générale. Alors commença toute la série des petites vengeances qu'elle se crut en droit d'exercer en retour de ce qu'elle avait accordé. Jamais elle n'avait paru si désintéressée de tout ce qui l'entourait, si enjouée, si prévenante envers madame Bizot. Plusieurs fois il arriva que celle-ci vint voir Charles en compagnie de Lussay et d'Henriette; il arriva aussi que Lussay les quittait, et tout aussitôt Henriette s'en allait de même, en affectant de les laisser seuls ensemble. Au bout de quelques jours, madame Bizot prit le parti de ne plus aller chez Charles; Henriette n'y parut presque plus. Charles, à peu près remis, revint au salon. Il chercha longtemps, mais vainement, l'occasion de demander ce rendez-vous, ou plutôt cet entretien qu'on lui avait promis; Henriette évita toujours d'être seule avec lui, et, quand il lui disait un mot à la dérobée, elle faisait semblant de ne pas l'entendre. Une fois que tout le monde était dans le salon, Charles s'approcha d'elle, et, croyant la forcer à l'écouter, il lui dit tout bas :

— Par pitié, Henriette...

— Plaît-il? reprit-elle tout haut; vous parlez si bas que je ne vous entends plus.

Au milieu de son désespoir, Charles eut un mouvement de colère, et il répondit à voix basse, sans se troubler de cette interruption :

— Vous m'avez menti, madame.

Henriette fut humiliée; sa conduite lui parut pour la première fois manquer de cette dignité qu'elle avait voulu garder à son malheur; elle comprit qu'elle n'avait plus l'air que d'une femme piquée. Elle se ressouvint de sa parole; mais elle vit madame Bizot qui l'observait; la vanité de la vengeance l'emporta encore sur la probité de son ressentiment, et elle répliqua avec un ton moqueur :

— J'ai peur d'éveiller la jalousie de madame Bizot.

Pauvre madame Bizot! il ne manquait pourtant rien à son humiliation, à son abandon. Elle était retournée chez Charles; mais celui-ci ne manquait pas de sonner quelqu'un dès qu'ils étaient seuls. Elle lui avait écrit; il n'avait point reçu ses lettres et les lui avait renvoyées; et, pour qu'Henriette n'en doutât pas, il avait poussé la brutalité jusqu'à les lui faire remettre pendant qu'elles étaient ensemble. Dans le salon, jamais il ne lui adressait la parole : c'est à peine s'il avait conservé vis-à-vis d'elle ces exactes politesses auxquelles on ne peut manquer. Henriette le voyait, le savait. Madame Bizot, si gaie, si avenante, pleurait quelquefois en secret; et quelquefois aussi ses larmes perçaient malgré elle devant sa rivale. Un mot d'Henriette eût pu finir tout cela, un mot qui eût dit à Charles : Assez, je suis assez vengée; et il eût repris ce ton d'affection avec lequel il eût été si facile de consoler une femme comme madame Bizot. Avec un peu de bonne volonté, elle eût trouvé tout simple qu'un beau garçon et une jolie femme eussent éprouvé ce qu'ils valaient pendant une heure, à condition qu'il n'en eût plus été question le lendemain. Avec une prière, elle eût servi les amours de Charles et ceux d'Henriette. Mais celle-ci était implacable : il lui fallait sa victime, bien sacrifiée, bien méprisée, bien délaissée. Et, comme ce n'était pas méchanceté, il fallait que ce fût amour bien puissant, bien affamé, bien insatiable de ce cœur qui lui était échappé un moment. Elle avait torturé Charles de toutes les façons. Il faut l'ingéniosité d'une femme pour trouver partout place à un coup de poignard. Au salon, si l'on jouait :

— Monsieur Charles sera de moitié avec madame Bizot, disait Henriette.

A table, à propos d'un fruit :

— Offrez à madame Bizot. Vous oubliez madame Bizot.

A la promenade :

— Donnez votre bras à madame Bizot.

Tout aboutissait là. Il fallait une patience d'amour égale à celle de la persécution pour y tenir.

Le soir dont nous parlons, Henriette dépassa le but; et, à ce mot : J'ai peur d'éveiller la jalousie de madame Bizot, Charles se sentit indigné. Que de fois il avait eu pitié de cette femme qui n'avait eu le tort que de l'aimer à sa manière, que de combattre avec ses armes, mais bonne au fond, jolie et amoureuse! Charles l'avait détestée le lendemain de sa chute; puis il lui avait pardonné; enfin la persécution d'Henriette la lui avait rendue presque intéressante, car elle s'était franchement résignée à son sort. Vivement amoureuse des sens, elle avait cependant une sorte de respect pour les amours passionnés dont elle était incapable.

La crise d'Henriette, l'état désespéré de Charles, lui avaient appris que leur affection était une de ces passions dont on meurt, bien plus, pour lesquelles on tue rivaux, honneur, avenir.

Elle avait entendu, de la place où elle était retirée, le mot cruel d'Henriette, et elle s'était trompée à la pâleur soudaine qu'elle avait vue sur le visage de Charles ; elle avait pensé que c'était un de ces mouvements de désespoir qui le prenaient souvent, et, comme il s'approcha d'elle, elle lui dit doucement :

— Consolez-vous, je partirai dans huit jours.

— Pourquoi partir ? reprit Charles à haute voix. Entendez donc, général : madame Bizot menace de nous quitter ; vous ne le permettrez pas, je pense ? Que deviendront nos soirées sans elle, qui en est l'âme et la vie ?

— Hum ! hum ! dit Bizot.

— Comment donc ! s'écria d'Aspert, j'espère bien que nous l'avons pour un grand mois encore ; et, si elle n'est pas trop pressée d'aller voir fleurir ses lilas, nous lui ferons fête des nôtres.

— A la bonne heure ! dit Charles. Puis il ajouta tout bas, mais assez haut pour que Henriette l'entendit : — Oh ! ne partez pas, ne partez pas ; j'ai tant de pardons à vous demander.

Henriette demeura atterrée. Charles, ce Charles que depuis un mois elle avait tenu sous sa main, à qui elle ne daignait pas même demander toutes les brutalités qu'il faisait pour l'apaiser, ce Charles venait de se révolter. Elle avait étudié son caractère, elle savait qu'une résolution, dût-elle lui coûter la vie, devenait pour lui un devoir dès qu'il s'y était compromis : elle eut peur de le laisser engager.

Il ne faut pas s'y tromper, Henriette était arrivée à ce point que Charles était sa pensée de toutes les heures. Il lui appartenait ; ce n'était pas pour une autre qu'elle lui avait dit de vivre ; elle pouvait vouloir le fouler aux pieds, mais elle lui eût demandé grâce. Elle se crut perdue. Toute sa vengeance, toute sa vanité tombèrent devant l'idée qu'il pouvait en aimer une autre, et l'aimer cette fois, non plus par une surprise des sens, par une infidélité qu'elle méprisait au fond, mais par un choix du cœur, par une préférence de l'âme. Elle prit une soudaine résolution, elle mit toute sa vie sur un mot. Charles était irrité : elle le voyait, elle le sentait ; car c'était sa colère implacable et concentrée, c'était ce visage quand il avait voulu tuer le malheureux Aubert ; il y avait beaucoup à risquer. Peut-être n'allait-il pas obéir à l'ordre qu'elle allait lui donner, et alors c'en était fait, elle ne lui parlerait plus, elle ne lui pardonnerait jamais rien. N'importe, elle joua tout. Elle se leva et passa devant Charles.

— Suivez-moi, lui dit-elle tout bas.

Et elle sortit du salon. Elle n'eut pas la torture d'attendre : Charles, au milieu de sa colère, n'avait pu résister à l'air sombre et résolu qu'elle avait en passant près de lui. Ils étaient dans la salle à manger.

— Je ne veux pas que cette femme reste, dit Henriette froidement.

— Pourquoi? dit Charles.

— Ne suis-je pas maîtresse chez moi? reprit Henriette avec hauteur.

— Si c'est à ce titre, reprit Charles en se retirant, vous avez des domestiques pour la chasser.

Henriette, sortie du salon pour offrir à Charles l'entretien qu'elle lui avait si souvent refusé, n'eut pas plutôt éprouvé son obéissance, qu'elle se rappela l'énormité de son grief contre lui, et ne put se décider à faire de prime abord une démarche à laquelle elle eût pu se laisser entraîner un moment avant. Alors, conciliant encore une fois son orgueil et son amour, ne voulant pas faire le premier pas, et ne voulant pas cependant que Charles s'éloignât sans une explication, elle lui dit presque en pleurant :

— Ah! vous avez beau faire et beau dire, vous aimez cette femme!

— Moi! reprit Charles. Ah! si vous aviez voulu m'entendre...

— Mais c'est si difficile, dit Henriette en détournant la tête pour cacher à la fois la joie qu'elle éprouvait à trouver une occasion de céder, et la honte qu'elle avait d'éprouver cette joie.

— Difficile? dit Charles dont la voix altérée dut assurer Henriette sur sa puissance, difficile! Ce soir, je puis rentrer dans ce salon; ne pouvez-vous quitter votre chambre?

— Je serai dans mon boudoir à minuit, répondit Henriette. Elle alla vers le salon; mais, avant d'en passer la porte, elle prit peur tout d'un coup de ce dont elle s'était fait un jeu durant un mois. Redevenue complice de Charles, elle craignit que la conduite qu'il affectait vis-à-vis de madame Bizot ne fût remarquée. Elle lui dit :

— Parlez à madame Bizot; demandez-lui de rester; qu'elle ne soupçonne rien.

Henriette rentra; Charles la suivit un moment après. Autant il lui avait été difficile jusqu'à ce jour de ne pas parler à madame Bizot, autant, ce soir-là, il lui fut impossible de lui dire quelque chose. Il avait le cœur si plein, l'âme si dilatée, qu'il n'avait pas de paroles pour des choses indifférentes; et certes, s'il lui eût fallu parler dans ces premiers moments, il n'eût pu que laisser éclater son âme en exclamations de joie. Ce bonheur excessif ne venait pas, à coup sûr, du pardon obtenu, car le pardon restait incertain, mais de l'idée qu'il y avait encore quelque chose de secret, et d'avoué secret entre lui et Henriette. Rupture ou pardon, il y avait communauté d'intérêts établi entre eux, et cela suffisait à la joie présente de Charles.

Quant à Henriette, elle observait secrètement l'attitude de Charles, et se repaissait à plaisir de cette conviction, qu'elle puisait dans toute sa contenance, que, plaisir et joie, c'était d'elle encore qu'il recevait toute sa vie. Quant à ce qu'il lui dirait le soir, elle écouterait sa justification, parce que c'était pour cela qu'elle l'aurait reçu; mais il y avait longtemps que cette justification était complète dans son cœur : toutes les raisons que Charles pourrait lui fournir, elle les avait déjà épuisées.

L'imprudente ne savait pas quelle force la voix d'un amant lui prêterait, et combien cette voix ferait vibrer en elle de sensations qu'elle ne soupçonnait pas.

Enfin l'heure de se retirer arriva, et, avec elle, le remords et la peur de ce qui s'était passé. Henriette fut près de dire qu'elle ne voulait plus ; mais elle ne se sentit pas le droit d'avoir une volonté ; elle fut sur le point de demander à Charles de ne pas venir ; mais il ne donna pas occasion à cette prière, et se tint éloigné d'elle. Il avait la confiance qu'après ce qu'il avait obtenu, il ne risquait que de voir diminuer son bonheur ; Henriette ne pourrait aller plus loin, mais elle pouvait revenir sur ses pas.

Il fallut se séparer. Charles avait trouvé un prétexte pour quitter le salon. Henriette monta la dernière chez elle. Tout le temps qui s'écoula entre le moment où elle rentra dans sa chambre et celui où elle en sortit, se passa à éprouver de vagues épouvantes. Elle n'eut pas, pour ainsi dire, la terreur physique de son action, la peur d'être surprise par son mari, par son père, par madame Bizot, elle ne pensa qu'à son amour. Elle s'effraya de l'abandon volontaire qu'elle allait faire de ce charme de vertu qui l'entourait. Parmi les sentiments de Charles, elle regretta son respect qu'elle allait perdre sans compensation, car il ne pouvait pas l'aimer davantage. Ce fut là son vrai supplice. Être méprisée par son mari, maltraitée, chassée, déshonorée, n'étaient pas choses à l'épouvanter, si jamais elle avait décidé en son cœur de courir cette chance ; mais n'être plus elle-même, n'être plus la femme qui avait inspiré cette passion profonde et respectueuse, voilà ce qui l'effrayait véritablement. Elle se sentait assez d'amour pour s'excuser ; mais cet amour, Charles le comprendrait-il ? ou oserait-elle le lui dire ? Ne sortirait-il pas de cet entretien avec l'opinion d'un rendez-vous demandé et obtenu, comme il arrive dans toutes les intrigues ? Henriette avait le cœur trop jeune pour avoir pensé que ne pas se donner lui serait une excuse. Pour elle, à l'instant où elle descendrait de sa chambre pour recevoir Charles, tout son crime était commis, l'adultère était complet. Elle se trompait, vous le voyez, ne sachant pas qu'à mesure qu'on manque à ses devoirs, on estime comme sacrés ceux qu'on n'a pas encore entièrement méconnus.

Une femme, dans la pureté de sa vertu, se dit : Jamais je n'accueillerai des propos d'amour ; c'est un crime de les accueillir, c'est le plus grand de tous. On lui parle d'amour; elle laisse faire, et se réfugie dans cette résolution : Jamais je n'y répondrai.

Un chagrin lui vient, une jalousie la prend, une joie la saisit et un aveu lui échappe : alors elle bat en retraite derrière un nouveau rempart où elle se croit à l'abri de tout: J'ai pu lui laisser voir que je l'aimais, se dit-elle ; mais jamais il n'obtiendra de moi un encouragement, pas un regard, par un mot; car c'est alors que je deviendrais vraiment criminelle. Si l'on ne peut dominer les sentiments de son cœur, on reste maître de ses actions; c'est tout ce que le ciel, tout ce que les hommes peuvent demander à la vertu d'une femme. Non, pas un mot, pas un regard. Elle ne pense pas alors au rendez-vous, car le rendez-vous... c'est le crime complet.

Mais, hélas! le regard échappe, le mot se dit, le rendez-vous s'accorde; on sent bien un remords, on comprend bien sa faute; mais on court à sa dernière ressource : Je l'aime, je le sens; ma tête se perd, je ne puis vivre si je ne ne le vois, si je ne l'entends; mais je mourrai avant d'être à lui.

Henriette n'en était pas encore là ; elle considérait encore son action comme un crime. Aussi descendit-elle avec un effroi cruel. Que de fois, au milieu de la nuit, elle avait quitté sa chambre et parcouru furtivement la maison pour un objet oublié ! Que de fois, dans ses insomnies, elle était descendue sans bruit dans ce boudoir pour y chercher un livre! Mais alors les précautions qu'elle prenait n'étaient pas pour elle, elle désirait simplement n'interrompre le repos de personne. On eût pu la surprendre sans la troubler. Mais, ce soir-là, comme le cœur lui battait! comme elle sentait ses genoux fléchir! Il n'y avait cependant nul danger. Il était onze heures à peine; la maison était close, Charles n'y pouvait être surpris; elle eût pu donner mille prétextes de sa sortie de son appartement, les mêmes qu'elle eût donnés si paisiblement deux mois avant. Et à cette heure, cependant, peut-être que si son mari eût paru devant elle, elle fût tombée à genoux en lui disant : Abandonnez-moi.

Une fois descendue, elle se rendit dans son salon. Elle alla ensuite ouvrir une porte extérieure, et revint s'asseoir dans son boudoir. Là elle attendit minuit; là, après avoir longtemps pesé sa vie passée et son avenir, elle devint plus tranquille, car elle avait enfin pris une résolution. Minuit sonna, Charles parut.

XVIII

AMOUR

Il entra lentement ; il ne se précipita point aux pieds d'Henriette avec des protestations ardentes, avec ces remercîments amoureux qui sont presque une insulte, tant ils ont l'air de se promettre du bonheur. Ni l'un ni l'autre n'avaient de joie ; ils portaient en eux la conscience que leur amour serait fatal à quelqu'un, sinon à eux-mêmes. Henriette était assise ; Charles demeurait debout devant elle. Il était embarrassé de ce qu'il devait lui dire. En effet, ce tête-à-tête de deux personnes entre lesquelles le mot amour n'a pas été prononcé, et dont l'une d'elles vient se justifier d'une infidélité, ce tête-à-tête était difficile à entamer. Charles leva la difficulté, car, après un moment d'hésitation, il se tourna vers Henriette, et, d'une voix émue, il lui dit :

— Henriette, je vous aime!

— Je le sais, répondit-elle.

— Vous le savez? dit Charles; vous m'avez cependant été bien cruelle.

— J'ai eu tort. Pourquoi me fâcher en effet de ce que je devais considérer comme un bonheur?

— Comme un bonheur? reprit Charles. Ah! vous êtes toujours sans pitié, vous m'accablez... mais vous m'écouterez.

— Non... non... ajouta Henriette d'une voix triste, c'est à vous à m'entendre. Aimez madame Bizot, aimez-la; je vous le conseille, je vous en prie.

Charles était étonné, car il n'y avait ni amertume ni colère dans l'expression de cette voix; il y avait une profonde tristesse, un désespoir résigné. Charles se trompa sur le sentiment qui inspirait cet accablement; il pensa qu'Henriette renonçait à un amour qu'elle croyait légèrement senti, et qui ne répondait pas aux espérances de son cœur. Il voulut se justifier.

— Henriette, lui dit-il, je puis vous obéir en tout, je puis mourir si vous voulez. Je puis faire davantage : je puis vivre, vivre à la condition de ne plus vous parler, de vous rester un être indifférent, à qui vous ne daigneriez pas même demander sa vie pour vous sauver une larme; mais je ne puis en aimer une autre ni ne plus vous aimer. Vous ne me croyez pas!... et je vous ai donné le droit de douter de mes paroles; mais si vous saviez ce que j'ai fait pour ne pas vous aimer, vous jugeriez que, puisque je vous aime, il n'y a plus rien au monde qui puisse m'en sauver.

Henriette fut surprise à son tour. Elle avait résolu de demander à Charles de l'oublier, et fut blessée de ce qu'il avait résisté à l'aimer.

— Pourquoi, lui dit-elle d'un air où la tristesse laissait percer un peu d'amertume, pourquoi n'avez-vous pas persévéré dans cette bonne résolution?

— J'y ai persévéré longtemps, longtemps même après vous avoir connue; et, s'il faut vous le dire, à l'heure où je vous parle, mon amour n'est pas sans effroi.

— Oui, dit Henriette, je vous comprends; il peut amener de grands malheurs, compromettre votre avenir.

Charles sourit tristement, et répondit :

— Il n'y a qu'un malheur dans l'amour, c'est de se tromper.

— De se tromper? reprit Henriette, et comment?

Charles parut embarrassé; il se passait un combat violent en lui-même. Enfin, il sembla se décider; il s'assit près d'Henriette, et, du ton d'un homme qui va commencer un long récit, il lui dit:

— Écoutez-moi, madame, écoutez-moi patiemment. Moi qui vais jouer dans cet aveu tout ce que j'ai de souvenirs heureux dans ma vie, tout ce que j'ai d'espérance dans mon avenir, j'ai droit d'être entendu. Je vais vous montrer le fond de mon cœur, vous dire ce qu'on n'a jamais dit à une femme, ce qui peut la révolter, l'indigner et changer en haine sa pitié pour un malheureux. Mais n'importe : de vous il me faut tout ou rien. Ne vous éloignez pas ; ce que je viens vous demander n'est pas un danger pour vous ; moi seul j'y cours quelque risque, moi seul je puis en souffrir, car, quoi que vous soyez, je vous aime, le parti en est pris. Fussiez-vous la plus coupable des femmes, la plus vile, je vous aime ; je ne vous aimerais pas plus quand vous seriez la plus vertueuse de toutes. C'est vous dire que je vous aime comme un furieux, comme un fou ; c'est vous dire que de moi vous ferez ce qu'il vous plaira : un homme bon et grand, si vous voulez ; un misérable, un lâche, si vous l'ordonnez; enfin je vous aime à ce point, que je vous appartiens plus que vous ne vous appartenez vous-même. Il peut y avoir dans votre conscience des murmures contre vos souhaits ; il n'y en a plus en moi contre vos désirs. Je vous suis voué, voué comme on l'est à Dieu, voué comme on l'est à l'enfer.

— L'expression exagérée de cet amour rendit Henriette attentive. Elle considéra Charles avec un étonnement où il y avait de la crainte.

— Oui, reprit Charles, je vous aime ainsi, et pourtant j'ai peur de vous ; je ne vous connais pas, je ne sais pas ce que vous êtes.

— Monsieur, dit Henriette en se levant, est-ce mon procès que vous venez me faire? est-ce un interrogatoire auquel il faut que je réponde?

— Vous ne m'avez donc pas compris? dit Charles en la retenant vivement. Je ne vous demande rien... rien de votre passé ni de votre avenir. Je vous demande d'être à vous; et pour cela, je viens vous dire : Voici votre esclave... voici comment je vous aime... Tenez, écoutez-moi... c'est un récit que j'ai préparé : entendez-le... vous vous en irez après sans me répondre... sans me rien dire... Écoutez... Pour une autre passion que la mienne, ce mot : je vous aime, enferme tout; pour moi, il n'est presque qu'un mot vide de sens. Il ne vaudra quelque chose que lorsque je vous aurai dit tous les déchirements de mon cœur.

Il y avait quelque chose de si agité dans la voix, dans les yeux, dans le geste de Charles, qu'Henriette en fut dominée. Elle s'assit et demeura en silence... Puis, comme Charles ne commençait pas, elle lui dit en levant son regard sur lui :

— Je vous écoute.

Elle rencontra les yeux de Charles, qui étaient attachés sur elle. Il semblait ne pas l'avoir entendue, car il reprit en laissant tomber une larme de ses yeux :

— Ah! il n'est pas possible que je vous aime à ce point, et que vous ne le méritiez pas...

Et, comme Henriette allait encore l'inviter à parler, il se hâta de reprendre avec un empressement égaré, et d'une voix sinistre :

— Quand je suis venu ici, on m'a dit que vous étiez une femme perdue.

— Monsieur, dit Henriette en se levant encore, vous me traitez comme si je l'étais en me le disant. Vous pouvez le croire! je n'ai rien à répondre.

— Henriette, lui dit Charles, je ne vous demande pas une réponse; je ne vous demande rien, quoique j'en eusse le droit, car vous m'aimez... oui... Oh! ne pâlissez pas! vous m'aimez; mais de quel amour... le sais-je? eh bien! il faut que je le sache. Je vous ai dit que je ne vous connaissais pas ; eh bien ! vous ne me connaissez pas non plus. Pour vous, je suis peut-être un de ces hommes dont le cœur se donne au charme, aux grâces, au mérite d'une femme. Mon amour vous est une flatterie ; eh bien ! non, c'est plus bas, c'est une servilité, et une servilité honteuse ! Cette servilité, il faut que vous la voyiez bien à nu, et vous mesurerez alors si ce qu'il y a dans votre cœur pour moi est un amour comme le mien. Écoutez et n'interrompez plus. Oui, quand je suis venu ici, je vous ai crue une femme perdue. Arrivé à Paris, quelques amis m'apprirent le mariage du général avec une moquerie discrète qui me força à être curieux. Je m'informai ; les réponses furent infâmes et légères : « Elle est jolie ; elle a, dit-on, de l'esprit ; elle a enjôlé le vieux d'Aspert. » N'est-ce pas, madame, qu'il y a de quoi frémir de rage, de penser qu'on a entendu cela de la femme qu'on aime ? n'est-ce pas, que j'ai bien dû souffrir ?

Henriette avait le cœur honteux ; jamais son malheur ne lui avait été reproché plus grossièrement ; mais il y avait dans toute la personne de Charles un délire qui la faisait écouter et attendre. Charles continua :

— J'entendis cela et je le crus. Je pris le général en pitié et vous en mépris. Je me résolus à ne pas venir près de mon bienfaiteur ; tout cela fort légèrement, pour éviter l'aspect d'une petite intrigante et d'une honorable dupe.

Henriette, brisée par ces paroles ignobles, où l'insulte lui arrivait si terrible et si brutale, Henriette perdit sa force et presque sa dignité ; elle pleura.

— Vous pleurez ? lui dit Charles... oh ! ce n'est rien encore.

— Je vous demande grâce, monsieur, dit Henriette tristement ; je ne vous ai point fait de mal, je ne l'ai point voulu, du moins : si, dans l'irritation d'un amour qui s'est cru trahi, je vous ai traité quelquefois cruellement, pardonnez-le-moi... vous m'avez plus punie que je ne le mérite... Laissez-moi sortir.

— Sortir ? dit Charles comme s'il revenait à lui... je vous ai donc offensée ?

— Monsieur, lui dit Henriette, si vous me méprisez assez pour en douter, vous ne devez rien attendre d'une créature comme moi; elle ne mérite même pas qu'on se venge d'elle.

— Oh! s'écria Charles en tombant à genoux et en l'entourant de ses bras, oh! que t'ai-je dit qui te coûte ces larmes? Je t'ai offensée, je le vois. Tu pleures! Oh! je deviens fou. Prends pitié de moi! Pitié! pitié!... Non, tu ne sais pas ce qui me torture... Oh! pitié! grâce! Henriette!...

— Plus bas, plus bas, lui dit Henriette en le calmant, car il avait l'air de perdre la raison; plus bas... Je resterai... je vous écouterai... je vous écoute.

— Eh bien! dit-il en se relevant avec une pâleur mortelle, eh bien! c'était un infernal complot. Une femme, la duchesse d'Avarenne, me fit mander quelques jours après mon arrivée. Quel intérêt avait-elle à me voir? je ne sais; mais elle m'interrogea si minutieusement sur mon enfance, que j'en fus tout surpris. Elle s'informa ensuite de ce que je voulais faire; je lui répondis, sans savoir si je le ferais, que je comptais me retirer près du général. Elle laissa percer un mouvement de surprise et de dégoût. J'en voulus savoir la raison : elle se tut... Je lui dis celle que je soupçonnais d'après les propos du monde.

— Oh! me dit-elle, si vous n'en savez pas davantage, je conçois que vous alliez au Tremblay. — Qu'y a-t-il donc? lui demandai-je avec étonnement. — Oh! reprit-elle, ce sont de ces choses qui sont d'une infamie telle, qu'il ne faut pas en approcher, sous peine d'en rester sali toute sa vie. Je fus presque épouvanté. J'insistai pour tout apprendre. — Mais, me dit-elle, cela me fait mal au cœur d'en parler. Une fille qui a été la maîtresse de son père; qui, de concert avec lui, s'entend pour duper un honnête homme, pour l'épouser, pour lui léguer l'enfant de son inceste, et qui continue son infâme commerce dans la maison de son mari.

Henriette était devenue si pâle, si glacée en entendant cette confidence, qu'elle n'eut ni force ni pensée pour interrompre Charles; elle le regardait la bouche béante, l'œil fixe. C'est qu'il y a de ces étonnements et de ces douleurs qui tuent la parole, et auxquels même la parole manquerait si on pouvait en user. Quelle plainte en effet contre une si épouvantable calomnie! quels souhaits de vengeance contre de pareils calomniateurs peuvent venir à l'esprit, qui ne soient tellement au-dessous de l'horreur qu'on ressent, qu'ils n'accusent le cœur de manquer d'indignation et ne fassent douter de son innocence! A de telles choses, il semble qu'il ne peut y avoir qu'une réponse : la mort de celui qui les a dites, ou la mort de celui qu'on accuse. Et sans doute ce fut un moment le vœu d'Henriette; mais sa faiblesse la secourut; elle tomba sur un siége en laissant échapper une exclamation sourde et déchirante. Charles continua, tant le transport qui le tenait le rendait insensible à ce qui se passait dans l'âme d'Henriette.

— Oui, Henriette, ils m'ont dit cela. N'est-ce pas que c'est épouvantable?

— Oui, épouvantable, dit Henriette, qui n'ayant pas trouvé d'expression pour ce qu'elle sentait, répéta machinalement celle qu'elle venait d'entendre.

— Eh bien, non! dit Charles, ce n'est pas cela qui est épouvantable; ce n'est pas là qu'est le crime!

— O mon Dieu! s'écria Henriette, qu'y a-t-il encore?

— Oh! dit Charles, rien, plus rien, en vérité, si ce n'est qu'on me fit attester cela par un homme, par un baron de Prémitz, qui se dit l'ami de votre père, un habitué de votre maison. Enfin on me persuada presque de ne pas venir, quoiqu'un désir invincible de vous connaître me vînt à chaque accusation qu'on élevait contre vous.

— Vous les avez donc crues! s'écria Henriette.

— Qu'importe, dit Charles en s'exaltant, ce que j'ai cru une heure, un jour, un mois, ce qui ne peut pas être, ce qui est au-dessus des forces humaines? Une lueur de raison vient, et l'on sort du rêve impossible qu'on a subi; on rit du conte atroce qu'on a cru; aussi n'est-ce pas dans ces hideuses inventions qu'est le crime. Ce qui est infâme, ce qui ne se détruit pas, ce qui reste au cœur comme un ulcère qui le ronge, ce ne sont que ces propos légers qui t'ont épouvantée tout à l'heure. C'est ce qui peut être l'histoire du premier venu, c'est cette fille trompée et qui trompe; c'est cette vulgaire et intrigante hypocrisie qu'on t'a jetée cent fois devant moi; véritable crime! calomnie à hauteur d'homme, qui frappe juste et ne dépasse pas le but.

— Et que tu as cru aussi? dit Henriette.

Charles se pressa la tête avec désespoir.

— Et que tu crois encore? reprit-elle.

Charles retomba à genoux devant elle.

— Je t'aime, vois-tu, lui dit-il, je t'aime. C'est une destinée. Je suis venu ici, quoi qu'on ait pu me dire pour m'empêcher d'y venir; et voici cependant ce qu'on m'a dit : « Quand vous la verrez, son air de candeur, son charme, vous persuaderont de son innocence, et vous l'aimerez. » Oui, ils m'ont dit que je t'aimerais. Et puis ils ont profité de ce caractère sombre et fatal que ma vie isolée et mes malheurs m'ont donné, pour m'épouvanter par des sortiléges. Une femme, une folle, après m'avoir étonné de son état d'exaltation, interrogée sur mon avenir, a répondu en termes dont l'ambiguïté me fit frémir, et par des prédictions dont quelques-unes se sont accomplies.

— Accomplies? dit Henriette avec effroi, rappelée qu'elle était à ces scènes de somnambulisme dont les résultats avaient si longtemps ébranlé son imagination, et dont peut-être elle était la victime. Accomplies! répéta-t-elle, et comment?

— Voici ce qu'elle m'a dit, reprit Charles en baissant la voix :

« Tu n'entreras dans cette maison que sous de tristes auspices... tu apprendras que sans doute tu n'es pas ce que tu crois être... Tu aimeras d'abord, et tu séduiras, ensuite, la femme de celui que tu devrais regarder comme un père... puis... » Charles s'arrêta.

— Puis? dit Henriette épouvantée...

— « Puis, dit Charles si sourdement qu'à peine si Henriette l'entendit... puis tu causeras la mort du fils de d'Aspert, du père de l'enfant d'Henriette. »

Celle-ci poussa un cri horrible en se reculant. Elle regardait Charles avec l'attention d'une femme qui voit un poignard dirigé sur elle, et qui en suit les mouvements.

— Oh! pourquoi êtes-vous venu? dit-elle avec un tremblement universel.

— Voilà ce que je ne te puis dire, Henriette; voilà ce qui m'épouvante comme une fatalité. Tout se dressait à mon encontre pour m'arrêter, conseils, amitiés, accidents; mais une force insurmontable, un désir inouï de te connaître me faisait tout dominer. Te souvient-il de la nuit où je suis arrivé?

— C'était donc vous?

— C'était moi. Quand je fus dans la ville voisine, au terme de mon voyage, car la dernière lettre de d'Aspert me détermina à venir; car de tous côtés j'étais informé de sa ruine, et, malgré toutes ces prédictions que je voulais regarder comme puériles, je me résolus à le sauver de vous, me disais-je. La reconnaissance me l'ordonnait; je me créais des devoirs contre vous pour vous voir. Eh bien! quand je fus au terme de mon voyage, je trouvai mille obstacles à venir ici. D'abord ce fut un homme qui raconta devant moi qu'il devait occuper au Tremblay la place que j'y venais chercher. Dans ma préoccupation, il me sembla que c'était un avertissement de ne point aller plus loin. Je rougis de cette crainte, et, pour mieux la vaincre, je partis sur l'heure; je gagnai la forêt. Je me trompai de chemin dans la nuit; j'en fus ému comme d'un nouvel avis du sort; je me roidis contre ce que ma raison appelait une superstition, et continuai à avancer. Un charbonnier me remit dans ma route. A peine commençais-je à y marcher que l'orage survint et m'égara encore. Cette fois, je ne pus m'empêcher d'hésiter sur le parti que je prendrais. Je crois que si, dans ce moment, j'avais su la route qu'il me fallait tenir, je fusse retourné sur mes pas. Mais ayant de nouveau rencontré quelqu'un, ma première parole fut de demander le chemin de la forge : on m'y conduisit, et une espèce de honte me saisit d'avoir l'air de ne pas oser aller à l'endroit dont je venais de m'enquérir. Ces gens qui s'étaient trouvés là me semblaient d'un autre côté comme des encouragements fallacieux : au temps des démons, ils m'eussent apparu comme des esprits tentateurs. J'y pensais ; je reportais mon imagination à ces époques peuplées d'habitants surnaturels; mon esprit ne s'en épouvantait pas, il s'y plaisait; j'en étais venu à faire de tout ce qui m'entourait quelque chose d'intéressé à mon voyage. Enfin j'arrive près de la forge. A travers les arbres déjà dépouillés, une lumière me frappe de loin; j'y vois un guide, je précipite le pas de mon cheval, la lumière disparaît. Sous l'influence de mes craintes superstitieuses, je m'étonne encore et j'hésite. La vanité revient à mon aide ; je me fais honte de cette peur d'enfant : je veux être homme, et je continue ma route. Tout à coup la terre me manque, et je roule avec mon cheval au fond d'un lac que l'orage fouettait avec fureur. Le premier cri de ma pensée fut que j'étais perdu. Je sentais une horrible douleur à la main; je m'étais blessé. Je ne savais où aborder ni de quel côté me diriger. Je me repentis de ma témérité ; je crus avoir trop audacieusement lutté contre tant d'obstacles. Le courage de la nuit, le courage de la solitude, le courage contre les idées, ne sont pas le partage des plus résolus. Je désespérais lorsque la lumière reparut ; elle était mon seul espoir. J'y nageai avec le sentiment d'un homme voué à un mauvais sort... mais, à peine étais-je au milieu du lac, là où la profondeur des eaux et l'éloignement des rives laissaient le vent élever des vagues assez fortes pour me repousser, que la lumière disparut encore. Cette fois, j'eus la certitude que c'était une main qui m'attirait de pas en pas à ma perte. L'idée de ne plus poursuivre cette lutte, si je parvenais à me sauver, me parut comme une sorte d'amende honorable que je devais au destin de mon obstination à lui résister. A peine avais-je pris cette résolution, que la lumière reparut et qu'une voix se fit entendre. Je fis de nouveaux efforts, j'arrivai. J'entendis les hennissements de mon cheval qui semblait m'appeler pour le départ. J'accourus. Vous étiez là ! Vous, à cette heure ! vous, m'ouvrant la porte de la maison du général; de cette maison où je devais apporter tant de malheurs. J'y vis le dernier effort de cette fatalité qui me jetait à vous. Votre voix était douce et émue ; à la clarté disparue de votre bougie qui s'était éteinte sous le vent, j'avais vu un moment ton visage si pur et qu'il faut aimer. Je te trouvai si belle, que cette fois j'eus peur ; je n'osai pas braver plus loin cette destinée qui devait m'atteindre le jour où j'habiterais sous le même toit que vous. Je me laissai dominer par cette épouvante que l'orage, la nuit, mes dangers, votre rencontre avaient exaltée au plus haut point. Je ne sais plus ce que je vous dis. J'étais ivre d'une sorte de foi en votre puissance. Enfin je m'éloignai. Je passai le reste de la nuit sous un arbre. Le sommeil me calma ; la nuit emporta mes frayeurs avec elle ; je revins. Mais, par un reste de cette puérile prévention, je regardai le hasard qui me faisait loger hors de votre maison, comme un moyen d'échapper à tout ce sinistre avenir dont on m'avait menacé. Vous m'écoutez, Henriette, pénétrée d'étonnement et peut-être de mépris ; vous ne vous imaginez pas qu'un homme qu'on a vanté pour avoir quelque bravoure ait été le jouet de pareilles terreurs ; que quelquefois elles reviennent le tourmenter ; et que, ce soir encore, j'en ai été si saisi, qu'il a fallu tout le délire de mon amour pour surmonter mon épouvante lorsque j'ai franchi cette porte ; et cependant chaque chose prédite s'est presque accomplie. Je suis entré ici dans l'orage, et le sang me coulant d'une blessure. J'y ai entendu un mot qui m'a dit que peut-être n'étais-je pas ce que je croyais : il y a un homme qui m'a appelé bâtard. Et maintenant je t'aime, je t'aime malgré toutes les infamies qu'on m'a dites de toi et avec leur souvenir dans le cœur... Oh ! tiens, je suis un fou : quelquefois je me mets à genoux devant ton image, et je t'adore comme ce qu'il y a de plus saint et de plus pur dans le monde... d'autres fois je me méprise de t'aimer, de t'aimer autrement que toutes les femmes... et puis, je suis jaloux.

— Jaloux ! dit Henriette, jaloux !

— Oh ! dit Charles redevenu tout à coup calme et triste, ne me demandez pas pourquoi ; car, si vous l'exigiez, je vous le dirais, et peut-être alors n'y aurait-il plus de pardon pour moi dans votre cœur.

— Oh! dit Henriette en regardant avec pitié cet homme fort dont elle avait tant de fois admiré l'énergie, l'esprit éclairé, le vaste savoir; cet homme tremblant comme un enfant, descendu à lui dire toutes les folies d'un esprit égaré; oh! lui dit-elle, vous devez être bien malheureux !

— Malheureux! en effet, dit Charles, et pourtant je ne changerais pas ma vie, ma vie déchirée de doutes cruels, pour le calme de mes jours passés. Tenez, Henriette, vous venez de voir ce que je souffre dans ces heures de délire où, pour perdre ma pensée, je vais courant à travers la forêt comme un insensé; dans ces heures où, mêlé à ces hommes d'ici, je lutte de dangers avec eux parmi le fer qui bout, la flamme qui rugit, espérant qu'il me prendra une émotion hors de vous; mais tout m'est impossible. L'heure de vous revoir sonne avant que j'aie pu m'en distraire; et, du moment que je suis en votre présence, tout s'efface de moi. Je vous regarde, je vous vois, et je ne sens plus rien que le bien de vous voir et de vous regarder. Souvent, loin de vous, loin de ce charme qui m'absorbe, je me suis dit : Elle en a aimé un autre, elle s'est donnée à un autre; et je rugis de colère, et je m'écrie : Béni soit Dieu qu'elle ne soit pas un ange! elle n'est pas à l'abri d'une chute. D'autres fois, voyez-vous, j'invente une histoire; je vous fais si pure, si innocente, que je me désespère et me dis : Si je lui demande son amour, elle croira que je l'offense, que j'estime qu'on peut la séduire, parce que je crois qu'elle a été séduite. Et, dans mes nuits de solitude, que de fois j'ai osé penser à vous, parce que vous êtes belle! que de fois mes désirs ont rêvé votre main dans la mienne, votre cœur sur le mien! Que de fois j'ai rêvé que l'on peut donner sa vie pour un de tes baisers! Tout cela me dévore, me transporte... Je viens! je viens près de toi! je viens pour te dire : ... Es-tu innocente? es-tu coupable? veux-tu être à moi?... veux-tu que je meure?... veux-tu mourir ensemble?... Puis j'arrive... je te vois! je te vois, Henriette! et ton enchantement commence; je n'ai plus de fureur, je n'ai plus de doutes, je n'ai plus de désirs ; tout s'en va au souffle de ton haleine ; tout se fond à la flamme de tes yeux. Te voir devient tout ce que je puis; ta présence m'enivre, me remplit l'âme... Oh ! tiens ! tiens! ajouta-t-il en tombant à genoux, laisse-moi te voir!... je ne te demande que cela... je te l'ai dit, ne me réponds rien... je ne te demande rien ! Ne t'accuse pas ! ne te justifie pas ! déteste-moi ! et tu dois me détester, moi qui viens de te briser le cœur sans pitié, qui t'ai irritée du récit de mes tortures et de mes doutes... mais je te le demande comme un misérable qui vit de ses douleurs, laisse-moi te voir!... je ne te parlerai plus, si tu veux!... si tu veux, je ne te verrai qu'une minute chaque jour! mais laisse-moi cela ! O Henriette ! Henriette ! que je t'aimais peu quand j'ai voulu mourir! Aujourd'hui, pour moi, la vie dans le monde où tu es! la vie proscrite ! la vie torturée!... c'est encore le bonheur ! c'est te voir!... c'est te sentir!... c'est t'aimer !

En disant cela, tout ce furieux transport qui agitait Charles s'était éteint. Il y avait dans sa voix une si sainte résignation, ses larmes coulaient si sincères, si tendres, que Henriette aussi se sentit l'âme soulagée de toutes les émotions violentes et singulières par où le récit incohérent de Charles l'avait fait passer. Son orgueil si insensible vis-à-vis de son père, si réservé en face de d'Aspert, son orgueil comprit que l'homme qui l'aimait ainsi et à qui sa vie devait assurément paraître coupable, que cet homme devait ressentir de bien vives douleurs. Elle excusa, par le désespoir qu'ils causaient, des soupçons qui, dans tout autre, lui eussent fait injure, et elle récompensa cet amour de la plus sainte parole qu'elle pût dire à ce moment :

— Charles, je suis innocente.

Elle lui dit cela en essuyant de sa main les yeux du malheureux tout baignés de larmes.

— Ah! je le savais bien, s'écria Charles en la prenant dans ses bras, si heureux, qu'on entendait son cœur battre, qu'on voyait son corps frissonner. Et toi, lui dit-il, toi Henriette, m'aimes-tu?

— Oui, dit-elle si bas et si vite, qu'on sentait qu'elle

avait peur d'un remords; et, mettant ses deux mains sur les yeux de Charles... elle lui répéta... Oui, je t'aime.

S'imaginant que, parce qu'il ne verrait pas ses yeux troublés et perdus d'amour, il ne sentirait pas son corps frémir et sa voix trembler.

Il n'y a d'amour si saint qui ne brûle le corps jusqu'aux os, lorsqu'une main vous touche au front, que l'haleine tiédit l'air qu'on respire, lorsqu'on sent vibrer une poitrine sur la sienne. Charles enleva Henriette dans ses bras.

— Eh! que veux-tu? lui dit-elle en joignant ses mains. Oh! non!... non!...

Il ouvrit ses bras et la regarda comme un esclave soumis :

— Oh! non, lui dit-elle d'une voix douce et consolante... vois-tu, c'est impossible.

Charles leva au ciel ses yeux désespérés. Elle continua :

— Ecoute, Charles, vois-tu, je ne te le cache pas, tu m'aimes comme une femme ne mériterait pas d'être aimée, si elle n'était capable de tout braver pour un tel amour. Mais entre nous, il y a plus que les liens du monde et de l'honneur. Oui, Charles, Charles, si celui que j'outragerais m'avait prise dans le monde au hasard, comme tant de femmes qu'on y cherche pour se débarrasser d'une vie isolée, oui, je serais à toi; mais lui, vois-tu, il m'a prise comme tu m'as aimée, avec mon malheur et ma honte. Ah! ne me repousse pas; il ne s'est pas voué à moi de cet amour dont je te remercie; il n'a pas livré à mon cœur un cœur dont les douleurs, dont les doutes même me font chérir la tendresse; mais il m'a donné tout ce qu'il avait de grand en lui, tout ce qu'il avait de digne et de noble : son nom.

— Son nom! s'écria Charles, qui ne t'a pas protégée, qui n'a pas fait taire les hideuses calomnies!...

— Eh! dit Henriette, les savait-il? que pouvait-il? que pourrais-tu toi-même?

— Moi! oh! moi! reprit Charles avec une joie sauvage, j'effacerai du monde quiconque a prononcé ton nom avec mépris... je sais combien ils sont... où ils sont... Oh!

les infâmes! qui n'ont qu'une vie chacun à me donner?

— Fou! fou que tu es! reprit Henriette... que t'importe? que nous importe? la vie est ici! le bonheur est ici. Ah! n'allons rien demander aux hommes.

Et, en parlant ainsi, elle lui souriait si doucement, qu'il sentit mourir en lui tout ce qui n'était pas la voix d'Henriette, la volonté d'Henriette.

— Nous serons innocents, du moins, ajouta-t-elle, et, quelque malheur qui nous vienne, nous le supporterons ensemble, sans baisser les yeux l'un devant l'autre.

Elle en était donc déjà venue là que l'innocence pour elle était tout entière dans ne pas se donner. Elle ne pensait pas ainsi en allant à ce rendez-vous. Charles lui répondit avec l'assurance d'un cœur heureux et qui croit être arrivé à tout le bonheur qu'il désire :

— Oh! pardonne-moi!

— Va, lui dit-elle, je te pardonne.

Que d'amour brûlait dans ce pardon! que cette femme comprenait bien le sacrifice qu'on lui faisait! Oh! que de secrets doivent voiler la nuit d'une femme en qui la jeunesse est demeurée stérile et qui n'a pas toujours dormi sans rêver!

Ils restèrent muets l'un près de l'autre. Quelques voix qui passèrent les avertirent qu'il y avait autre chose qu'eux au monde.

— Dieu! s'écria Henriette, trois heures!... rentre... va-t'en!

— Quand te reverrai-je, Henriette?

La revoir, c'était déjà être seuls dans la nuit; ce n'était plus le salon avec les mots furtifs et les regards à la dérobée.

— Bientôt, dit Henriette, bientôt...

Ils se quittèrent alors. Le lendemain, quand ils revirent madame Bizot, ils se rappelèrent seulement qu'il eût dû être question d'elle dans leur entretien de la veille.

XIX

RÉFLEXIONS

On a beaucoup écrit sur toutes sortes de choses, beaucoup surtout sur les femmes et sur l'amour, et on a généralisé des questions qui sont presque toujours des questions d'individus. Parce que l'amour est de toutes les classes, on a pensé qu'il devait procéder de même dans toutes les classes ; parce qu'il est une passion de toutes les époques, on a dit qu'il devait être le même dans toutes les époques. On a infiniment blâmé le *baiser âcre* de Rousseau, en disant qu'il n'y a pas de jeune fille qui parle si librement de ses impressions physiques. Cela se peut aujourd'hui où nous avons du bégueulisme dans la dépravation, où les femmes du monde n'aiment plus et s'arrangent. Comme tout ce qu'elles appellent amour est posé, prévu, calculé pour être amusant et point dangereux, cela n'a rien d'emporté dans l'expression. Ainsi, ce qu'on cherche dans un homme, ce n'est ni l'esprit, ni la beauté; c'est la position. Du temps du baiser âcre, la valeur physique d'un homme et d'une femme entrait pour quelque chose dans leurs désirs de se plaire et de se posséder ; on ne faisait pas semblant de dédaigner les plaisirs des sens; le corps était une grande chose. A cette époque, on s'occupait de faire des enfants vigoureux. Mirabeau lardait ses brûlantes pages d'amour de dissertations toutes médicales, et ne parlait que plaisirs furieux et abstinences insupportables ; Diderot écrivait des polissonneries très-drôles; Crébillon de même ; les romanciers en sous-ordre, comme Rétif de la Bretonne et Marmontel, expliquaient les effets d'une belle taille et d'une jambe élégante ; Colardeau ne trouvait rien de mieux à faire dire à Héloïse que ce vers :

Couvre-moi de baisers ! je rêverai le reste.

Ce qui, entre nous soit dit, me paraît l'expression la plus dégoûtante d'une chose qui en vaut bien la peine. *Le reste,* séparé de *couvre-moi de baisers,* est la saleté la plus éhontée qu'on ait imprimée. On a pourtant beaucoup admiré *le reste.* Enfin, à part l'expression, Colardeau était dans les idées de son siècle. Que tous ces écrivains fussent l'écho des habitudes d'alors, ou qu'ils les eussent fait naître, toujours est-il qu'on s'aimait fort corporellement.

De nos jours, la bonne société des femmes, c'est-à-dire les épouses de notaires et d'agents de change, et les patentées de la cour, rougiraient d'avoir l'air d'y penser. Cependant, le temps des amours si bêtement appelés platoniques s'est éteint, si jamais il a existé; je ne pense pas même que la chasteté masculine ait jamais été une vertu sincèrement admirée. L'histoire de Joseph a été éternellement ridicule, et je ne sais rien de plus méprisable. Mais il était encore bien loin de ce Combabus, courtisan émérite, amoureux de la femme de son maître qui la lui donne à garder, lequel Combabus se fait eunuque pour obvier aux dangers de sa passion, et laisse au mari la garantie de sa fidélité enfermée dans une boîte. Il est vrai de dire qu'à ce prix Joseph, qui ne laissait que son manteau, était un libertin fieffé. Certes, nos belles dames, j'entends toujours celles de la bonne société, n'auraient pas suffisamment de moqueries pour un sot de cette espèce; et pourtant, si vous leur racontez qu'une femme a pu se donner parce qu'elle est femme, elles se croiront le droit de la considérer comme une catin. Or, il est très-difficile, avec tout cela, de savoir pourquoi ces dames cèdent à un amant, à moins que ce ne soit par calcul, et j'entends par calcul ce qu'elles veulent bien nous dire et ce que peut-être elles croient.

A leur compte, se livrer à son amant c'est lui donner le dernier gage d'un amour qui pour elles n'est que dans le cœur; gage qui, disent-elles, ne les amuse pas, qui leur est odieux, dont elles se passeraient fort bien; mais qui, accompagné de cette phrase : « Ah! tu ne crois pas que je t'aime! eh bien! tu le veux, je serai déshonorée; mais alors, au moins tu croiras à mon amour, » devient un sacrifice et les laisse tout à fait dans la sainteté de la passion, tandis que leur amant est un vulgaire amoureux qui compte leur possession pour quelque chose. On croit toujours à ces choses-là quand on est jeune, parce que sur mille femmes, il y en a une chez qui ce sentiment est vrai, et qu'il faut être habile pour deviner le plagiat ; on y croit même quand on aime avec fureur, ce qui est la même chose qu'être jeune. L'amour a cela d'admirable ou d'imbécile, qu'il rend au cœur toutes les illusions de vingt ans ; voyez les folies des jeunes gens et des vieillards, elles ont le même caractère. Si le milieu de la vie en est plus exempt, ce n'est pas qu'il soit plus fort ou plus habile, c'est qu'il est ailleurs occupé. A vingt ans, l'ambition, le soin de faire sa fortune, l'amour des enfants ne sont pas encore venus. A soixante ans, ils sont passés ; l'ambition est satisfaite ou méprisée, la fortune gagnée, l'amour des enfants, qui est une protection, devenu tiède parce qu'elle est inutile ; et le cœur se rattrape, avec tout ce qui lui reste d'énergie, à un sentiment qui a l'avantage de se renouveler moyennant une jolie fille qui a besoin de se vendre. Quoi qu'il en soit, quand on aime, on se laisse prendre à toutes ces protestations de froideur et de pudicité, et quand on est jeune et qu'une femme veut bien se donner, c'est à la lettre son honneur qu'on croit lui prendre, et l'on devient très-reconnaissant du sacrifice.

Pour ma part, je crois qu'il y a un autre intérêt ou une autre puissance qui agit sur leur détermination, et je suis persuadé que toute femme qui tient réellement à ses devoirs n'accordera jamais un rendez-vous à celui qu'elle aime. C'est ce qui arriva à Henriette après avoir répondu à Charles. Bientôt elle trouva mille prétextes pour reculer ce rendez-vous. Henriette était une femme qui était franche vis-à-vis d'elle-même. Elle aimait Charles et était demeurée une minute dans ses bras ; elle y avait découvert qu'il n'y avait pas de volonté qui résiste à ce qui émeut, trouble et enivre. Celle qui dit : Je resterai près de mon amant de longues heures, et je n'y perdrai pas le sang-froid de refuser, est une folle et une enfant. Il faut que sa raison soit perdue ou qu'elle n'ait pas encore aimé.

Cependant Charles demandait ce rendez-vous de ses regards suppliants, de ses paroles furtives. Il semblait douter de cet amour qu'on lui avait dit ; et, quoi qu'il en eût, Henriette était alarmée de ce doute. Mais elle ne voulait pas rassurer Charles au prix que demandent presque tous les amants, et, comme sa résolution était sincère, dût-elle perdre et voir fuir cet amour qu'elle chérissait, elle préféra ce malheur au danger de se trouver seule avec Charles. Il y en a qui mépriseront Henriette pour cette crainte d'elle-même. Elles pèseront dans une balance sévère cette vertu qui prévoit une faiblesse, et cette faiblesse leur paraîtra ignoble, parce qu'elle viendra d'un trouble des sens. Peut-être auront-elles raison. Peut-être n'est-ce pas ainsi qu'il faut faire des romans : à cela je répondrai que ceci n'est pas un roman. Mais l'occasion de se perdre vient toujours une fois dans chaque passion : c'est comme une condition d'existence. L'occasion arriva donc entre Charles et Henriette. Voici comment.

XX

COMME IL ARRIVE TOUJOURS

La santé de d'Aspert s'altérait assez visiblement pour qu'il pût avoir des inquiétudes. Mourir n'était pas un effroi pour lui. Certes, cela lui faisait un vif chagrin, mais il n'avait pas peur ; il ne s'épouvantait pas, comme certains vieillards, à la moindre idée de mort qui venait s'offrir à son esprit. On pouvait lui annoncer la perte de quelqu'un sans qu'il en devînt soucieux pour lui-même : il eût pu rencontrer un enterrement sans pâlir, et voir le curé sans trembler. Avec cette disposition, sentant que la goutte le gagnait des jambes à la poitrine, il pensa à mettre ordre à ses affaires. Il désira écrire un testament. Dans ce testament, le partage de ses biens fut fait entre Henriette et Charles Dumont. Mais d'Aspert, qui avait laissé passer le temps sans percer le mystère de la naissance de Charles, d'Aspert ne voulut pas mourir en emportant le doute avec lequel il avait vécu. Jamais, à vrai dire, il n'avait renoncé formellement à s'instruire de ce secret; mais il en avait toujours ajourné le moment. L'heure était venue où de nouveaux retards étaient imprudents. D'Aspert se décida : il venait d'éprouver une crise qui avait alarmé tout le monde; les soins de Charles et d'Henriette l'avaient sauvé encore cette fois; mais un nouvel accident pouvait survenir. Un soir, il pria Henriette de demeurer seule près de lui, lorsque tout le monde fut retiré.

— Henriette, lui dit-il, ce matin j'ai clos mon testament; les dispositions en sont irrévocables. Que Charles soit mon fils ou qu'il ne le soit pas, il n'y sera rien changé. Mais je ne puis envisager l'idée de quitter ce monde sans savoir de quel nom il faut que je le bénisse. Depuis longtemps j'aurais dû l'apprendre; je ne l'ai pas osé; le repos heureux rend égoïste; on craint de déranger sa vie; peut-être a-t-on raison; peut-être n'eussions-nous pas été plus heureux; peut-être même à ce moment ai-je tort de jeter quelque lumière sur ce point obscur. Qui sait si je ne vais pas porter un coup terrible à Charles? Mais que veux-tu? je crains de mourir avec un mensonge sur la conscience. Il faut interroger Charles.

Henriette approuva ce projet, et à travers les larmes qu'elle versait au discours de d'Aspert, elle lui répondit qu'elle pensait aussi que c'était un devoir.

C'est que la mort rend solennelles toutes les actions de la vie; c'est qu'il n'y a pas de néant si assuré dans la tombe, qu'on ne veuille mettre ordre à sa conscience avant d'y descendre, ne fût-ce que vis-à-vis de soi-même.

— Puisque tu m'approuves, dit d'Aspert, charge-toi de ce soin. Je t'en ai dit assez pour que tu puisses l'interroger adroitement. Il suffira d'ailleurs de lui parler de son père, de l'aventure de Rome, de la manière dont il est arrivé. Mon fils venait de Vérone et avait habité l'Angleterre; il était accompagné d'un domestique. Ce peu de circonstances suffira pour le reconnaître.

— Mais pourquoi ne pas vous charger de ce soin? dit Henriette; il vous serait bien plus aisé de retrouver dans des indices, qui seront insignifiants pour moi, la vérité que vous cherchez.

— Non, dit d'Aspert, je sens que je me troublerais : je lui ferais des questions trop directes et qui l'avertiraient peut-être de ce que je veux savoir. Car, entends-tu, Henriette, si Charles n'est point mon fils, il faut qu'il ignore jusqu'à mes doutes. Si, au contraire, ses réponses indiquent qu'il le soit, je lui dirai tout le secret de sa naissance : le nom de sa mère peut ne pas lui être inutile. Tâche d'amener cela comme par hasard; demeure seule avec lui un de ces jours, quand tout le monde sera retiré; enfin choisis un de ces moments où la conversation devient confiante et intime par l'épuisement des sujets habituels. Je te laisse ce soin. Tu as fait des dernières années de ma vie un bonheur qui ne pouvait me venir que d'une âme comme la tienne. Tu as subi ma solitude, mes douleurs, mes infirmités ; tu ajouteras ce bienfait à tant d'autres.

Henriette accepta; la sainteté du mandat qu'elle venait de recevoir la protégeait contre l'amour de Charles et le sien. Elle comprenait qu'elle pouvait impunément demeurer près de celui qu'elle aimait avec la pensée du devoir qui lui était imposé. Mais que de choses peuvent conspirer à notre insu pour détruire le rempart que nous croyons inébranlable !

Et d'abord elle n'accomplit pas sa mission le jour même où elle l'avait reçue, sous l'impression des paroles de cet homme qui prévoyait sa mort et qui en parlait si simplement, avec le souvenir tout palpitant des remercîments qu'il lui avait faits pour le bonheur qu'elle lui avait donné. Quelques jours se passèrent : la santé de d'Aspert prit un caractère tout à fait rassurant. Cependant il demandait à Henriette si elle avait interrogé Charles. Elle en avait franchement cherché l'occasion; mais il était difficile d'arriver avec lui à un autre sujet que son amour. Enfin, pressée par son mari, elle se résolut à assigner à Charles un moment d'entretien, à ne pas attendre qu'il lui demandât un rendez-vous, et à lui dire ouvertement qu'elle avait à lui parler d'affaires graves. A tout hasard, elle compta sur le secret de Charles pour arrêter son amour. Elle crut avoir tout prévu, et, au milieu de la soirée, elle lui dit devant son mari, qui était assez bien pour être descendu :

— Charles, je vous prie de ne pas sortir ce soir sans me parler ; j'ai à vous entretenir.

Ce rendez-vous publiquement donné étonna peut-être, mais n'éveilla aucun soupçon ; d'Aspert approuva Henriette d'un signe qui fut aperçu de tout le monde, même de Charles, et l'on vit bien qu'il s'agissait d'affaires. Charles, il faut le dire, reçut cette invitation avec chagrin ; ce n'était pas ce qu'il désirait. Il aurait beau être seul avec Henriette, il lui sembla que la pensée de tous ceux qui le savaient assisterait à leur entretien. Il répondit froidement et sans que sa froideur fût affectée ; il n'avait pas pensé à croire qu'Henriette eût la hardiesse qu'ont tant de femmes, de faire si impudemment une mauvaise action, qu'il semble impossible de les en soupçonner. Il attendit donc, avec une impatience plutôt curieuse qu'émue, le moment où ils devaient être seuls ensemble. Quand dix heures furent sonnées, tout le monde se retira.

Il y a mille petites choses qui changent toute la nature d'une position, choses qu'on croit indifférentes et qui deviennent toutes-puissantes à notre insu. S'il est donné à quelqu'un de savoir ces choses-là, c'est peut-être aux dramaturges, qui réussissent ou qui périssent par de petits accidents dont le public ne se doute pas, quoique ce soit lui qui les juge : un mot maladroit, une entrée intempestive, tuent la plus touchante situation ; tandis qu'une escobarderie par laquelle on passe à côté d'une difficulté, ou par laquelle on la franchit, est souvent comptée comme si on avait pleinement vaincu cette difficulté. C'est qu'au théâtre, comme dans la vie, ce ne sont presque jamais les pensées fondamentales qui décident du succès d'une action ; c'est dans un détail que tout consiste, et c'est ce détail dont il faut être sûr et qu'il faut savoir mettre à sa place.

Nous avons dit la situation d'Henriette et de Charles. Supposons que tout le monde se fût retiré lentement et qu'ils fussent demeurés ensemble, le premier moment de leur entretien eût été embarrassé ; certes ils ne se seraient pas jetés l'un à l'autre, ravis d'être sans témoins ; l'influence de ces gens sortis les eût laissés presque en cérémonie. Charles eût demandé ce qu'on voulait, et Henriette, ne sachant trop que dire, lui eût peut-être ouvertement répondu par la vérité : alors un autre intérêt que celui de leur amour régissait cet entretien ; la singularité de la découverte que Charles eût faite l'eût préoccupé hors de sa passion. Il en arriva autrement, par un soin qu'Henriette prit peut-être pour une dernière sauvegarde : elle sortit du salon pour reconduire d'Aspert jusque chez lui. Le général la retint longtemps. Pendant ce temps, Charles demeura seul ; la nuit s'avança ; tous les bruits de la maison, qui eussent, pour ainsi dire, veillé sur eux au commencement de leur entretien, tous ces bruits se turent les uns après les autres. La solitude de Charles devint complète, le mystère de cette entrevue se rétablit avec le silence, avec l'heure attardée qui sonnait : et puis Henriette ne venait pas. La curiosité de Charles, qui d'abord cherchait ce qu'on pouvait lui vouloir, se changea en impatience. Peu à peu il craignit de ne pas voir Henriette ; il s'imagina que le général soupçonnait quelque chose et la retenait ; il eut toutes les alarmes d'un rendez-vous caché et criminel ; il en eut tous les tumultueux mouvements. Bientôt ce rendez-vous, qui ne suffisait pas, un moment avant, à ses exigences, lui parut un bonheur qui allait lui échapper ; et, du moment qu'il craignit de le perdre, il lui devint plus précieux que tout ce qu'il pouvait imaginer. Cependant il écoutait : tout dormait dans la maison. Tous ces mouvements, qui résonnent longtemps dans une habitation isolée où cinq ou six personnes vont se livrer au sommeil, ces portes ouvertes et fermées, ces allées et venues, avaient cessé : c'était un silence absolu. Déjà les craintes de Charles prenaient un caractère de terreur réelle ; mille suppositions fâcheuses lui venaient à l'esprit. A plusieurs fois il fut tenté de monter jusque chez Henriette. Il avait ouvert la porte du salon ; dix fois il alla jusqu'au pied de l'escalier; puis il revint, croyant avoir attendu bien longtemps, lorsqu'à peine une minute s'était écoulée. Le cœur lui battait; il était arrivé à ne plus penser à rien qu'à se désespérer, lorsqu'il entendit une porte s'ouvrir doucement, se fermer doucement. Un pas léger parcourut le long corridor et descendit l'escalier ; une robe frôlait les marches : il semblait qu'on craignît de faire du bruit. Charles s'élança et vit Henriette.

— Oh! c'est toi, lui dit-il en la prenant dans ses bras; c'est toi, enfin; mon Dieu! c'est toi!

— Vous m'avez longtemps attendue? répondit-elle toute surprise et touchée de cette effusion de joie à son aspect, de ce sentiment qui était si loin de l'abord qu'elle avait préparé et qu'elle ne pouvait cependant repousser, car elle ne l'avait pas mis dans ses prévisions.

— Oh! lui dit Charles, j'ai eu peur; il m'a semblé que tu ne viendrais pas.

Et, en parlant, sa voix tremblante et entrecoupée annonçait tout le trouble qu'il avait éprouvé; Henriette voulut le consoler :

— Je te l'avais promis, dit-elle en baissant la voix.

— Il y a si longtemps que tu me l'as promis, si longtemps ! Mais te voilà... oui, te voilà... te voilà !

Pendant ce temps, ils étaient entrés dans le salon. Henriette s'était assise dans un de ces larges fauteuils que je vous ai dépeints. Oui, c'est là qu'elle était, svelte et souple, dessinée par sa robe blanche sur ce fond sombre de velours; et lui, Charles, s'était mis à genoux devant elle, et, l'adorant du regard, il répétait, en baisant ses blanches mains et ses genoux :

— Oui, c'est toi... c'est toi, te voilà.

Comme si une absence longue ou fatale les eût séparés.

Henriette le regardait en souriant. Comment se défendre du bonheur qu'on donne? n'est-ce pas le plus séduisant de tous les triomphes ?

— Allons, lui dit-elle, Charles, calmez-vous; asseyez-vous ici.

— Oh! non, lui dit-il, non, laisse-moi te regarder; laisse-moi te voir. Sais-tu que voilà longtemps que je ne t'ai vue ni entendue?... Oh! que tu es belle!

— Je t'en prie, Charles, pas ainsi, ne me parle pas ainsi... Voyons, tais-toi.

Et à ce mot elle lui mit la main sur les yeux. Que lui disaient ces yeux?

— Henriette! reprit Charles, Henriette! Henriette!

Lui jetant son nom comme une invocation, et, à chaque fois, donnant à ce nom une expression indicible de délire, d'amour, de prière.

— Eh bien, lui dit Henriette... Charles... oui, je t'aime... je t'aime... Allons, écoute-moi, causons.

Causons! Oh! que l'abbé d'Olivet aurait bien voulu savoir cet entretien, pour faire son *Dictionnaire des synonymes*, où il s'évertue à marquer la nuance de chaque mot! car voilà deux personnes qui se parlent et se répondent, et qui ne causent pas.

— Non, dit Charles, non, pas encore. Je t'écouterais mal; je ne te comprendrais pas. Laisse-moi te regarder... laisse-moi te voir longtemps... toujours!

Il avait alors croisé ses bras sur les genoux d'Henriette, sa poitrine s'y appuyait aussi; et, ainsi placé devant elle, il la regardait de bas en haut, tandis qu'Henriette, penchée en arrière sur son fauteuil, la tête penchée sur sa main, se livrait doucement à cette brûlante contemplation qui la pénétrait. Un long silence s'établit entre eux, silence pendant lequel, les yeux attachés l'un sur l'autre, ils sentaient leur âme se fondre sous le rayon de leurs regards; c'était un charme inouï qui se versait de l'un à l'autre; un torrent de joie ineffable où se perdrait la vie s'il ne débordait enfin; mais l'âme trop pleine s'y refuse, il se répand au dehors et la soulage par des paroles et des soupirs.

— Henriette! dit Charles avec un frémissement de tout son corps.

— Charles! répondit-elle en laissant ses paupières s'abaisser sur ses yeux et en arrachant un long soupir de sa poitrine.

— Henriette! reprit-il avec cet accent qui fait d'un mot plus qu'un discours, plus que des serments et des transports.

Henriette passa la main sur ses yeux et se leva soudainement.

— Non! dit-elle en appuyant ses deux mains sur le front de Charles qui était resté à genoux et qui l'entourait de ses bras; non! je suis folle... tu es fou... Va-t'en! va-t'en!... demain... je te reverrai.

Et, en parlant ainsi, ses dents claquaient, ses genoux faiblissaient.

— Écoute, dit Charles, tu m'aimes!

Elle ne répondit pas; tout son être répondait pour elle.

— Tu m'aimes!... tu m'appartiens!

— Oh! s'écria Henriette en se dégageant... tais-toi... Elle porta autour d'elle un long regard troublé, et, ne voyant que la solitude de ce vaste salon, que la faible lumière d'une bougie, elle reprit : Va-t'en! va-t'en! nous nous perdons!

— Oh! tu m'aimes donc? lui dit-il en se levant et en la pressant dans ses bras.

— O mon Dieu! dit-elle en détournant la tête, laisse-moi, je t'en supplie, laisse-moi.

Et comme il l'étreignait sur son cœur :

— Oh! tu me fais mal!

Il pressa de ses lèvres cette bouche qui frémissait en parlant.

Elle s'échappa comme si un fer rouge l'eût brûlée, et s'écria avec désespoir :

— Oh! vous êtes sans pitié!

Charles voulut se rapprocher.

— Jamais!... jamais!... dit-elle en opposant ses bras délicats aux bras de fer de son amant. Oh! écoute-moi!... écoute-moi!... Tu m'aimes... n'est-ce pas? eh bien! ne me déshonore pas, ne me fais pas mourir!

Et, comme Charles la laissa échapper, elle murmura sourdement :

— Oui... va-t'en, laisse-moi... oui, tu m'aimes.

Elle se laissa tomber sur un fauteuil en cachant sa tête dans ses mains. Elle se mit à pleurer.

— Oui, je t'aime, moi ! lui dit Charles, la voix altérée... oui, je t'aime !... mais toi ?

— Oh ! moi ! dit-elle en levant au ciel ses yeux baignés de larmes ; oh ! moi ! je ne t'aime pas, n'est-ce pas ?

— Que sais-je ? dit Charles avec colère et désespoir.

— Il ne le sait pas, mon Dieu ! répondit-elle avec des sanglots amers.

— Non, dit Charles avec un transport impitoyable, non, je ne le sais pas... Vous me le dites... je l'ai cru... je ne le crois plus. Non, vous ne m'aimez pas ! non ! non ! non ! répétait-il presque avec fureur.

— Et que veux-tu pour le croire ? lui dit Henriette en le regardant d'un air égaré ; que je me donne à toi ? Le veux-tu ?... eh bien, soit ! j'en deviendrai folle ! j'en deviendrai folle... j'en mourrai !...Oui, vois-tu, demain je serai folle ou je mourrai... Mais si tu le veux... si tu le veux... Et des sanglots convulsifs arrêtèrent sa voix.

Charles retomba à genoux devant elle.

— Henriette ! lui dit-il, tu pleures ! tu pleures ! Grâce ! oh ! grâce ! Que veux-tu de moi ? ma vie... mon honneur... un crime ? parle, je te donnerai tout... Si j'avais un monde à te sacrifier, je le briserais à tes pieds. Henriette ! oh ! ne te détourne pas ! car je t'aime... je t'aime... Ah ! dis-moi que tu m'aimes ! que tu me pardonnes !

Henriette, plus calme, lui tendit la main.

— Oui, je t'aime ! lui dit-elle.

Puis, à son tour, prenant les mains de Charles dans les siennes, elle ajouta avec une tristesse enivrante :

— Et, crois-moi, mon Charles... crois-moi... si je te refuse, ce n'est pas que je craigne que tu me trompes, que tu m'oublies ! oh ! non ! tu m'aimes mieux que cela, n'est-ce pas ?... Mais, vois-tu... nous serions malheureux... je te le jure, nous serions malheureux.

— Toi ! n'est-ce pas ? dit Charles en continuant son reproche, mais d'un ton si doux qu'il faisait pitié ; toi, tu serais malheureuse !... Tu m'aimes ; mais ce n'est pas de l'amour que j'ai.

— Ah ! ne parle pas ainsi, répondit Henriette en lui caressant le front de sa main brûlante ; crois-tu qu'il ne me faille pas du courage pour te résister ?... crois-tu que je n'aie que toi à combattre ?

— Oh ! dit Charles d'une voix où l'amour suppliant semblait moins dangereux, tu as donc compris ce que je souffre ?

— Tiens, lui dit-elle en prenant sa main, sens mon cœur.

Et elle plaça cette main sur ce cœur qui bondissait. Imprudente ! qui se fiait à cette première lassitude du combat, croyant qu'aucun transport ne se réveillerait. Ce cœur battait à coups pressés. Charles, attirant doucement Henriette dans ses bras, appuya sa poitrine sur la sienne et lui dit tout bas :

— Oh ! laisse-le-moi sentir ainsi.

Puis il chercha ses lèvres. Henriette s'abandonna un moment... Alors, troublée jusqu'à l'âme, elle roidit ses bras contre la poitrine de Charles pour sortir du lien qui l'enchaînait à lui ; mais elle ne put se détacher de ce baiser... ses forces s'y perdirent, ses bras tombèrent comme morts. Charles l'enleva hors de la clarté du salon. Henriette pencha sa tête sur son épaule, comme une fleur brisée et défaillante, et sa voix mourante murmura ces mots sourds et entrecoupés lorsqu'ils passèrent la porte du boudoir :

— Oh ! c'est la mort ! Charles, c'est la mort !

Mais il ne l'entendit pas ! ou, s'il l'eût entendue, eût-il cru à cette parole ? et, lors même qu'il eût pu croire, qu'importait ? n'y a-t-il pas un moment dans l'amour où rien n'est un obstacle ? Est-ce que la mort est un effroi qui ait jamais arrêté une passion ?

Puis, un moment après, ils étaient dans la même position qu'en entrant dans le salon : lui, à genoux devant elle; elle, assise dans le fauteuil, le corps droit, l'œil fixe, les mains dans les mains de Charles, qu'elle ne sentait pas. A quoi pensait-elle?... ou même pensait-elle? avait-elle idée de ce qui s'était passé?... Était-ce peur, remords?... Charles la regardait sans oser lui parler.

Un bruit soudain résonna à cet instant au-dessus de leurs têtes : c'étaient des coups répétés frappés avec une canne sur le plancher. A ce bruit, Henriette se leva; son visage sembla s'éclairer d'un horrible souvenir, elle poussa un cri sourd et déchiré, et, baissant ses yeux hagards sur le front de Charles, elle lui dit :

— Entends-tu?... C'est ton père.

Elle venait de voir son crime, et de le voir aussi épouvantable qu'il pouvait l'être. Le remords lui avait fait une certitude d'un doute; et elle subit ce besoin inconcevable et inévitable de la douleur, de l'aggraver jusqu'à l'extrême. Qui sait s'il n'y eut pas aussi dans ce cri cet instinct de l'orgueil humain qui égare les âmes fortes et qui les fait répugner aux choses ordinaires ? Avec ce mot, Henriette arrachait sa faute à sa vulgarité : elle en faisait un inceste.

Cependant Henriette demeurait immobile. Le bruit recommença.

— C'est le général! dit Charles.

— C'est ton père! te dis-je, reprit Henriette... ton père qui va me demander... qui tu es...

— Qui je suis? s'écria Charles, qui croyait que la raison d'Henriette s'égarait.

— Oui, dit Henriette dont véritablement la tête était perdue, oui, qui tu es; il va me demander si tu es son fils. Que veux-tu que je lui réponde ?

— Henriette! Henriette! cria Charles en cherchant à la retenir.

— Veux-tu que je lui réponde que tu es mon amant?

— Oh! plus bas, Henriette, plus bas... tu te perds.

Henriette le regarda avec un sublime mépris.

— Je me perds! lui dit-elle; vous êtes un lâche! ...

Charles pâlit, non pas de l'injure, mais de l'exaltation d'Henriette.

— Je me perds ! disait-elle en se frappant la tête avec désespoir, je me perds ! Mais je suis perdue ! monsieur.

— Ah ! reprit Charles en joignant les mains, plus bas... plus bas...

— Et si je veux qu'il m'entende ! si je veux qu'il me tue ! mais... je n'ai pas peur de mourir, moi.

Le bruit reprit plus impatient, plus impératif.

— Oh ! malheur sur nous ! s'écria Charles, malheur sur nous !

— Eh bien ! lui dit Henriette éperdue, tue-moi... toi plutôt que lui... je l'aime mieux... tu vois bien que je l'aime encore...

Le bruit redoubla.

— Oh ! s'écria-t-elle, tu vois bien qu'il va venir et qu'il me tuera !

— Oh ! s'écria Charles hors de lui, qu'il ne vienne pas... mon Dieu ! qu'il ne vienne pas...

— Tu le tuerais ! s'écria Henriette en se relevant et dominée à son tour par l'effroyable expression du visage de Charles.

— Je ne sais pas, répondit-il ; mais je ne veux pas que tu meures.

— Eh bien ! dit Henriette qui trembla d'épouvante, et devant qui se déroula une si fatale série de crimes, qu'elle en frémit encore plus que du crime accompli... reste, j'y vais.

— En cet état ! dit Charles en l'arrêtant, en cet état ! Et que lui diras-tu ?

— Je lui dirai... que sais-je ?...

Ce bruit terrible, ce bruit fatal se fit encore entendre.

— Mais que veux-tu que je lui dise ? s'écria Henriette.

Charles s'arrêta ; une résolution soudaine s'empara de lui. Il dit à Henriette :

— Reste... reste... Je vais monter, moi.

Et il s'élança hors du salon.

Bientôt il redescendit.

— Henriette, lui dit-il, rentre chez toi; je lui ai dit que tu m'avais parlé de ma naissance, que je m'étais emporté, que je t'avais répondu avec colère et presque offensée ; que de là était venu un entretien si animé, que nous n'avions pas pris garde au bruit qu'il avait fait.

— Je vous remercie, répondit Henriette, de lui avoir menti pour nous deux; je ne l'aurais pas pu.

— Henriette, lui dit Charles, quand te reverrai-je ?

— Jamais, dit-elle en s'enfuyant.

Ce serment devait-il s'accomplir mieux qu'un autre ? peut-être oui ; on ne le croira pas, sans doute. Combien n'y a-t-il pas de gens qui, après avoir lu ce chapitre, que de femmes surtout qui rejetteront ce livre avec dédain, en disant que cette Henriette est une dévergondée dont une femme honnête ne doit pas savoir l'infâme conduite ; combien, qui ne peuvent arguer de leur sagesse, s'indigneront de la cause de sa faiblesse et la trouveront dégradante !

Eh ! la la, ne condamnez pas si vite cette femme d'être femme. Vous, qui prétendez que votre défaite ne vient que d'un dévouement absolu à l'amour de votre amant, et qui, sur cette donnée, prenez ensuite en toute sûreté de conscience les plaisirs de l'amour, tant qu'il dure, je vous estime moins que mon Henriette. Celle-là ne se dit pas : « Maintenant que c'est fini, maintenant que je suis coupable par une raison sublime et délicate, à moi les bénéfices grossiers de ma faute ; il n'en sera ni plus ni moins. » Oh non ! elle a eu des sens, mais elle a eu un cœur, une raison, une conscience, plus haut placés que les vôtres. Dès que sa volonté lui revient, elle lui revient honnête, pure ; elle ne comprend pas qu'il faille continuer une faute parce qu'elle a été faite ; elle a un véritable remords.

Après cette apostrophe au plus grand nombre des femmes, il faut que je me mette à genoux et que je demande pardon. Pardon à celles qui aiment assez pour tout sacrifier à leur amour, fortune, position, respect du monde, famille ; celles-là ont compris l'amour comme le seul bien de la terre. Qui peut dire que le salut d'un faquin ou l'invitation d'une bégueule valent ce qu'elles ont préféré? Pardon à celles pour qui ce sentiment a été une vengeance. Se voir insultée, méprisée, torturée par l'abandon d'un mari, et lui rendre tout ce qu'on peut d'insulte, de mépris, de tortures, c'est une justice que les maris infâmes trouvent seuls coupable. Pardon à celles qui, avec moins d'énergie, ont demandé à l'amour une consolation pour les mêmes peines. Si c'est un crime, il faut tuer une femme le lendemain du jour où son mari la trahit ; ce sera moins barbare que de la condamner à pleurer éternellement sans une main pour essuyer ses larmes. Que les législateurs, qui ont détruit les vœux éternels des religieuses, disent si ce n'est pas parce que la nature humaine n'est pas capable de vivre ainsi sevrée de tous sentiments qui lui répondent. Pourquoi imposent-ils plus à la femme qui perd ces sentiments qu'à celle qui ne les a jamais possédés ? Du côté des femmes mariées, il y a du moins un contrat brisé par qui l'a souscrit, tandis que de l'autre il n'y a que dégoût de ce qu'on a d'abord voulu. Jésus-Christ n'est pas infidèle à ses épouses. Ce qui me paraît odieux, ce sont les femmes qui profitent de leur mari comme si elles étaient sages, et qui jouissent de leur amant en tout honneur. Impudentes bégueules sans pardon ni pitié pour celles qui n'ont ni leur astuce ni leur hypocrisie! et qui s'arment contre elles d'un mari trop timide pour risquer un scandale ; trop honnête homme pour jeter le reflet de leur infamie sur une famille, ou trop pitoyable pour les réduire à cette situation de solitude et de déshonneur dont elles accablent les autres. Mépris à celles-là ! quant à Henriette, voici ce qu'elle fit : le matin de cette même nuit, un domestique remit à Charles la lettre suivante :

XXI

LETTRE

« Charles,

» Vous êtes mon amant. Voilà le premier mot qu'il me fallait écrire dans la seule lettre que vous recevrez de moi. Ce mot doit être mon châtiment : il est juste qu'un homme ait en son pouvoir la preuve de mon crime, qu'il puisse s'en armer contre moi, me perdre et me livrer à l'infamie, sans qu'il me reste un seul refuge pour y échapper, sans que je puisse lui dire impudemment à la face : Vous avez menti. Ceci est écrit de ma main, signé de ma main : vous êtes mon amant. Maintenant, à cet homme ainsi possesseur de mon déshonneur, je dois dire encore : Je ne veux plus que vous me parliez, je ne veux pas que vous m'écriviez; si vous l'essayez, je dirai à d'autres qu'à vous : Charles est mon amant. Pour vous prouver que je ne suis pas folle, voici mes raisons. Si jamais femme a eu des devoirs, c'est moi; si jamais femme les a indignement méconnus, c'est moi. Je vous ai aimé, je vous aime encore, vous voyez que je ne joue pas sur les mots; mais ce n'est pas de cela que je m'accuse. Je vous ai appartenu, c'est ma faute, c'est mon crime à moi, à moi toute seule. La première fois que vous m'avez dit : Je t'aime, j'ai senti tout moi s'élancer vers vous, j'ai été prise d'un bonheur qui m'a serré le cœur et obscurci la vue. J'aurais donné ma vie pour être libre, pure, et vous dire : Me voilà. C'est parce que j'eus ce désir, que, dégagé de votre présence, j'ai senti que j'étais perdue si je vous revoyais; je vous ai fui. Un hasard m'a rejetée sous le charme de notre amour; ce hasard, je ne m'en fais pas une excuse, car je l'ai accepté avec joie : je le sens, maintenant que je sais mieux ce que j'ai fait; ce hasard, il m'a semblé accompagné de circonstances qui devaient me mettre à l'abri de toute faiblesse ; et, sous ce bouclier, j'ai espéré sentir encore sans danger le charme de vous voir, de vous entendre, de sentir vos yeux sur les miens ; j'ai voulu goûter les félicités innocentes d'un amour coupable. Ceci est vrai, je l'ai espéré, je l'ai désiré ; j'ai choisi, dans le tumulte de mes désirs, ce qui, dans les préjugés vulgaires, ne souille pas. Voilà ce qui est mon crime, voilà ce qui est cause que c'est justice que vous ayez fait de moi votre maîtresse. Maintenant vous pourrez me dire : Le crime est accompli ; ce qui est ne peut être effacé ; il y a écrit sur votre front le mot adultère ; goutons au moins les joies de notre déshonneur. Tous les hommes disent cela en termes assez adroits pour persuader les femmes. Dieu sait, si vous veniez me le dire, si vous mettiez votre vie et votre bonheur à cette condition, qu'il faut que je sois sans cesse ce que j'ai été une fois, Dieu sait si je ne vous céderais pas. Je vous ai dit que je vous aimais encore. Vous voilà bien fort, n'est-ce pas ? vous voilà vous disant en vous-même : C'est le premier transport d'un remords insensé : je ne le heurterai pas de front, j'attendrai ; mon désespoir sera ma première éloquence, elle ne pourra me voir souffrir sans pitié ; et cela est vrai, monsieur, vous avez raison, vos sollicitations me seraient un malheur, et je ne dirais pas à mon mari, pour m'en défendre : Charles est mon amant ; non, monsieur, je ne le ferais pas. J'ai menti quand j'ai dit que je le ferais. Sous le prétexte de défendre ce reste d'honneur que je me suis créé en me décidant à ne plus vous voir, je n'irai pas dire à cet homme dont la confiance en moi a été si sincère, et qui me remerciait hier encore de son bonheur ; je n'irai pas lui dire : Vous êtes un époux déshonoré... je n'irai pas faire pleurer, autour du lit où il gagne lentement sa mort, mon désespoir parricide. Et, en vérité, chaque minute qui lui reste à vivre ne vaut-elle pas que je descende à l'infamie de le tromper ? n'est-ce pas le juste supplice qui m'attend, d'être obligée de lui sourire, de lui parler reconnaissance et dévouement, quand il n'y aura en moi qu'ingratitude et trahison ? La vanité de ne pas être une coupable endurcie sera-t-elle assez forte pour me donner le courage de réveiller ce noble vieillard de sa confiance, et pour lui crier : Adultère et infamie dans votre maison ! Me reste-t-il quelque chose qui vaille une larme de cet honnête homme ? Non, non, mille fois non. Voyez-vous, Charles, il faut le tromper ; mais il ne faut plus me parler ni me voir. Vous n'y souscrivez pas. Mon Dieu ! me comprendrez-vous enfin ? il faut que nous soyons morts l'un à l'autre. Oh ! ne voyez-vous pas que je mens depuis que j'ai commencé cette lettre ; qu'il y a un être infernal assis de l'autre côté de ma table, et qui me montre du doigt le véritable mot qu'il faut écrire ? ne voyez-vous pas que je tourne tout autour, que je cherche des raisons qui ne vous persuadent pas ? Ne vous rappelez-vous rien, ou m'avez-vous crue folle quand j'ai poussé ce cri qui vous a épouvanté ? ou vous êtes-vous mépris au véritable sens de ce mot ?... Mon Dieu ! je vous dis que je n'ose pas... il me semble que ce mot écrit va éclater comme la foudre en cette maison... J'ai peur ! j'ai peur ! On me l'a pourtant jeté au visage et vous me l'avez répété... mais il n'était pas vrai... maintenant il l'est. Oh ! si je ne me défiais de cette pensée, je deviendrais folle. Il fait nuit ; je suis seule dans ma chambre ; je regarde autour de moi... il me semble qu'il y a des êtres invisibles qui me tordent les cheveux et me serrent la gorge. Quelqu'un d'eux va me parler, il va me crier... la vérité... Non, mon Dieu ! non, ce n'est pas vrai... faites que cela ne soit pas... Charles, on t'a appelé bâtard... si tu l'étais, devine ton père... Oh ! tu me comprends enfin. Miséricorde du ciel ! protégez-moi ; et tu veux, Charles, que je te revoie, que je me redonne à toi, que je te parle ! Oh ! c'est affreux. Jamais, vois-tu ! jamais !... tu es heureux, tu peux mourir... moi, il faut que je vive : j'ai un père et un enfant. Sais-tu que ma vie est une abominable destinée... qu'elle est suspendue entre deux incestes ?... Sais-tu bien que je ne sais pas s'ils ne sont pas vrais tous deux ? Tiens, je te mens à chaque ligne. Sais-tu pourquoi je veux vivre ?... ce n'est ni pour mon père, ni pour mon enfant... c'est pour me repentir... Si

Dieu existe, il faut que j'aie beaucoup souffert pour qu'il me pardonne... et si l'enfer... venait avec ses tortures infinies, ses rires extravagants, ses flammes...

» Monsieur,

» Il fait grand jour ; j'ai trouvé cette lettre écrite sur ma table. Au dernier mot tracé, je me rappelle que j'ai cru voir des spectres autour de moi et entendre leurs gémissements. Je suis tombée sur le parquet d'où je viens de me relever... Je vous envoie cette lettre. Si elle ne vous fait horreur, qu'elle vous fasse pitié !

» Adieu.

» Henriette. »

XXII

DÉSESPOIR

Charles avait reçu cette lettre après une nuit passée dans d'horribles angoisses. Les derniers mots prononcés par Henriette, son délire, lui étaient restés comme un avertissement de malheur. Quand il reçut le billet qu'elle lui envoyait, une épouvantable nouvelle s'empara de lui ; en lisant toute la partie de cette lettre écrite dans la nuit, il avait frémi de voir la raison d'Henriette égarée, perdue. Il avait fait plus attention au désordre des idées qu'à ce qu'elles disaient. Mais lorsqu'il eut achevé, et que, dans les dernières lignes écrites, il vit que cette lettre avait été relue de sang-froid, après un évanouissement ou un délire de plusieurs heures, et que rien n'en démentait les expressions, il regarda le vrai sens de cette lettre, et frémit à son tour. Les propos de madame d'Avarenne, les prédictions de la somnambule, le mot d'Aubert, se représentèrent à son esprit, et l'idée qu'il pouvait être le fils de d'Aspert s'empara de lui. Certes, à y regarder de près, le crime de Charles Dumont était le plus infâme. C'était, si je puis parler ainsi, le crime moral, celui pour lequel il lui avait fallu tout oublier des principes de l'honneur, que ce vieillard l'avait adopté, l'avait nourri et fait entrer dans un état que son malheur d'orphelin lui eût peut-être à jamais fermé; qu'enfin il avait fait pour lui ce qu'il ne devait pas; et que lui avait profité de ce qu'il était devenu par ses bienfaits pour porter le déshonneur dans sa maison? N'était-ce pas là l'ingratitude dans ses plus honteuses conditions, le crime sans excuse? Eh bien! l'homme, et je dis l'honnête homme de nos lois sociales, est ainsi fait qu'il s'épouvante plus des crimes créés par des mœurs que des crimes naturels. L'ingratitude est un vice, sous quelque ciel qu'on vive et à quelque époque qu'on vive; l'inceste est le crime de quelques sociétés et des époques modernes. C'est un intérêt de bonnes mœurs qui l'a inspiré au législateur, et c'est parce qu'il est le fils de la loi que la loi s'est chargée de le punir, tandis que l'ingratitude est chose libre et dont on peut faire profit à son aise. Aussi Charles, si ce n'eût été que sa trahison vis-à-vis de son bienfaiteur, Charles eût bien éprouvé quelques remords; mais peut-être il eût fini par s'y habituer et par s'excuser, et sur l'exemple de tant d'autres et aussi sur l'excès de sa passion.

Mais dès que le soupçon qu'il pouvait être le fils de d'Aspert, soupçon qui détruisait la reconnaissance qu'il lui devait, puisque celui-ci n'avait fait qu'accomplir à son égard les devoirs vulgaires d'un père; dès que ce soupçon prit quelque consistance dans son esprit, il n'eut plus assez d'épouvante pour son crime, assez de détestation contre lui-même. Ce grand mot inceste, si solennellement prononcé dans l'éducation de nos idées, si effroyablement flétri dans nos histoires, dans nos poëmes, au théâtre et au sermon, ce mot vint le terrasser et le dépouiller de toute défense. Il comprit, sans rien s'expliquer, sans rien discuter même, qu'il ne devait plus revoir Henriette ni lui parler. Il n'essaya pas d'argumenter contre le mot inceste. Le fils adoptif eût trouvé de bonnes raisons contre son bienfaiteur; le bâtard n'imagina pas qu'il y en eût une seule contre son père. C'est à nous à expliquer cette disposition du cœur humain. L'essayerons-nous, et ne nous en fera-t-on pas un crime ? Voyons.

Ne pourrait-on pas dire qu'il y a dans tout homme un sens social par lequel il perçoit le bien et le mal qu'on fait à la société dans toute l'étendue de ce mal ou de ce bien ? n'est-ce pas lui qui fait si saintement respecter les lois basées sur de justes idées d'ordre et d'intérêt général, qui fait de l'adultère et de l'inceste de si grands crimes, quoique la nature humaine puisse les répudier ? En effet, qu'importent l'inceste et l'adultère à la nature ? Dira-t-on qu'ils sont crimes pour d'autres raisons que pour des raisons sociales ? Mais l'alliance des parents offense-t-elle autre chose que des mœurs écrites ? Et cela est si vrai, que l'inceste a été plus large qu'il ne l'est aujourd'hui, qu'il y a eu l'inceste des alliés, qu'il existe encore et qu'on parle de le restreindre. Qu'est-ce que l'adultère ? n'est-ce pas parce qu'il est un vol qu'on en fait un déshonneur ? Tuez l'hérédité des noms et des biens ; faites qu'on ne reçoive de son père ni un nom à part, ni une fortune, et l'adultère, qui ne porte plus préjudice à personne, n'est plus un crime, il n'est plus une honte. Que pourrait-on conclure de ceci ? c'est que ce sont les lois, ou plutôt les nécessités sociales qui font la morale, ou du moins une bonne partie de la morale, et que par conséquent c'est une œuvre difficile que de constater ces nécessités et de leur faire des lois pour les protéger. Je voudrais bien savoir si jamais ces messieurs de la Chambre des députés ont pensé à tout cela. Ils peuvent répondre qu'ils ne sont pas assez bêtes pour cela ; à quoi on pourrait répliquer que le plus ou le moins n'y fait rien, et qu'il faut autre chose que vivre de mauvaises lois sociales pour se résoudre à les corriger.

Charles était donc dans un état de stupéfaction horrible. Tant que le crime lui parut certain, irrécusable, il n'éprouva qu'un besoin irraisonné de fuir, de se cacher à tous les yeux. Enfin le calme lui ramena le doute, et le doute fut une consolation ; mais comment le faire cesser ?

comment s'éclairer sur son véritable état? Qui fallait-il interroger? D'Aspert? c'était la dernière des lâchetés. Henriette? il n'eût pas osé; et puis l'issue pouvait être affreuse. Toute la journée se passa à prendre les résolutions les plus contraires; mais, parmi tous les projets qui s'agitaient dans l'âme de Charles, celui de revoir Henriette ne lui vint pas. L'idée de son crime était trop flagrante, elle lui pesait trop encore pour qu'il pût avoir un pareil désir.

Il n'avait d'incertitude que sur la manière d'exécuter le devoir qu'il s'était imposé, celui d'éviter toute relation avec Henriette.

Mais les plus misérables circonstances de la vie sont bien plus puissantes que les plus nobles sentiments. Comment quitter la forge? quel prétexte à un départ subit? L'explication qu'il avait donnée à d'Aspert de son entrevue avec Henriette lui offrait-elle une excuse raisonnable, et, s'il l'alléguait, ne serait-ce pas d'Aspert lui-même qui chercherait un éclaircissement? et lui, Charles, pourrait-il s'irriter contre un père qui lui demanderait : Êtes-vous mon fils? Il en était là, lorsqu'un domestique vint avec ces mots bien vulgaires et qui font descendre l'homme du faîte de ses idées pour le soumettre aux petites exigences du vivre :

— Monsieur, on a servi, on vous attend pour se mettre à table.

N'y pas aller sous prétexte d'indisposition, c'était amener tout le monde chez lui une heure après, c'était dire à d'Aspert : La scène d'hier a été plus grave qu'on ne vous l'a dit. Alors il vint à la pensée de Charles qu'Henriette avait sans doute pris pour elle cette excuse d'indisposition pour ne pas descendre; il ne s'imagina pas qu'elle pût être venue à ce dîner; il s'y rendit.

En entrant il vit Henriette; elle était debout devant le piano; elle se retourna quand il entra. Contre son ordinaire elle était parée, et son visage, du moins comme Charles le vit à ce moment, était rayonnant de fraîcheur.

D'Aspert ne lui laissa pas le temps d'être confondu.

— Ah çà! lui dit-il, tu n'as pas paru de la journée; ne

vas-tu pas faire comme madame ma femme et bouder parce que vous vous êtes dit quelques mots piquants ? Allons, donnez-vous la main et embrassez-vous.

Charles ne savait s'il devait demeurer ou fuir. Henriette s'avança vers lui et lui tendit la main : il ne vit plus rien autour de lui ; un bourdonnement sourd l'étourdit. Bizot le prit sous le bras.

— Ah! vous avez de la rancune! lui dit-il en le menant vers Henriette.

— Allons, s'écria d'Aspert, réconciliation complète, embrasse-la.

Henriette se pencha vers Charles et effleura ses joues. Bizot les cachait tous deux au général.

— Voilà qui est bien, dit-il ; maintenant à table.

Charles avait l'air d'un insensé. Henriette, en passant près de lui, lui dit à voix basse :

— Regardez-moi ?

Par ce même mouvement machinal qui l'avait fait obéir à tout ce qu'on avait voulu de lui, il leva les yeux sur elle. Henriette était peinte de rouge, elle avait mis un masque à sa pâleur. Ses yeux seuls, vacillants dans leur orbite, attestaient qu'elle se brisait à paraître calme. Charles eut honte de ne pas tenter ce que pouvait une femme. Il remit à plus tard à s'expliquer les projets d'Henriette et sa conduite. Le dîner se passa comme aux jours d'ennui : quelques paroles échangées çà et là ; chacun avait assez à s'occuper de ses pensées pour ne pas observer l'attitude des autres. Madame Bizot traduisait tout cela par une brouille d'amants; Bizot peut-être aussi. Lussay craignait que les dispositions testamentaires du général n'eussent amené des explications pénibles sur la naissance de l'enfant d'Henriette. Quant à d'Aspert, en se rappelant la colère de Charles, le jour où il avait été appelé bâtard, il s'imaginait qu'il avait sur ce chapitre des idées si exagérées d'honneur et de délicatesse, qu'il s'était irrité de quelques paroles maladroites d'Henriette; que, dans son emportement, il lui avait répondu quelque chose de relatif à son fils, et que de là était venue une discussion où il leur avait été facile

de se blesser mutuellement. La matière était si délicate
pour tous deux, qu'il n'avait pas voulu les interroger :
l'obligation où il les eût mis de répéter les griefs qu'ils
pouvaient avoir l'un contre l'autre, eût été presque aussi
cruelle que la discussion elle-même. Le dîner se finit ainsi ;
la soirée se passa à peu près de même, et Charles et Henriette se dirent que, puisqu'ils avaient vécu ainsi ce jour-là, ils pourraient encore vivre ainsi le lendemain, jusqu'à
un parti décisif pour sortir de cette position. Le lendemain
passé devint la raison du surlendemain, et, de jour en
jour, ils passèrent ainsi une semaine, pendant laquelle ils
s'accoutumèrent à jouer leur rôle.

Mais ce fut tout ce qu'ils gagnèrent sur eux-mêmes ; ils
parvinrent à rassurer leur extérieur sans se défaire de leur
désespoir secret. Leur situation leur paraissait insupportable ; ils ne pouvaient en sortir en rentrant dans le crime
qu'ils détestaient tous deux, et il leur semblait impossible
d'y rester. Ce fut Henriette qui chercha la première à fuir
l'obsession de ses idées. Il y a bien longtemps que j'ai lu ou
entendu ce mot : L'homme n'oublie pas, il remplace. Cette
distinction, qui ne paraît que subtile, est exactement vraie.
On tue une passion par une autre, une pensée par une autre, c'est quelquefois une occupation qui suffit pour cette
victoire ; mais le cœur ni l'esprit ne peuvent rester vides
quand on a de l'esprit et du cœur. Tant qu'Henriette demeura avec le souvenir seul de sa faute, elle eut tous les
remords du premier jour ; quelquefois même ils s'exaltèrent
jusqu'à lui rendre ce délire qui lui avait dicté sa lettre à
Charles. Elle n'éprouvait de soulagement que lorsqu'un
devoir de sa maison ou un entretien à suivre mettaient
d'autres pensées à la place de celles qui la poursuivaient.
Elle s'épouvantait d'être seule et avait honte de chercher
de la distraction ; car cette distraction, elle ne pouvait la
demander qu'à des personnes qui lui faisaient mal à tout
propos. Comment passer les journées avec madame Bizot,
avec cette femme à laquelle elle ne pouvait s'empêcher de
se comparer, au-dessous de laquelle elle était descendue,
et à qui elle eût rougi de ressembler ? Fallait-il choisir son

père? mais il pouvait questionner ; et d'ailleurs il fuyait la maison comme à l'ordinaire. Devait-elle s'adresser à son mari? mais chaque parole, chaque regard devaient être un coup de poignard. Restait Bizot; elle ne put se réduire à Bizot ; d'ailleurs, elle le jugea insuffisant. Et puis, avec des émotions aussi fortes que les siennes, ce n'était que par un intérêt puissant qu'elle pouvait s'y soustraire, et certes cela est difficile à trouver pour une femme. Peut-être que, dans une autre position, elle eût tourné son esprit vers l'ambition des arts, peut-être vers le jeu. Et puisque j'ai laissé aller ce mot, je me permettrai de dire ma pensée sur un ouvrage fort remarquable de notre époque, passablement déchiré par la critique étroite de nos journaux. Il s'agit de la *Passion secrète* de monsieur Scribe. Presque personne n'a voulu voir tout l'immense talent de vérité et d'observation qu'il y a dans cette pièce. La donnée en a été traitée de fausse, parce qu'elle était pénible. On a contesté, malgré les galeries de la Bourse qui regorgent de joueuses, que le jeu fût une passion féminine. Et pourquoi cela? parce que c'était une vérité peu aimable pour les femmes, peu aimable pour les hommes qui peuvent être oubliés pour un report; parce qu'enfin le public veut avant tout qu'on le flatte, qu'on lui trouve des vertus héroïques ou des vices si aimables que c'est mieux que la vertu. Mais si vous lui prouvez qu'il est égoïste, dur, occupé de misérables intérêts, il se fâche, et il vous dit : Ceci n'est pas vrai. Puisque je discute, je réponds à l'objection qu'on pourrait tirer de *Bertrand et Raton*. Bertrand n'a-t-il pas charmé le public, et Bertrand n'est-il pas un ambitieux sans foi ni loi, qui sacrifie tous les honorables sentiments au succès de ses ruses? Sans doute ; mais, comme il est spirituellement faux, agréablement traître! comme il a le droit de se moquer de tous les sots qui l'entourent! Dans notre temps de corruption politique, avec nos fortunes politiques actuelles, la probité de nos hommes d'État, qui ne voudrait être Bertrand, et qui ne rougit de ne pas l'avoir été, lorsque tant de faquins le sont à si peu de frais? Et puis, Bertrand réussit, voilà la grande condition. Notre siècle a-t-il quelque chose à reprocher à qui réussit ? Le succès, n'est-ce pas la vertu et le génie ? demandez plutôt à nos ministres ; car enfin, il faut bien qu'ils aient quelque chose : ils ont le succès.

Henriette, ainsi tourmentée du désir de se défaire de la présence perpétuelle de son crime, chercha une occupation. Celle à laquelle elle s'arrêta ne fut pas de son choix, et fut par conséquent toute-puissante. On s'impose difficilement une idée ; mais lorsqu'on est en quête d'une pensée qui nous entraîne, on rencontre souvent et on suit celle qu'on n'eût certes pas préférée, et qui nous eût paru impossible.

Une discussion politique amena ce résultat. Alors s'agitaient dans toute la France quelques tronçons vivants de l'esprit de l'empire, quelques hommes à qui l'humiliation de la France et peut-être aussi leur propre humiliation rendaient insupportable le joug des Bourbons aînés. Il y eut des choses qui émurent les plus indifférents. Grenoble, Lyon, les ordres télégraphiques de monsieur Decazes, furent des motifs de malédiction ; sous plus d'un tort isolé, cette justice volante alluma plus d'une colère, fit exhaler plus d'un serment de mort. Elle fit éclater dans l'âme d'Henriette un cri d'abord tout personnel :

—Ah ! que les hommes sont heureux de pouvoir se mêler à ces efforts généreux de la France ! Et lors même qu'ils ne réussissent pas, c'est une issue au désespoir, une mort qui n'a pas l'inutilité du suicide. Fussent-ils abandonnés de tous leurs amis, brisés dans leurs affections intimes, dépourvus de toute espérance personnelle, ils peuvent se rattacher à la grande espérance de la patrie. On ne leur demande pas quel intérêt les y jette ; on ne prend leur vie qu'au moment où, employée au service de tous, elle devient le patrimoine de tous. C'est à peine si l'on s'informe s'il y avait avant cette époque déshonneur dans cette existence, et le malheur y est compté comme un titre.

Ces phrases jetées au hasard ne furent d'abord qu'un symptôme de cette impatience de la femme qui se contente de la vie étroite que nos lois et nos mœurs lui ont faite, tant que cet espace, où il faut qu'elle tourne, n'est pas rempli jusqu'aux bords d'amertume et de douleur, mais qui se révolte contre l'esclavage de ses actions, quand le cercle où elles sont enfermées est hérissé d'angoisses et de douleurs. Alors, et seulement alors, elle maudit sa condition et voudrait entrer en partage des dangers de l'homme, de ses chances de combat et de mort. La douleur leur a créé l'ambition.

Henriette avait beau dire, il fallait demeurer où elle était : elle eût voulu se mêler activement à tous ces mouvements qui remuaient sourdement la France, elle y eût offert sa vie et sa fortune, que la défiance ou le mépris des hommes l'eût rejetée. Elle en prit du moins ce qu'elle put, et, faute d'y participer d'action, elle y voua sa pensée. Chaque jour elle attendait impatiemment les nouvelles de Paris : elle se mêlait de cœur aux débats des représentants du pays, prenait parti pour les mécontents, se faisait un enthousiasme pour les grands orateurs, une haine pour leurs ennemis. Bientôt la conversation fut une arène politique où elle appelait tous ceux qui l'entouraient, les étonnant de la chaleur de ses opinions, les étourdissant de leur hardiesse. D'Aspert lui-même, qui d'abord avait souri de l'exaltation de sa femme, puis qui en avait été enchanté, s'en alarma en homme qui ne se soucie pas de compromettre le repos de sa maison pour un mot entendu par un domestique et rapporté à un procureur du roi. A ce moment, il n'en fallait pas plus pour que l'autorité supprimât un homme de sa famille et le jetât dans une prison. La fin de la prison n'épouvantait pas d'Aspert, à vrai dire; en résultat définitif, les propos de sa femme l'eussent fait accuser de conspiration, que la mort était tout ce qu'il y avait de pis au bout des craintes gouvernementales, et d'Aspert n'avait point crainte de la mort; mais, pour arriver à celle-là, il fallait passer par des chemins qui l'épouvantaient. Il avait la goutte et ne voulait pas coucher dans une prison humide; il s'était fait à la bonne chère de sa maison, et ne pouvait penser, sans frémir, au pain et à l'eau des cachots. Nier que ces petites craintes n'entrent pour beaucoup dans la terreur qu'éprouvent les hommes les plus braves à se mêler à une conspiration, c'est parler contre l'expérience. Tout homme qui marche à une bataille a plus de chance de mourir que celui qui s'associe à un complot, et pourtant on compte comme rares ceux qui reculent au combat; on compte comme plus rares ceux qui conspirent. Si l'on veut faire valoir comme obstacles les idées d'honneur ou d'attachement, on répondra que la haine et le mépris des citoyens pour le pouvoir sont quelquefois universels, sans qu'il se trouve vingt individus pour comploter la perte de ce pouvoir. Que de gens se sont mis à portée des balles dans la révolution de 1830, qui eussent frémi à l'idée d'encourir un mandat d'arrêt! Certes, il y eut plus de victimes de la résistance des Bourbons dans ces trois jours, qu'ils n'en eussent osé jeter sur l'échafaud s'ils eussent triomphé. Eh bien! si, au lieu de prendre un fusil pour se battre, il avait fallu saisir une plume pour protester, on n'eût pas trouvé la centième partie de ceux qui se sont fait tuer : et véritablement on en a trouvé bien peu. C'est qu'on a beau dire, la mort n'est pas le suprême danger de l'homme en société. La séparation de sa famille, la privation du bien-être accoutumé, l'interruption violente des habitudes prises, tout ce cortége de la vie, qui est essentiellement la vie, voilà ce qu'on craint de perdre ou de risquer.

Mais si cette crainte dictait à d'Aspert les sermons modérés par lesquels il voulait calmer sa femme, cette crainte devait être impuissante contre elle, puisque tout ce qu'il redoutait de perdre, elle était malheureuse de le subir. Aussi ne faisait-il qu'accroître l'exaltation d'Henriette par la résistance et la discussion; et presque toutes se terminaient par ce mot : — Ah! si j'étais homme!

Un autre aussi souffrait comme elle, un autre était dans cette même position de désespoir, et il était homme. Les paroles d'Henriette ne pouvaient impunément le frapper. Lui aussi avait cherché une issue à la situation intolérable de son cœur. Assurément elle n'était pas la même que le premier jour. L'idée de son crime l'épouvantait encore; l'interdiction souveraine, que ce crime lui faisait d'aucune espérance d'amour et de bonheur, entrait aussi pour beaucoup dans son malheur. Avoir séduit la femme de son père était un horrible remords; mais ne pouvoir plus prétendre à l'amour d'Henriette était un plus horrible désespoir. Enfin, soit qu'il saisît cette occasion de se détourner de lui-même comme offerte par le hasard; soit que, ce qui est plus probable, il considérât les discours d'Henriette comme un avertissement indirect, et qu'il trouvât une sorte de consolation à agir encore selon ses idées, à s'associer encore à elle par cette obéissance et par cet accomplissement de ses désirs, Charles tourna ses pensées du côté des intérêts politiques qui intéressaient Henriette. Et c'est parce qu'elle l'eût fait si elle avait pu, qu'il le fit, lui qui le pouvait.

Nous avons dit qu'à l'époque de l'arrivée de Charles, il y avait, parmi le peuple du pays qu'il venait habiter, des signes de mécontentement, des bruits sourds d'organisation secrète. Souvent autour de lui on avait fait résonner de ces mots qui ne demandent qu'une réponse qui les accueille pour être suivis d'une confidence; mais Charles, occupé d'aimer, n'y avait pas pris garde le plus souvent; et, lorsque ces mots furent assez clairs pour qu'il ne pût s'y tromper, il imposa silence. Dès les premiers temps de son arrivée, il avait été l'objet de beaucoup d'espérances; son état d'officier en demi-solde, son courage, sa résolution, l'aventure même d'Aubert, avaient appelé sur lui l'attention des hommes qui dirigeait la grande association politique qui tenait toute la France. Le peu d'accueil qu'il fit aux murmures qui couraient autour de lui détourna d'abord les premières intentions qu'on avait eues à son égard; mais bientôt l'influence qu'il acquit sur les ouvriers, le nombre qu'il en possédait sous son obéissance, rendirent sa conquête précieuse. Ce n'était pas un seul homme qu'on gagnait avec Charles, c'était un chef qui pouvait dire à cinq cents hommes résolus : Voilà ce qu'il faut faire ; et qui eût été écouté sans discussion des motifs de cet ordre, sans s'informer du but où il devait conduire. C'était aussi un homme capable de faire exécuter ce qu'il eût ordonné. Il avait le courage et les talents qu'il fallait pour cela, et ceux qui avaient les yeux fixés sur lui croyaient l'avoir assez étudié pour être assurés qu'une fois engagé, il marcherait jusqu'au bout dans la route qu'il aurait entamée. Rien n'était donc plus facile à Charles que de se mêler vite et que d'entrer avant dans les machinations qui s'organisaient autour de lui ; aussi lui fallut-il peu d'efforts pour se faire comprendre, ou plutôt, dès qu'il voulut comprendre ceux qui tournaient autour de lui, il trouva ce qu'il désirait : une occupation et un danger.

XXIII

RETOUR AU MAGNÉTISME

La belle saison était revenue. Elle ramena la duchesse d'Avarenne à sa terre de l'Étang. Avec elle arrivèrent des bruits de mille sortes qui la concernaient. Elle avait obtenu, disait-on, une nomination à la Chambre des pairs pour le gendre qu'elle choisirait, avec le droit de faire passer son nom et titre. Julie accompagnait sa mère, et l'on parlait beaucoup de la brillante réunion des prétendants qui devait avoir lieu au château. Cependant on n'en désignait aucun comme préféré, et l'on s'étonnait même de ce qu'elle eût quitté Paris en de telles circonstances. Une fois la première émotion de cette arrivée épuisée dans la conversation, il n'en fut plus question. Seulement on crut qu'un fils de banquier immensément riche, et qui était allié à un des ministres, pouvait être considéré comme celui qui devait payer de ses millions la position et les titres promis à la duchesse.

Pendant ce temps, la vie de la forge était devenue bien différente de ce qu'elle avait été un moment. La présence des Bizot avait maintenu les soirées, quoiqu'elles n'eussent plus rien d'intime et d'amusant; le général, tout à fait perclus, s'y faisait descendre, préférant le danger de ce dérangement à l'ennui de sa chambre. Mais dès que les Bizot furent partis, tout se désorganisa. Henriette se fit un devoir de ne plus quitter la chambre de son mari; Charles y venait passer quelques moments et se retirait de bonne heure. Quant à Lussay, le retour de la belle saison lui permettait de reprendre ses excursions, même après l'heure du dîner, et on ne le voyait presque plus. Charles faisait de fréquentes absences; les affaires du général lui fournissaient assez de prétextes. Tout paraissait calme à l'extétérieur, et cependant il y avait dans tout cela une crainte vague qui semblait annoncer une catastrophe. Personne ne savait où elle était ni d'où elle viendrait : mais il y avait un événement dans l'air. Tout le monde était soucieux, chacun avait de suffisantes raisons pour l'être, et cependant aucun n'attribuait sa tristesse à ces raisons. Y aurait-il un instinct qui annonce à l'homme les malheurs qui doivent l'atteindre? en vérité, je serais tenté de le croire. Ou bien ce que je nomme instinct ne serait-il pas plutôt une observation intuitive de mille circonstances qui n'ont point de liaison entre elles, qui n'ont point de valeur particulière capable de déterminer une crainte, et qui cependant produisent toutes ensemble une terreur sans objet, un effroi de la situation où l'on se trouve? Quoi qu'il en soit, quelque temps après la scène que nous venons de rapporter, Henriette était seule près de son mari malade. D'Aspert était accablé; Henriette était triste.

— Mon Dieu! se disait-elle, comment tout ceci finira-t-il? Mon courage s'en va à vivre ainsi que je le fais. Pas un cœur à qui me confier; à peine quelques heures où je puisse pleurer en liberté. Puis, que fait Charles? que devient-il? il s'absente. Quelle étrange situation que la nôtre! Pas un mot d'explication entre nous. Cela se conçoit-il? Hélas! cela se pouvait-il autrement? Comment nous parler? que nous dire? J'en serais morte de honte et de terreur. Mais lui qui ne l'a pas tenté; car enfin mon remords m'a égarée; rien n'est sûr, et même il y a lieu de croire que Charles n'est pas le fils de d'Aspert. Oh! que je me fais pitié! Mais si nous avions trouvé que cela fût vrai, il fallait donc nous tuer tous deux. Il a bien fait de ne vouloir rien apprendre. D'ailleurs, je le lui avais ordonné. Il m'a obéi, car il m'aime encore... oui, il m'aime : et moi !... Mais je suis infâme de penser tout cela. Mon Dieu ! si cet homme, qui est là sur ce lit, pouvait ouvrir mon cœur comme un livre, et y lire tout ce qui s'y passe, quelle épouvante le saisirait ! Le malheureux ! il n'a jamais rêvé qu'il y eût tant d'infamie sur la terre. Quel cri de désespoir pousserait-il en découvrant qu'il vit entouré de cette infamie ! Certes ce serait un pouvoir bien cruel que celui-là. Qui sait ce que nous découvririons dans le cœur de ceux sur qui nous comptons le plus ? qui sait si Charles m'aime encore ?... Cette idée, toujours cette idée ! J'aimerai donc cet homme jusqu'à la mort ! Si quelqu'un s'en doutait... Bizot le savait ; sa femme, elle a été jalouse, je l'ai blessée ; elle doit s'en douter : à sa place, j'en serais certaine. Et mon père... je n'ose y penser. Lui qui a arraché tant de secrets au sommeil magnétique, si jamais il surprenait mon secret ! Depuis quelque temps je l'observe, il se parle seul, il semble avoir atteint un but longtemps poursuivi ; mais il y a dans sa satisfaction quelque chose qui me dit que c'est un malheur qu'il prépare. On ne se réjouit pas ainsi d'un bien qui nous arrive ; on ne sourit ainsi qu'au mal qu'on va faire... Si mon père, car depuis longtemps je ne comprends plus rien à mon âme, rien à ses desseins ; si mon père m'avait devinée et voulait me faire payer les soupçons que ma douleur m'a inspirés contre lui ? N'ai-je pas levé le mot inceste sur sa tête ?... ne veut-il pas le faire tomber sur la mienne ? Mon père... Hier il m'a regardée longtemps de ses yeux ardents... Il a laissé échapper des mots où il parlait de vengeance... Si mon père...

Lussay entra.

Henriette douta que ce fût lui ; il lui parut trop extraordinaire qu'il arrivât à l'instant précis où la crainte de sa présence l'occupait. Puis, quand elle fut assurée que c'était lui, elle crut y trouver une prédestination fatale, et elle considéra ce moment comme celui où allait éclater le dénoûment de sa situation. Lussay lui fit un léger signe et lui dit à voix basse :

— Il faut absolument que je vous parle.

— C'est vous, Lussay, dit d'Aspert, qui avait entendu ; qu'avez-vous donc à dire à Henriette de si secret ? Ne puis-je le savoir ?

Lussay parut hésiter à répondre, puis il ajouta :

— Au fait, il faudra que vous le sachiez tôt ou tard; d'ailleurs, vous seul pouvez décider de ce qu'il faut faire.

D'Aspert se souleva sur son lit pour mieux écouter, car Lussay s'était assis comme un homme qui a une longue confidence à faire.

— De quoi s'agit-il ?

— De Charles Dumont, répondit Lussay.

— De Charles ? répéta Henriette, que sa conscience tourmentait à ce point que ce nom prononcé lui paraissait une accusation.

— Eh bien ! dit d'Aspert, qu'a-t-il fait ?

— Il s'est perdu, ou peu s'en faut : il s'est mis dans un complot qui ne tend pas moins qu'au renversement du gouvernement, et dans ce complot il s'est trouvé des traîtres.

D'Aspert regarda Henriette d'un air d'effroi et de surprise.

— Comprends-tu cela, Henriette ? Charles faire une pareille folie !

Henriette l'avait déjà trop bien compris. Il ne lui avait pas fallu beaucoup de temps pour se figurer le désespoir de Charles obéissant à cette exaltation politique qu'elle avait manifestée devant lui. C'était le seul dévouement qui lui fût permis, et il ne l'avait pas laissé échapper : elle eut remords et ne put s'empêcher de dire :

— Pauvre Charles !

Ce mot ne répondait guère aux sentiments que d'Aspert avait dans son cœur; mais il ne le remarqua pas, et, s'adressant vivement à Lussay, il lui dit :

— Mais, voyons, qui a pu vous donner de tels renseignements? car, à présent que j'y réfléchis, une conspiration dénoncée, c'est une affaire assez compliquée; car il faut d'abord le délateur du complot, et puis le délateur de la délation.

— Eh bien! ces deux délateurs ne sont qu'un seul homme, dit Lussay, et cet homme, c'est Pierre Aubert.

— Pierre Aubert! répétèrent ensemble d'Aspert et Henriette.

— Écoutez-moi, dit Lussay, et vous, général, n'interrompez pas mon récit de vos observations incrédules; n'oubliez pas qu'il y va de la tête de Charles, de la tête de votre fils.

— De mon fils? s'écria d'Aspert.

— De son fils, répéta Henriette avec un trouble inouï; de son fils? En êtes-vous sûr?

— Sûr? non. Je ne puis avoir que l'assurance qui m'est donnée par un autre.

— Expliquez-vous donc! s'écria d'Aspert.

— Eh bien, dit Lussay, vous vous rappelez ce jour où Charles chassa ce Pierre Aubert? Je rencontrai cet homme dans la forêt, jurant et maudissant Charles, le général, toi-même, Henriette : il lui fallait une victime. Il me rencontra et m'aborda avec des injures et des menaces; il s'exaltait, et je prévoyais qu'il allait se porter à des voies de fait. J'étais seul, sans armes, je ne pouvais lui échapper. Cependant j'étais sans crainte : des expériences répétées, un exercice continuel, m'avaient assuré de la puissance que je portais en moi; j'attendis le moment où cet homme s'avança, je lui portai la main au front en lui jetant tout le poids de mon fluide magnétique, et en lui disant : Arrête-toi et dors! A l'instant même, il s'arrêta et tomba comme frappé d'un coup de massue. Ce n'est pas là ce qu'il y a de plus étonnant dans cette aventure; cette puissance, je l'ai exercée sur beaucoup d'hommes, et cet ouvrier avait été souvent témoin de mes expériences. L'imagination peut avoir aidé à ma puissance sur lui; ma tranquillité devant ses injures avait déjà pu le surprendre; enfin, j'ai obtenu un résultat plus immense, un résultat dont bientôt vous verrez la terrible expérience, un résultat qui sera l'accomplissement de la vengeance promise... Mais je m'écarte; je reviens à Pierre Aubert. Vous comprenez qu'à partir de ce jour, cet homme devint mon esclave. Je lui fis faire le récit de sa querelle avec Charles, plutôt pour expérimenter que par curiosité. J'appris alors cette épithète de bâtard qu'il lui avait donnée, je voulus en savoir la raison. J'eus beaucoup de peine à l'obtenir, et ce ne fut qu'après plus d'un mois de magnétisme que je le déterminai à une soumission complète. Il m'apprit qu'étant à Paris, où il exerçait l'état de serrurier, il se trouva chez un avocat où il réparait les sonnettes dérangées, lorsqu'il entendit prononcer plusieurs fois le nom de Dumont, sous lequel il avait servi. Il m'avoua qu'il avait écouté, et que, parmi le peu de mots qu'il avait pu saisir, on avait répété souvent que Charles n'était pas le fils de Dumont.

— Quel est le nom de l'avocat où cela se passait? dit d'Aspert.

— Aubert n'a pu me le dire, ni celui de la personne avec laquelle causait cet avocat.

— D'où vient donc, dit le général, que vous avez dit que Charles pouvait être mon fils?

— C'est que j'ai rapproché alors beaucoup de circonstances; c'est que tous les soins que vous avez pris de Charles, vos anxiétés quand vous l'avez cru mort, votre joie à le revoir, et puis mille choses, qui n'ont acquis de portée qu'une fois que la révélation m'a mis en voie de me les rappeler, m'ont donné ce soupçon.

— Ce n'est donc qu'un soupçon? dit Henriette; ah! béni soit le ciel!

— Pourquoi? dit d'Aspert... autrefois vous sembliez souhaiter qu'il fût mon fils, et maintenant...

— Maintenant... dit Henriette en hésitant.

— Ah! dit d'Aspert, il y a quelque chose entre vous depuis le jour où vous avez eu une explication à ce sujet. C'est depuis ce temps qu'il a déserté pour ainsi dire la maison.

— C'est aussi depuis ce temps, dit Lussay, qu'il paraît s'être associé aux projets des machinateurs.

Cette interruption, en ramenant la conversation à son véritable objet, sauva Henriette de l'embarras d'une réponse. D'Aspert continua :

— Est-ce de Pierre Aubert que vous avez appris le danger de Charles?

— De lui-même, dit Lussay. C'est en jetant mes questions au hasard sur l'emploi de ses journées, qu'il m'a dit qu'il faisait partie d'un complot; puis, que Charles s'y était mêlé, et enfin que, n'ayant pas d'autres moyens de se venger de lui, il l'avait dénoncé, ainsi que tous ses complices.

— Et depuis quand cette dénonciation est-elle faite?

— Mais, depuis trois semaines au moins.

— Alors c'est une fable, reprit d'Aspert. Aurait-on tardé si longtemps à arrêter Charles et ses amis?

— Et si l'on veut les laisser se compromettre plus qu'ils ne le sont, si l'on attend quelque commencement d'exécution?

— Mais ce Pierre Aubert doit craindre que vous ne révéliez le secret qu'il vous a confié?

— Oubliez-vous, reprit Lussay avec impatience, que cet homme n'a dans la veille aucun souvenir de ce qu'il me dit pendant le sommeil?

D'Aspert avait un préjugé si décidé contre le magnétisme, qu'il se refusait à croire les révélations de Lussay; cependant il y allait d'un si grand intérêt, qu'il ne savait quel parti prendre; enfin il se décida à quereller Lussay.

— Pourquoi, lui dit-il, ne pas nous informer plus tôt?

— Parce que, dit Lussay, je m'étais imposé de ne jamais rien trahir des secrets que je pourrais découvrir par ma puissance : notre mission ici-bas est un sacerdoce qui ne demande pas moins de secret et d'intégrité que celle d'un prêtre qui entend la confession d'un pénitent.

— C'est absurde, dit d'Aspert, puisque vous nous avertissez aujourd'hui.

— C'est qu'aujourd'hui, et aujourd'hui seulement, j'ai appris la délation d'Aubert, quoiqu'elle soit ancienne; et ne croyez pas cependant que j'eusse abusé de ce que je savais, si cet homme n'eût donné droit de le trahir en trahissant lui-même ses complices. Vous savez mes opinions : elles sont contraires à celles des conspirateurs; mais je n'ai pas mandat d'employer notre sublime science à des espionnages; celui que je me suis donné est plus noble et plus élevé.

— Encore vos folles rêveries! s'écria d'Aspert; tâchons plutôt d'aviser aux moyens de sauver Charles.

— Vous me croyez donc enfin? dit Lussay, en qui la joie d'avoir confondu l'incrédulité de d'Aspert était plus forte que l'intérêt qu'il prenait au salut de Charles.

— Je vous crois! je vous crois! dit d'Aspert avec colère; le sais-je?... mais enfin, sérieusement, croyez-vous vous-même à ce que vous dites ?

— J'ai fait ce que je devais, répondit Lussay; c'est à vous à décider.

— Maudit enragé ! s'écria d'Aspert, il est fou.

Peut-être, en ce moment, la querelle sur le magnétisme allait recommencer, et faire perdre de vue aux deux discutants le véritable objet dont ils devaient s'occuper, lorsqu'un grand bruit se fit à l'intérieur de la maison. On frappa à la porte à coups redoublés, et ce cri : « Ouvrez, au nom de la loi ! » répondit aux questions des domestiques qui interrogeaient les arrivants à travers la porte. Il fallut ouvrir; des gendarmes se présentèrent; la maison était entourée. On demanda le nommé Charles Dumont, et l'on fit les perquisitions les plus exactes, mais sans le découvrir. Enfin les gendarmes étant arrivés dans la chambre de d'Aspert pour la visiter exactement, celui-ci demanda en vertu de quels ordres on violait son domicile. Le lieutenant qui commandait l'expédition lui exhiba un mandat d'arrêt qui ordonnait l'arrestation immédiate de Charles, comme accusé de complot tendant au renversement du gouvernement du roi.

Après les révélations de Lussay, cet ordre n'avait rien

d'extraordinaire que la rapidité de son arrivée ; mais ce qui surprit étrangement le général, c'est l'autorité d'où il émanait. Il était signé par un commissaire extraordinaire chargé de l'information, et ce commissaire extraordinaire était le baron de Prémitz. A ce nom, Lussay laissa éclater une joie si extravagante, qu'on eût pu raisonnablement supposer qu'il devenait fou.

— Enfin ! s'écria-t-il... Oh ! c'est un pouvoir surnaturel qui me l'envoie. Où est-il ? il faut que je lui parle.

Le lieutenant, s'imaginant qu'il espérait quelque chose de lui en faveur de Charles, répondit :

— Je l'ai laissé hier à N...; mais ce soir il a dû se rendre au château de l'Étang, chez madame la duchesse d'Avarenne ; en vous y rendant demain de grand matin, vous l'y trouverez encore.

— Demain, dit d'Aspert, il serait trop tard. Qu'on mette les chevaux, qu'on m'habille. Henriette, nous allons partir.

— Oui, oui, dit Lussay, à l'instant même, il faut que je voie cet homme.

— Il faut que je voie la duchesse, dit d'Aspert.

— Monsieur, ajouta-t-il en s'adressant au lieutenant, puis-je vous demander un service ? voulez-vous suspendre l'exécution de vos ordres jusqu'à mon arrivée auprès de madame d'Avarenne ?

— Cela m'est impossible de toute façon, dit le lieutenant : en premier lieu, je n'en ai pas le droit, et, en outre, mes hommes battent tous les environs, avec ordre d'arrêter Dumont, dont ils ont le signalement ; on doit l'amener ici dès qu'on l'aura rencontré, et nous devons le conduire immédiatement à N...

— Eh bien, dit d'Aspert, puisque vos ordres sont si précis, et je sais mieux que personne l'obéissance que vous leur devez, accordez-moi la faveur de conduire Charles au château de l'Étang. Je me charge de faire excuser cette complaisance par M. de Prémitz.

— Mais, dit le lieutenant, je désirerais pouvoir faire ce

que vous me demandez ; mais, monsieur, j'ai l'ordre de ne laisser sortir personne de cette maison jusqu'à l'arrestation de Dumont; il ne faut pas qu'on puisse le prévenir du mandat qui le concerne, et lui fournir ainsi le moyen d'y échapper.

— Monsieur, dit d'Aspert, je pars dans ma voiture avec ma femme et son père, un seul domestique nous accompagnera ; donnez-nous deux hommes pour nous escorter et vous assurer que nous ne nous écarterons pas de la route du château de l'Étang. Il y a trois lieues à peine ; nous serons arrivés à dix heures, cela n'est pas une fatigue bien grande.

— Général, répliqua le lieutenant, je fais plus que je ne puis et que je ne dois; mais je n'ai pas toujours été gendarme. J'étais de l'armée de Russie, j'y ai connu Charles Dumont; j'ai été sous vos ordres en 1809 ; je ne vous refuserai pas : il en arrivera ce qui pourra, on me destituera si l'on veut.

— Et si l'on vous destitue, dit le général, vous trouverez ici une place qui vaudra mieux que celle que vous aurez perdue.

Pendant cet entretien, le général s'était levé. Il avait retrouvé, dans le danger de Charles et dans la résolution qu'il avait prise à son égard, une force et une activité dont lui-même ne se serait pas cru capable. Lussay avait fait ses préparatifs, Henriette de même. Il lui eût été bien facile de rester à la forge, mais elle comprenait que la catastrophe de toute cette histoire approchait; elle ne pouvait la supposer favorable, mais elle n'avait aucune idée d'y échapper. Toute sa vie lui semblait empreinte d'une fatalité qui ne lui avait jamais laissé la direction de ses actions, et en cette circonstance elle se laissait aller, ne s'inquiétant d'autre chose que de sortir de sa position actuelle, n'importe par quelle voie. Enfin on partit.

XXIV

BEAUCOUP D'ÉVÉNEMENTS

Pendant ce temps, une scène toute différente se passait au château de l'Étang. Une brillante compagnie y était réunie ; c'était le jour marqué pour la signature du contrat de Julie avec le fils du banquier, jeune diplomate fort élégant, qui promettait à sa femme les plus beaux chevaux et l'hôtel le plus magnifique de Paris. Il y avait un grand dîner au château ; les autorités du département, les nobles des environs, quelques amis de Paris, faisaient une réunion assez nombreuse pour lui donner un air de fête aristocratique. La duchesse y retrouvait quelque chose des anciennes splendeurs de sa maison : elle ne doutait pas que tous les vieux priviléges de la noblesse ne lui fussent bientôt rendus, et, à ce moment, elle s'enivrait si bien de ces idées, que le mot de vassaux lui échappa quelquefois en parlant de ses fermiers, et presque toujours celui de bourgeois quand elle voulait déprécier quelqu'un. Le futur gendre, tout bourgeois qu'il était, et de la plus exacte bourgeoisie, ne pouvant remonter à son grand-père sans rencontrer qu'il avait été garçon de caisse chez un fermier général, trouvait cela parfait, car il était déjà tout investi en idée de la duché-pairie qui lui allait revenir. Tout le salon était illuminé de bougies, éclatant de parures ; le notaire du pays, à qui l'on avait apporté un contrat libellé par un fort praticien de Paris, et qui s'était fait faire un habit noir tout neuf à compte sur les magnifiques émoluments qu'il espérait, le notaire suivait la duchesse de l'œil, comme un artificier qui attend un signe pour allumer son premier pétard. La duchesse fit le signe imperceptible; des laquais apportèrent une table avec des flambeaux : cela avait un aspect tout à fait dramatique. C'était de la vieille comédie. Cependant, à côté des laquais qui disposaient la décoration, il en entra un qui remit une carte à la duchesse; elle y jeta les yeux et parut manifestement troublée. Elle se remit et ordonna au notaire de commencer. Pendant qu'on écoutait la lecture des premiers articles, un domestique, la terreur sur le front, soit de l'ordre qu'il avait reçu, soit de l'audace qu'il montrait en l'exécutant, se glissa derrière la duchesse et lui remit un second billet. Madame d'Avarenne devint pâle, et se pencha vers le domestique, qui répondit affirmativement à la question qu'elle lui adressa. Alors, avec un mouvement de rage impuissante, elle se leva et fit signe au notaire de continuer. Le futur gendre, la voyant sortir, s'approcha d'elle et lui dit avec l'intelligence financière qu'il tenait de son père :

— Est-ce quelque chose où je puisse vous servir?... Voici mon portefeuille, il y a deux cent mille francs.

La duchesse le considéra avec un air si étonné et si méprisant, qu'il vit une fois en sa vie qu'il avait fait une bêtise. Ce pauvre garçon était si ébloui de ce qui se passait autour de lui, qu'il croyait être à quelque drame-vaudeville où il arrive toujours qu'on vient saisir le château du noble pendant qu'il marie sa fille, et dans lequel le gendre tire immédiatement de sa poche un portefeuille où il y a toujours précisément la somme juste qui sauve l'honneur et le château de la famille. La duchesse, outrée de la sottise de monsieur son gendre, quoiqu'elle estimât prodigieusement ses douze millions de fortune, lui répliqua avec son air de grande dame et le ton insolemment trivial qu'elle avait gardé vis-à-vis des gens de peu :

— Est-ce que vous nous prenez pour des gueux? et elle sortit.

A peine fut-elle hors du salon, qu'elle dit au domestique qui lui avait apporté les deux billets :

— Où est-il?

— Dans le salon bleu.

La duchesse s'y rendit. Un homme en habit de voyage y était assis. En voyant entrer la duchesse, il se leva et lui dit :

— Enfin, vous voilà!

Cet homme était le baron Prémitz.

— Eh bien! reprit la duchesse, que me voulez-vous?

Le baron alla fermer la porte et lui fit signe de s'asseoir.

— Vous avez voulu m'échapper, lui dit-il; vous avez trahi nos conventions : je viens vous les rappeler.

— Nos conventions? dit la duchesse, je ne vous comprends pas; que vous ai-je promis que je n'aie tenu? N'êtes-vous pas plus que vous ne deviez espérer? préfet, conseiller d'État?

— J'ai espéré davantage, dit Prémitz, et vous le savez bien.

— Monsieur, il arrive une position sociale où la protection ne peut plus rien. J'ai pu demander à un ministre de vous faire ce que vous êtes; je ne puis lui demander de s'en aller et de vous faire ministre.

— Mais, dit Prémitz, n'avez-vous rien obtenu de plus que ce que vous m'avez donné? et cette nomination à la Chambre des pairs, cette faculté de passer votre titre...

La duchesse ne le laissa pas achever.

— Y pensez-vous? lui dit-elle avec un mépris si hautain, qu'elle crut qu'il étonnerait, comme invincible, l'ambition de Prémitz.

— Oh! dit celui-ci, ne jouez ni l'indignation ni la surprise. Vous saviez bien que j'y prétendais, quoique je n'aie pas eu le temps de vous le dire; et la seule preuve que j'en veuille, c'est que vous ne m'avez pas averti des faveurs que vous veniez d'obtenir; c'est que vous vous êtes enfuie de Paris pour accomplir ici vos desseins, espérant que, confiné dans ma préfecture, je ne pourrais venir les traverser; mais me voilà, madame, et il faut nous expliquer franchement. Le mariage de votre fille avec monsieur *** ne peut avoir lieu.

— Pourquoi? dit la duchesse.

— Parce que je ne le veux pas.

— Monsieur, dit la duchesse avec emportement, vous oubliez que je puis vous faire chasser.

— Madame, reprit Prémitz, ne jouons pas la comédie,

je vous en prie ; vous savez bien que vous ne le ferez pas ; vous savez bien que demain ma réponse à cette incartade serait une lettre adressée à celui de qui vous tenez tout ce que vous possédez de crédit et de faveur ; vous savez bien que cette lettre vous les ferait retirer à l'instant même. Voyez, madame, voici un billet de vous que je vous ai amenée à m'écrire lorsque vous me preniez pour l'agent subalterne de vos intrigues. Il me paraît assez clair. En voici un autre où tout le mystère de ce fils supposé est mis à jour. Ceci, madame, vaut bien la lettre close de pair que vous devez à vos mensonges. Eh bien ! madame, donnant, donnant.

— Mais, dit la duchesse accablée de l'audace et de la scélératesse de Prémitz, une rupture amènera un scandale que je n'oserai braver.

— Scandale pour scandale, madame, je vous en ferai subir un auprès duquel celui d'une rupture sera de bien peu d'importance.

— Mais, monsieur, Julie aime monsieur *** !

— Ah ! s'écria Prémitz avec une insolente dérision et en haussant les épaules, parlons raison et ne dites pas de ces choses-là. Vous me traitez comme un niais.

La duchesse, tout étourdie de l'arrivée de Prémitz, qui ne lui avait d'abord laissé aucune présence d'esprit pour discuter sa position, la duchesse se sentit le besoin de se remettre, et après un moment de silence, elle lui dit :

— Eh bien ! monsieur, supposons que je consente à ce que vous me demandez, croyez-vous que cette faveur qui m'est accordée soit remise entièrement à ma volonté ? Pensez-vous qu'il n'y ait pas eu des vues arrêtées sur quelqu'un, le jour où je l'ai obtenue ? Imaginez-vous que je puisse à mon gré en disposer en faveur du premier venu ?

— Le premier venu ! dit Prémitz avec hauteur ; ce mot m'est-il adressé ?

— Eh ! monsieur, reprit la duchesse, qui êtes-vous et qu'êtes-vous, pour que je fasse de vous un duc et pair ?

— Je suis de ceux, madame, qui le deviennent par leurs propres forces, par les services qu'ils rendent et les mérites qu'ils montrent ; mais je suis aussi de ceux qui sont bien aises d'abréger la route quand ils le peuvent. D'ailleurs, comme il est inutile que nous perdions du temps en vaines discussions, apprenez que lorsque j'ai connu vos projets, je suis accouru à Paris ; que, ne vous y ayant pas trouvée, j'ai demandé un congé pour venir à l'Étang. Sachez que cette demande a fait jeter les yeux sur moi pour une mission qui demande un homme actif, résolu, et qui ne s'arrête à aucune considération ni de danger ni de pitié. Le succès de cette mission me donne droit à une récompense que je n'ai pas voulu spécifier. Peut-être serait-ce autant que vous pouvez m'accorder, mais cela n'est pas sûr, et il est nécessaire que je marche vite. Et, s'il faut tout vous dire, sachez que cette place que vous me donnerez ne sera pas l'apogée de ma fortune : sachez que ce ne sera qu'un échelon pour monter aussi haut que puisse arriver un homme sous cette monarchie. Le temps est venu où je dois jouer toute ma fortune ; je sais de vous un secret qui peut vous perdre : sachez de moi un secret qui peut me ruiner ; mais comme il nous faudrait tomber ensemble, vous réfléchirez avant de me trahir. On a chassé publiquement de France une compagnie qui s'y est maintenue secrètement et qui veut reparaître publiquement. Elle y vit déjà en sûreté à la faveur des hommes qu'elle a gagnés dans tous les postes de l'État ; mais ce n'est pas assez pour elle ; maîtresse de la basse police et de la petite administration, elle trouve encore de la résistance parmi les hautes existences nobiliaires à qui leur dévouement à la royauté permet de la combattre sans qu'on puisse jeter l'épithète banale de libéraux ou de révolutionnaires. Un homme placé dans la Chambre haute, un homme en passe d'être tout ce qu'on voudrait en faire, serait si précieux pour elle, qu'on tournerait vers sa fortune tout l'appui de la congrégation ; on en cherche un, on l'achèterait des millions ; mais il y a des difficultés, et ces difficultés disparaîtraient d'elles-mêmes, si cet homme était un des membres les plus influents et les plus dévoués de la compagnie, si cet homme c'était moi...

— Vous! s'écria la duchesse, vous êtes ?...

— Madame, lui dit-il, j'ai été élevé par le cardinal D....., quoique je sois Français; cela vous explique peut-être mon existence à Paris sans moyens apparents de la soutenir. Je vous ai promis mon histoire; elle est assez curieuse pour être entendue; mais nous n'avons pas le temps à ce moment; il faut agir, il faut prévenir la signature de ce contrat.

La rapidité avec laquelle se succédaient les révélations de Prémitz étourdit la duchesse. Sans approfondir la vérité des assertions du baron, sans calculer si l'avenir qu'il semblait se promettre était possible, elle se laissa aller à la crainte qu'il lui inspira.

— Eh bien! dit-elle, nous verrons, nous causerons de cela plus tard.

— Soit, dit Prémitz; nous ne devons pas agir comme des insensés : je ne veux pas que vous regardiez ce que vous allez faire comme un sacrifice énorme; mais il faut que ce contrat ne soit pas signé : ce serait un engagement difficile à rompre; il faut plus, il faut que votre gendre se retire de votre alliance, et je me charge de l'y déterminer.

— C'est un affront que vous me proposez, dit la duchesse.

— Non, madame : monsieur *** se retirera comme indigne; vous n'aurez à jouer que le rôle d'une femme qui a été trompée sur le choix qu'elle a fait. Permettez-moi de lui écrire un mot.

Prémitz écrivit et donna bientôt à lire à madame d'Avarenne le billet suivant :

« Monsieur,

» Dans votre dernière mission à Rome, vous avez pris vis-à-vis de cette cour des engagements secrets pour appuyer de tout votre pouvoir le rétablissement en France de la compagnie des jésuites. Le ministre ne veut voir dans cette conduite qu'un zèle imprudent; mais il me charge de vous prévenir que, s'il ne veut pas en faire une cause de destitution, cela serait cependant un obstacle insurmontable à votre arrivée dans la Chambre des pairs. Votre mariage avec mademoiselle d'Avarenne ne lèverait pas cet obstacle, et madame d'Avarenne en sera instruite. C'est à vous, monsieur, de faire en sorte que l'éclat de cette rupture ne retombe que sur vous. On vous saura gré de tout ce que vous ferez pour en prendre toute la responsabilité et en épargner les fausses interprétations à madame la duchesse. L'oubli de votre conduite passée est à ce prix. »

— Et c'est vous, dit la duchesse, qui lui faites un crime de ces engagements qui sont les vôtres !

— Il tombera par où je dois monter, c'est ce qui constitue la différence des sots aux gens d'esprit.

Le billet fut envoyé, et la duchesse fit dire qu'une indisposition grave la forçait de remettre à un jour prochain la signature du contrat. Le gendre crut devoir se retirer dans son appartement, et Julie se présenta dans la chambre de sa mère, où celle-ci s'était retirée avec Prémitz. Mais la duchesse refusa de la voir.

A peine étaient-ils seuls depuis quelques moments, qu'on fit avertir la duchesse que trois personnes venaient d'arriver au château, et que, parmi ces trois personnes, le comte d'Aspert demandait à avoir sur-le-champ avec elle un entretien particulier. La duchesse en fut étonnée : aucune relation n'existait plus entre eux ; l'ancienne amitié de Julie et d'Henriette ne s'était pas même renouvelée à la campagne. Mais Prémitz se hâta de lui dire :

— Je soupçonne le motif de la venue du général ; faites qu'il entre, nous prendrons un parti selon ce qu'il vous dira.

La duchesse donna ordre de l'introduire.

Pendant qu'un domestique allait prévenir le général, Prémitz apprit à la duchesse la véritable mission dont il était chargé, et l'arrestation de Dumont. D'Aspert parut. Il entra dans cette chambre où, trente ans avant ce jour, avait commencé notre histoire. Il ne put s'empêcher de s'arrêter sur le seuil et de la considérer un moment. La duchesse devina sa pensée et fut elle-même étonnée de la singularité de ce rapprochement. D'Aspert s'avança, et, après avoir aperçu Prémitz, il dit à madame d'Avarenne:

— C'est à vous seule, madame, que j'aurais désiré parler.

— Quoi que vous ayez à me dire, vous pouvez vous expliquer devant monsieur; il sait tous mes secrets, répondit la duchesse.

— Et sait-il aussi tous *nos* secrets?

— Tous, monsieur, répliqua sèchement madame d'Avarenne.

— Oui, monsieur, dit Prémitz, madame la duchesse a cru devoir tout confier à l'homme qu'elle nommera bientôt son gendre.

— Son gendre! répliqua d'Aspert avec surprise.

— Le titre n'y fait rien, dit madame d'Avarenne, blessée par l'insultante tactique de Prémitz, qui mettait ses espérances au rang des choses conclues; monsieur sait tout.

— Et ce gendre, dit le général en regardant Prémitz, vous apportera-t-il pour premier présent de noces la tête de votre fils?

— La tête de mon fils! s'écria la duchesse épouvantée. Puis elle reprit avec anxiété: — Ainsi ce Charles Dumont...

— Est l'enfant que je vous enlevai à Rome.

— Ah! s'écria madame d'Avarenne, vous l'avez voulu; il vous a fallu cet enfant, et voilà où vous l'avez mené, à l'échafaud!...

— Vous pouvez l'en arracher!

— Moi? et comment?

— Monsieur, dit le général en montrant Prémitz, est le maître de fermer les yeux sur sa fuite, et, si vous le voulez, il le voudra.

— Et je le voudrai véritablement, dit Prémitz, si ce jeune homme est le fils de madame la duchesse. N'oubliez pas, madame, ajouta-t-il, que monsieur Dumont, interrogé par vous, n'a répondu rien qui pût vous porter à croire qu'il était ce que vous croyez.

— Sans doute, dit madame d'Avarenne ; mais les questions que je lui fis étaient vagues et n'avaient pas cette précision qui pouvait réveiller des souvenirs mal établis. Dans la nécessité où j'étais de ne point laisser voir l'intérêt que je prenais à ses réponses, je n'osai le mettre franchement sur la voie.

— Eh bien, dit Prémitz, c'est ce qu'il faut faire maintenant, c'est ce que nous pourrons faire demain.

— Demain, dit d'Aspert, Charles sera constitué dans une prison de la ville, et son sort ne sera plus en votre pouvoir ; d'autres juges deviendront responsables de lui et ne permettront pas son évasion. Si Charles est arrêté ce soir, il sera conduit ici. Ici vous pourrez ordonner qu'il soit enfermé dans un appartement choisi de manière qu'il puisse s'en échapper. Je connais les détours et les souterrains de ce château, et je pourrai, sans que cela vous compromette, le guider hors du parc.

A ces mots : « Je connais les détours de ce château, » Prémitz n'avait pu s'empêcher de sourire en regardant la duchesse, et il dit d'un ton ironique à d'Aspert :

— Vous avez bonne mémoire.

— Monsieur, dit la duchesse avec colère, faites demander si ce jeune homme est arrivé.

Prémitz sonna. Charles venait d'être amené par la gendarmerie. Dans le salon où on l'avait fait entrer, il avait trouvé Henriette, que son père avait quittée pour aller s'informer, et qui attendait son mari. Lorsqu'ils se virent ainsi, elle, dans un coin, accablée, pâle, mourante, et lui, les mains attachées comme un criminel, ils se regardèrent comme deux complices arrivés à l'heure du châtiment.

Charles s'approcha d'Henriette ; elle lui dit tout bas :

— Vous n'avez donc pas pu vous échapper ?

— Je ne l'ai pas voulu, reprit Charles. Enfin, tout sera bientôt fini.

— Ah ! reprit Henriette en se cachant la tête dans ses mains, c'est moi, c'est moi qui vous ai tué.

21

— Est-ce remords ou pitié qui vous fait parler ainsi ? dit Charles ; me plaignez-vous de mourir ?

— Je ne sais, dit Henriette... la mort expie tant de choses !... Je voudrais être à votre place.

— Henriette, dit Charles, votre vie est nécessaire au bonheur de quelqu'un, gardez-la : le bonheur qu'on peut donner est un devoir de vivre ; la mienne n'a plus d'espérance, puisque je devrais vivre sans vous. Ne me plains donc pas de mourir... car je t'aime encore.

— Ah ! reprit Henriette, vous allez quitter votre remords, mais moi je garderai le mien.

On vint dire à Charles qu'il devait se rendre devant le baron Prémitz. Il suivit le domestique qui vint l'avertir, et parut devant la duchesse, le général et Prémitz.

— Charles, lui dit le général avec émotion, il faut répondre franchement aux questions que va t'adresser madame la duchesse ; elle a le droit de te les faire. Il y va de ton salut ; rassemble les souvenirs de ton enfance... rappelle-toi les circonstances qui t'ont frappé le plus, et ne crains pas de nous révéler les souvenirs les plus vagues ; ils nous seront peut-être un indice.

— Où se sont passées les premières années de votre enfance ?

— Autant que je puis m'en souvenir, dit Charles, ce n'était pas en France.

— Vous rappelez-vous le nom de la ville que vous habitiez ? dit la duchesse.

— Le nom ? dit Charles... je ne puis me le rappeler... toutefois ce n'était pas un nom français.

— Était-ce en Angleterre que vous étiez ?

— Je me rappelle avoir été en Angleterre... je traversai la mer pour y arriver... le vaisseau, la mer, me sont restés gravés dans le souvenir.

— Vous vous rappelez ce voyage, dit la duchesse... Vous n'avez donc pas passé tout enfant de France en Angleterre ?...

— Je ne crois pas. Il me semble que je suis demeuré bien longtemps en mer.

— C'est singulier, dit la duchesse.

— Je puis vous expliquer ceci, dit Prémitz, et le général vous attestera que les renseignements que j'ai pris sont exacts. Le capitaine Dumont a servi en Amérique; il y a été fait prisonnier et a été conduit en Angleterre; il n'est rentré en France que plus tard, lors du traité de Leoben. C'est de son passage d'Amérique en Angleterre que monsieur se souvient.

— C'est vrai, dit le général.

— Étiez-vous avec votre père? dit la duchesse.

— Non, dit Charles: je n'ai revu mon père qu'en Italie...

— Qui vous y a conduit?

— Un domestique qui m'a ramené d'Angleterre.

— Ce domestique n'était-il pas un vieillard légèrement boiteux?

— Je ne sais.

— Un vieillard boiteux, dit Prémitz en réfléchissant.

— N'avait-il pas l'habitude de vous appeler monsieur le comte?

— Non, dit Charles.

— Monsieur le comte! répéta Prémitz, comme s'il cherchait en lui-même des souvenirs dans toutes ces indications.

— Ce domestique ne s'appelait-il pas Louis?

— Louis Féret! s'écria Prémitz.

— Non, dit Charles... ce n'était pas Louis...

— D'où savez-vous ce nom? reprit la duchesse en regardant Prémitz.

— Oh! dit celui-ci troublé d'une manière inouïe, continuez... je vous le dirai.

— Vous rappelez-vous, dit la duchesse, avoir été présenté à un monsieur qui vous fit beaucoup de caresses et qu'on appelait monseigneur?

— Non, madame, non, répondit Charles.

— Monseigneur! répéta Prémitz à voix basse; oh! c'est cela : Monseigneur!

— Permettez! s'écria le général; il y a un souvenir plus

récent et qui peut tout éclairer : Te souviens-tu d'être arrivé à Rome avec un domestique dont on te sépara; d'avoir été mené devant un militaire qui te dit que tu étais Charles Dumont?

— Non, dit Charles, j'ai toujours porté ce nom...

— Charles Dumont! répéta Prémitz... Charles Dumont... c'était donc là le nom... que vous dîtes à cet enfant. Et vous le laissâtes dans votre palais, qui fut pillé le lendemain?

— D'où le savez-vous?... dit d'Aspert.

— Oh! je vous le dirai, ajouta Prémitz, qui était pâle; je vous le dirai. Continuez.

— Enfin, dit d'Aspert, te souviens-tu qu'un sergent, nommé Bazile, vint te chercher?

— Oui, dit Charles... un sergent me trouva sur la porte de votre palais... Je m'y vois encore assis, pleurant et vous appelant; car mon père... ou celui qui se disait tel, m'avait dit que vous m'accueilleriez comme un fils.

— Pourquoi doutes-tu, dit d'Aspert, que ce fût ton père?...

— Parce que l'on a voulu m'en faire douter. Tandis que j'étais en Angleterre, on me disait : « Ton père est prisonnier, et tu ne peux le voir. » Puis il partit sans m'emmener; puis il écrivit qu'on me conduisît près de lui, et je n'y arrivai que quelques jours avant sa mort... A peine l'ai-je connu, et, s'il faut tout vous dire, une fois que j'ai été amené à douter qu'il fût mon père... son abandon et vos soins m'ont fait croire que je vous devais plus que ma fortune.

— Et qui t'a amené à ce doute? dit d'Aspert.

Charles devint pâle et froid; la nuit terrible où Henriette lui jeta ce doute sembla se dresser devant lui.

— Nous nous écartons de la question, dit Prémitz. Monsieur ici présent est bien celui qu'il paraît être. Il est véritablement Charles Dumont. Vous ne pouvez en douter, madame...

— Et pourquoi? dit la duchesse.

— Parce que, dit Prémitz en l'entraînant dans un coin et en lui parlant d'une voix basse et altérée, parce qu'il ne se rappelle pas que c'était sa mère qu'il allait retrouver à Rome, et non point son père ; parce qu'il n'a pas gardé le portrait que sa mère lui donna ; parce qu'il ne sait pas le nom de Louis Féret qui l'accompagnait ; parce qu'il ne se souvient pas qu'une femme, qui était belle alors de la beauté des anges, lui dit, en lui attachant ce portrait au cou et avec une expression singulière : « Charles, vous direz au gentilhomme chez qui l'on va vous mener : Aimez-moi pour l'amour de cette dame... »

— Grand Dieu ! dit la duchesse.

— Madame, reprit-il tout haut, ce jeune homme n'est pas votre fils. Qu'on l'emmène !...

— Où donc ? s'écria le général.

— Mais, reprit Prémitz amèrement, dans un appartement d'où vous ne puissiez le faire évader.

— Monsieur, s'écria le général, tout n'est pas fini. Madame, reprit-il en s'adressant à la duchesse, si Charles Dumont n'est pas celui que nous voulions retrouver, il ne m'en est pas moins cher... Sauvez-le à quelque titre que ce soit ; j'ai le droit de vous le demander.

— Le droit ! dit Prémitz, est-ce parce que vous avez livré l'autre aux chances de la misère et de la mort ?...

— Ce droit, monsieur, dit d'Aspert, vient de ma fidélité à garder un secret qui fait aujourd'hui votre fortune à vous, monsieur, qui allez être le gendre de madame.

— Oh ! reprit Prémitz qu'une joie indicible et sombre agitait... son gendre... Non... non... mieux que cela.

— Et quoi donc ? s'écria d'Aspert.

— Rien... rien... dit Prémitz. Qu'on emmène ce jeune homme.

— Vous le pouvez, dit d'Aspert, mais ce ne sera pas impunément... Je parlerai, je vous le jure, et tout cet échafaudage de grandeur s'écroulera devant un mot.

— Le feriez-vous ? dit Prémitz avec une expression féroce de haine.

— Oui, monsieur, pour le sauver je dirai tout, et je le dirai à celui qui peut vous rejeter dans la boue d'où vous voulez sortir.

Prémitz changea soudainement de physionomie et reprit doucement :

— Si c'est ainsi... je préviendrai votre indiscrétion... je ferai ce que je ne voulais pas.

Il sonna, écrivit un mot et le remit à un domestique. Un moment après, le lieutenant de gendarmerie entra, suivi de tous ses soldats.

— Arrêtez ces deux hommes ! dit Prémitz, et qu'ils soient gardés à vue et séparément ; qu'ils ne puissent communiquer avec personne, qu'ils ne puissent ni écrire ni parler à qui que ce soit.

Cet ordre surprit tellement le général, qu'il ne sut que dire. Charles voulut résister.

— Si vous voulez vous sauver tous deux, soyez calmes, dit Prémitz.

On les emmena.

— Et quels sont vos projets ? s'écria la duchesse en regardant Prémitz avec un effroi cruel.

— Je ne sais... Demain je vous les dirai... Demain... Oh !... voilà un avenir maintenant !... s'écria-t-il en sortant.

En allant à l'appartement où on le conduisait, Charles traversa la chambre où était Henriette.

— Où est mon mari ? dit-elle.

— Arrêté, répondit un gendarme.

Charles ne répondit pas, on l'avait bâillonné.

XXV

DÉNOUEMENT

Prémitz était rentré dans son appartement. Il s'était assis devant une table et méditait ; un seul projet lui revenait sans cesse, celui d'accomplir le premier dessein de madame d'Avarenne : c'était celui qui l'avait d'abord frappé d'une joie si subite. Mais Prémitz était trop prudent pour ne pas se garder de le discuter longuement avec lui-même. Il était si magnifique, ce projet! Quel avenir! L'imagination de Prémitz se perdait dans l'élévation de sa fortune; mais, pour réussir, il fallait le silence de d'Aspert, et ce silence, comment l'acheter? Par la grâce de Dumont, c'était facile. Mais était-ce un sûr moyen? d'Aspert se tairait-il toujours? Oh! si d'Aspert était mort! s'il mourait! Prémitz y pensa; il y pensa longtemps. Cependant quelque chose se dressait devant lui qui l'arrêtait. Il y avait à côté du nom de d'Aspert un titre si sacré, même pour un ambitieux. Si quelqu'un eût pu voir Prémitz à cette heure, tantôt le visage rayonnant de joie, tantôt l'air sombre et résolu, se levant pour accomplir sa résolution, puis restant immobile comme si une main invisible l'eût arrêté, puis retombant sur son siége comme accablé par une force supérieure, il eût reconnu la discussion infernale qui précède un crime. Alors l'avenir ne lui souriait plus, car il fallait passer par un parricide pour y arriver; alors le passé lui revenait en mémoire; et Prémitz en paraissait si épouvanté, qu'il devait y voir aussi un crime affreux dans ce passé. Il s'y était sans doute arrêté, car il était devenu tremblant et pâle, lorsque la porte de son appartement s'ouvrit.

— C'est moi, dit Lussay.

— Vous! s'écria Prémitz, surpris inopinément dans ses pensées, vous le père d'Henriette... Vous! que me voulez-vous?

D'où vient que Prémitz pensait à Henriette?

— Je veux vous parler de ma fille.

— D'elle... à moi! Et pourquoi?

— Oh! parce qu'il faut que vous sachiez une découverte que j'ai faite.

— Je ne veux pas... je ne veux pas la savoir...

— Asseyez-vous et écoutez-moi, dit Lussay en levant la main et d'une voix de commandement irrésistible.

— Monsieur, dit Prémitz, je n'ai pas le loisir de vous entendre.

— Asseyez-vous, répéta Lussay en le regardant comme une bête fauve qui va s'élancer sur sa proie.

Prémitz détourna les yeux et s'assit.

— Regardez-moi ! dit Lussay.

Prémitz s'agita comme un homme qui veut échapper à un lien qui l'enchaîne.

— Regardez-moi ! reprit Lussay.

Prémitz le regarda.

— Vous ne savez pas, dit le vieillard, que j'ai découvert un grand secret magnétique.

— Enfantillage ! dit Prémitz en balbutiant.

— Vous mentez... et vous avez peur, dit Lussay.

— Monsieur... finissons cette comédie... Je ne crois pas.

— Vous mentez encore... vous devez croire... vous qui avez eu la puissance de donner un sommeil aussi lourd que la mort.

— Monsieur... monsieur, dit Prémitz qui se débattait sous le remords ou sous le pouvoir de Lussay, je ne suis pas ici pour vous servir d'expérience.

— Au contraire, dit Lussay, je vais vous montrer une chose inouïe. C'est que l'homme expérimenté, dont le pouvoir semble irrésistible sur tous, n'est qu'un jouet entre les mains de celui qui l'a deviné. Vous avez dit à une femme folle : « Souvenez-vous !... » et elle s'est souvenue; vous avez dit à une jeune fille : « Dormez ! » et elle a dormi.

— Qu'importe ! dit Prémitz en se soulevant par un mouvement violent, qu'importe ce que j'ai fait !

— Eh bien ! moi, s'écria Lussay en lui portant la main au front, je vous dis : Dormez et souvenez-vous !

Prémitz retomba sur son fauteuil, immobile, les yeux fixes et ouverts : le magnétiseur était vaincu. Lussay s'assit devant lui et le regarda longtemps. Il riait à voix basse : c'était le rire d'un cannibale qui tient sa victime ! Il se rassasiait du plaisir de le dévorer des yeux. Enfin, après une demi-heure de cette contemplation, il lui dit :

— Faites appeler le général d'Aspert et Charles.

— Ils sont arrêtés, dit Prémitz, qu'on eût pu croire éveillé, si ce n'eût été la fixité effrayante de ses regards.

— Écrivez qu'on les mette en liberté, et qu'ils viennent ici.

Prémitz écrivit, mais sans porter les yeux sur le papier. Lussay appela un domestique, lui remit l'ordre pour le lieutenant et lui commanda de faire avertir Henriette et la duchesse. Puis il se replaça devant Prémitz, le tenant pour ainsi dire enchaîné au bout de son regard. Bientôt tout le monde arriva. Ce fut une singulière surprise pour tous que l'état de Prémitz et l'expression farouche de Lussay. Le premier ne s'aperçut pas qu'on était entré. Lussay montra du doigt des siéges. On se regardait avec épouvante. La duchesse appela Prémitz.

— Il n'entend plus que son juge, reprit Lussay.

Puis il fit signe à Henriette de s'approcher; il prit sa main, et, la mettant dans celle de Prémitz, il étendit ses bras de l'un à l'autre, comme pour faire passer de Prémitz à Henriette le charme fatal dont celui-ci était accablé. A ce contact, tous deux tremblèrent, et Henriette, frappée à son tour de terreur, tomba à genoux.

— Connais-tu cette femme? dit Lussay.
— Je la connais...
— N'a-t-elle pas subi l'infamie d'un grand crime?
— Oui, dit Prémitz.
— Dis-nous ce crime.

Prémitz se roula dans son fauteuil en laissant échapper de sourds gémissements. Il ne répondit pas.

— Dis-nous ce crime! répéta Lussay d'une voix tonnante.

— Ce crime, dit Prémitz dont tout le corps vibrait, c'est un inceste.

A ce mot, chacun demeura anéanti. Charles et Henriette sentirent que l'heure de la vérité était venue. On avait laissé à Charles ses chaînes et son bâillon, sans cela il eût crié grâce ou brisé la tête de Prémitz. D'Aspert écouta, sans pouvoir s'expliquer sa terreur; la duchesse regarda tout le monde pour chercher à deviner à qui s'appliquait ce mot, ce mot qui l'avait déjà frappée, elle qui avait été amenée à promettre sa fille à Prémitz. Quant à

Lussay, il demeura immobile... « Un inceste, » pensa-t-il, ce n'est pas cela...

— Réponds! cria-t-il avec rage, quel est ce crime?
— Un inceste, répéta Prémitz.
— Et comment s'est-il accompli?
— Par le crime du fils.
— Grâce! grâce! cria Henriette en tombant tout à fait par terre. Mon père... assez, assez!

Charles brisa son bâillon dans ses dents et ses chaînes dans ses mains; il voulut s'élancer sur Prémitz, mais Lussay le prévint.

— Ce n'est donc pas toi, s'écria-t-il, qui as abusé de ton infernale puissance contre elle?
— C'est moi, dit Prémitz.
— Toi... reprit Lussay; qui es-tu donc pour l'accuser d'inceste?
— Le fils de Jean d'Aspert et de la duchesse d'Avarenne...
— N'importe! dit Lussay.

Et d'un coup de poignard il étendit Prémitz à côté d'Henriette.

Trois ans après, dans une petite ville de l'Amérique, on célébra le mariage de Charles Dumont et de la veuve du lieutenant général comte d'Aspert. Lussay était mort dans cette ville, un an avant ce mariage.

FIN

LIBRAIRIE NOUVELLE
15, BOULEVARD DES ITALIENS, 15
JACCOTTET, BOURDILLIAT ET Cᴵᴱ, ÉDITEURS

HISTOIRE
DU
CONGRÈS DE PARIS

PAR

M. ÉDOUARD GOURDON

Chargé des Affaires étrangères à la division de la Presse (Ministère de l'Intérieur,

UN VOLUME GRAND IN-8º, DE 600 PAGES, IMPRIMÉ AVEC LUXE

Prix : 5 francs

Ce volume comprend :
PREMIÈRE PARTIE. — Le Traité de Paris et les protocoles des séances ;
Un historique de la question ;
Un précis des négociations diplomatiques jusqu'à l'acceptation de l'ultimatum transmis à la Russie par l'Autriche ;
Un récit des opérations militaires jusqu'à l'entrée des armées alliées dans Sébastopol ;
Et un tableau de la situation au moment où les Plénipotentiaires se sont réunis à Paris.
Cette première partie, faite sur les documents officiels, renferme des détails du plus grand intérêt sur la conduite des négociations et sur les faits qui ont précédé l'entrée de M. le comte Walewski au ministère des affaires étrangères.
SECONDE PARTIE. — La biographie de tous les Plénipotentiaires ;
Des particularités curieuses et inédites sur leurs travaux, leur séjour à Paris ; leur présentation aux Tuileries et les fêtes qui leur ont été offertes ;
Un historique des délibérations du Congrès et des alternatives diverses, usqu'ici complètement ignorées, auxquelles ces délibérations ont donné lieu ;
Et des détails tout à fait nouveaux sur la mémorable séance du 30 mars et sur celles qui ont suivi, jusqu'à l'échange des ratifications.
Ce livre restera comme l'histoire vraie et, pour ainsi dire, officielle du Congrès de Paris.

A. DE LAMARTINE

LECTURES POUR TOUS

EXTRAITS

DES

ŒUVRES GÉNÉRALES DE LAMARTINE

CHOISIS, DESTINÉS ET PUBLIÉS

PAR LUI-MÊME

A L'USAGE DE TOUTES LES FAMILLES ET DE TOUS LES AGES

Un volume in-32 de 600 pages, orné d'un portrait de Lamartine.

Broché : 2 fr. 50 c. — Relié : 3 fr.

On apprend à lire à tous les enfants, puis, quand les enfants sont devenus des adolescents ou des hommes, on se dit : « Cachons-leur nos livres ! car nos livres ne sont pas sains pour eux ;
» Ceux-ci les troublent dans leur esprit ;
» Ceux-là les corrompent dans leurs mœurs ;
» Ceux-ci les rebutent par leur sécheresse ;
» Ceux-là les dégoûtent par leur médiocrité ;
» Ceux-ci leur inculquent des opinions avant l'âge du jugement ;
» Ceux-là les ennuient par leur monotonie ! »

Qu'arrive-t-il ? L'adolescent se livre furtivement aux mauvaises lectures, ou bien, faute de livres appropriés à son âge, à son intelligence, à son âme, il se décourage de lire, et il s'abrutit dans d'ignobles distractions.

Ce sont ces considérations qui ont engagé M. de Lamartine à faire, dans la mesure de ses forces, ce que d'autres écrivains feront sans doute à leur tour, c'est-à-dire à offrir aux familles de toutes les classes et de toutes les professions sociales des lectures saines, courtes, intéressantes, et irréprochables pour leurs foyers.

Paris. — IMP. DE LA LIBRAIRIE NOUVELLE.— A. Delcambre, 15, rue Breda.

CHEZ LES MÊMES ÉDITEURS

BIBLIOTHÈQUE NOUVELLE
à 1 franc le volume

FORMAT IN-16, IMPRIMÉ AVEC CARACTÈRES NEUFS SUR BEAU PAPIER SATINÉ, ÉDITION CONTENANT 500,000 LETTRES AU MOINS, VALEUR DE DEUX VOLUMES IN-OCTAVO

VOLUMES PARUS

A. DE LAMARTINE
Geneviève, Histoire d'une Servante. 1 vol.

GEORGE SAND
Mont-Revêche. 1 vol.

H. DE BALZAC
La Cousine Bette (Parents pauvres). 1 vol.
Le Cousin Pons (Parents pauvres). 1 vol.
Le Père Goriot. 1 vol.
Splendeurs et Misères des Courtisanes. 1 vol.
La Dernière Incarnation de Vautrin. 1 vol.
Histoire des Treize. 1 vol.
La Maison Nucingen. 1 vol.
César Birotteau. 1 vol.
La Maison du Chat-qui-Pelote. 1 vol.
La Paix du Ménage. 1 vol.
Mémoires de deux jeunes Mariées. 1 vol.
La Femme de trente ans. 1 vol.
Le Contrat de Mariage. 1 vol.
Béatrix. 1 vol.
Honorine. 1 vol.

FRÉDÉRIC SOULIÉ
La Lionne. 1 vol.
Julie. 1 vol.
Le Magnétiseur. 1 vol.

Mme ÉMILE DE GIRARDIN
Nouvelles. 1 vol.
Marguerite, ou Deux Amours. 1 vol.
Le Vicomte de Launay (Lettres parisiennes). 5 vol.
Monsieur le Marquis de Pontanges. 1 vol.
Poésies (complètes). 1 vol.

LE Dr L. VÉRON
Mémoires d'un Bourgeois de Paris. (Nouvelle édition, avec autographes, revue et augmentée par l'auteur). 5 vol.
Cinq cent mille francs de rente. 1 vol.

ALEXANDRE DUMAS (publié par)
Impressions de Voyage : *De Paris à Sébastopol*, par le Dr MAYNARD. 1 vol.

STENDHAL (BEYLE)
La Chartreuse de Parme. 1 vol.
Chroniques et Nouvelles. 1 vol.

Mme DE GIRARDIN, THÉOPHILE GAUTIER, SANDEAU ET MÉRY
La Croix de Berny. 1 vol.

ALEXANDRE DUMAS FILS
Diane de Lys. 1 vol.
Le Roman d'une Femme. 1 vol.
La Dame aux Perles. 1 vol.
Trois Hommes forts. 1 vol.
Le Docteur Servans. 1 vol.
Le Régent Mustel. 1 vol.

CH. DE BOIGNE
Petits Mémoires de l'Opéra. 1 vol.

ALPHONSE KARR
Histoires normandes. 1 vol.

LÉON GOZLAN
La Folle du Logis. 1 vol.

JULES SANDEAU
Un Héritage. 1 vol.

PHILARÈTE CHASLES
Souvenirs d'un Médecin. 1 vol.

Mme LAFARGE
Heures de Prison. 1 vol.

LE COMTE DE RAOUSSET-BOULBON
Une Conversion. 1 vol.

Mme MANOEL DE GRANDFORT
L'Autre Monde. 1 vol.

CHAMPFLEURY
Les Bourgeois de Molinchart. 1 vol.

MÉRY
Une Nuit du Midi (Scènes de 1815). 1 vol.

AMÉDÉE ACHARD
La Robe de Nessus. 1 vol.
Belle-Rose. 1 vol.

JULES GÉRARD (LE TUEUR DE LIONS)
La Chasse au Lion, ornée de 12 magnifiques grav. par Gustave Doré. 1 vol.

FÉLIX MORNAND
La Vie de Paris. 1 vol.

ARNOULD FREMY
Les Maîtresses parisiennes. 1 vol.
Les Confessions d'un Bohémien. 1 vol.

EUGÈNE CHAPUS
Les Soirées de Chantilly. 1 vol.

Mme ROGER DE BEAUVOIR
Confidences de Mademoiselle Mars. 1 vol.

CH. MARCOTTE DE QUIVIÈRES
Deux Ans en Afrique. 1 vol.

MAXIME DU CAMP
Mémoires d'un Suicide. 1 vol.

HIPPOLYTE CASTILLE
Histoires de Ménage. 1 vol.

LE DOCTEUR F. MAYNARD
Souvenirs d'un Zouave devant Sébastopol. 1 vol.

MOLIÈRE (Œuvres complètes), nouvelle édit. par Philarète Chasles. 5 vol.

Paris. — IMP. DE LA LIBRAIRIE NOUVELLE. — A. Delcambre, 15, rue Bréda.

www.ingramcontent.com/pod-product-compliance
Lightning Source LLC
Chambersburg PA
CBHW072010150426
43194CB00008B/1060